L'ARCHIPEL DES EMPLOYÉS

Alain CHENU

Annie Fouquet (Division Etudes sociales) et Claude Seibel (Direction des statistiques démographiques et sociales) ont créé les conditions de mon accueil à temps partiel, en tant qu'universitaire, au sein de l'Insee, et m'ont accordé tout le soutien que je pouvais souhaiter dans la réalisation de cette étude sur les employés. Les analyses présentées ici sont dans une large mesure le produit d'un travail collectif auquel ont pris part des personnes qui sont trop nombreuses pour être nommément remerciées. Je soulignerai seulement que les suggestions et les critiques d'Annie Fouquet et d'Eric Maurin ont été pour moi particulièrement précieuses.

SOMMAIRE

INTRODUCTION

L'archipel était un bon vieux
qui laissait ses diables d'enfants d'îles
courir à la dérive

Raymond QUENEAU

Les employés sont au cœur de quatre grands processus qui ont travaillé la société française en profondeur au cours des quarante dernières années, l'essor de l'emploi féminin, la tertiarisation de l'économie, l'informatisation de la société, et l'accroissement du rôle de l'Etat. Les emplois tertiaires peu qualifiés qui se sont créés en nombre dans le secteur public et le secteur privé ont le plus souvent été occupés par des femmes. L'étude des employés se confond en grande partie avec l'analyse des conséquences de l'essor du salariat féminin, de la portée, changeante avec le développement de l'usage des ordinateurs, de l'opposition industrie-tertiaire, et du sens d'une « grande différence », celle qui scinde le monde des employés entre « gens du public » et « gens du privé » [5]*.

En France en 1989, les employés, si l'on donne à ce groupe le contour qu'il a pour les statisticiens dans la nomenclature des catégories socioprofessionnelles - convention dont le bien-fondé ne va pas de soi et sera discuté ici - sont au nombre de six millions. A un pour cent près, leur part dans la population active occupée (27,4 %) égale celle des ouvriers (28,4 %). En 1962 elle lui était de moitié inférieure.

Qu'une masse démographiquement aussi considérable ait si peu suscité la considération des spécialistes des sciences sociales constitue un phénomène apparemment paradoxal, et invite à la réflexion sur ce que les employés ont de différent par rapport à des catégories sociales voisines, mieux identifiées et mieux connues, telles que les ouvriers et les cadres.

* *Les références bibliographiques figurent en fin de chapitre.*

Si les cadres, les entrepreneurs, les ouvriers ont été largement étudiés, c'est, bien souvent, parce qu'ils détenaient du pouvoir ou qu'ils paraissaient être en mesure d'en détenir, que ce pouvoir fût tenu pour légitime ou pour celui de « classes dangereuses ». C'est aussi, dans bien des cas, parce qu'ils étaient structurés en communautés professionnelles aux contours facilement identifiables.

Les employés ne font partie ni de l'élite régnante, ni d'aucune classe supposée accéder un jour au pouvoir, ni, en leur majorité, du sexe masculin généralement considéré comme dominant. Sauf exception, ils ne sont pas non plus organisés en corporations ayant une forte visibilité sociale, à l'image des médecins, des infirmières ou des mineurs. Sont-ils pour autant des hommes et des femmes « sans qualité », dénués de toute identité sociale ? Que l'on consacre ici un ouvrage à les décrire pourrait témoigner d'un souci de balayage systématique de l'espace social qui serait particulier à un organisme comme l'Insee et qui concernerait, s'agissant des employés, un pur artéfact de nomenclature, un ensemble qui n'aurait de pertinence que pour les statisticiens. Nous nous proposons au contraire de montrer que les employés - et surtout, parmi eux, le « noyau » des employés administratifs - forment un ensemble présentant une cohérence fondée sur des propriétés communes et sur certaines stabilités dans la trame mouvante des relations entre les individus et les groupes.

Les employés se distinguent des cadres et des catégories professionnelles dites intermédiaires ou moyennes par un niveau de qualification plus faible et par des positions hiérarchiques inférieures. Par leurs diplômes, leurs salaires, leurs patrimoines, ils sont, dans l'échelle sociale, plus près du « bas » que du « haut » [6]. Cependant les employés occupent des positions assez diverses au long du grand axe « vertical » de la stratification sociale. D'une part, des plus qualifiés et des mieux rémunérés des employés (secrétaires bilingues, employés de banque, hôtesses de l'air...) aux plus démunis (femmes de ménage, caissières de grande surface...), l'éventail des situations socio-économiques est largement ouvert. D'autre part, les femmes qui sont employées - c'est-à-dire la grande majorité des employés - se distribuent dans des ménages où les hommes peuvent être soit ouvriers, soit employés, soit cadres moyens et supérieurs, soit artisans ou commerçants. Cette diversité interne n'est pas une propriété exclusive de la catégorie des employés : aucun groupe social n'est totalement homogène, et nous verrons au travers de divers indicateurs que le groupe statistique des employés n'est pas plus hétérogène que celui des cadres supérieurs ou des professions intermédiaires. Ses frontières toutefois sont floues, et toujours en cours de redéfinition. La distinction entre les employés administratifs et les membres, plus qualifiés, des professions administratives intermédiaires tend probablement, sous les effets conjoints de l'informatisation et de l'attribution de « qualifications de salaire », à devenir de moins en moins nette, à faire place à un continuum.

L'autre grande frontière qui, dans l'espace social, sépare les employés de leurs voisins s'établit entre les employés et les ouvriers, entre les emplois tertiaires ou de service peu qualifiés et les emplois peu qualifiés de la production. Certains emplois - employé de bureau, ouvrier métallurgiste ... - se situent clairement de part ou d'autre de cette frontière. D'autres, relativement nombreux - magasinier, cuisinier, typographe, coursier, femme de ménage ... - apparaissent comme des hybrides industrialo-tertiaires, s'inscrivant dans une zone de flou entre employés et ouvriers. Les changements techniques ont travaillé en profondeur la signification de l'opposition entre emploi tertiaire et emploi industriel : la mécanisation du travail de bureau et des opérations commerciales a pu « industrialiser » le tertiaire et rapprocher les employés des ouvriers, l'informatisation de la production « tertiariser » l'industrie et rapprocher les ouvriers des employés.

Un impératif : situer les employés dans leur milieu familial

Les formes de travail et d'emploi ne sont que des composantes parmi d'autres de l'identité d'un groupe social. L'identité des employés tient pour une part au caractère féminisé de cette catégorie, et aux rôles familiaux habituellement associés à ce caractère.

Pour Henri Mendras, « l'emploi des femmes « brouille la structure sociale » et renforce l'importance des classes moyennes » [3]. Mais ce brouillage peut être un effet d'optique tenant aux instruments au travers desquels on a pris l'habitude d'observer la société française : tant que les femmes d'agriculteurs travaillaient à la ferme, que les épouses de commerçants tenaient la caisse de la boutique, que les femmes de salariés étaient en majorité au foyer, le repérage des professions masculines permettait de répartir la quasi totalité de la population sur une grille unique de positions socioprofessionnelles. L'inadéquation de cet instrument s'est accrue à mesure que les femmes étaient plus nombreuses à occuper des emplois différents de ceux de leurs conjoints éventuels. Le développement du salariat féminin requiert de nouvelles lunettes statistiques, présentant au moins deux caractéristiques spécifiques : elles doivent permettre de repérer les situations croisées des conjoints ; elles doivent aussi, plus impérativement que par le passé, procurer une bonne profondeur de champ temporelle, de manière à prendre en compte la discontinuité des carrières professionnelles féminines et à remédier à la myopie des observations instantanées qui mettent dans le même lot une active continue et une femme qui vient de prendre un emploi après avoir passé au foyer l'essentiel de sa vie d'adulte.

La métaphore de l'archipel

Le texte qui va suivre a pour objet de traiter, dans leurs interdépendances, de différents aspects de la vie des employés - vie de travail, vie de famille, revenu, pratiques de consommation, vie culturelle. Il apporte une série d'arguments à l'appui de la thèse selon laquelle les employés ne forment ni un groupe social au sens plein du terme, ni un fourre-tout statistique. Ils constituent plutôt, dans l'espace social, une sorte d'archipel avec plusieurs composantes distinctes qui subissent inégalement l'influence de territoires voisins et exercent inégalement leur propre influence sur ces territoires. L'île des personnels de service, manuels et peu diplômés, est si proche du monde ouvrier qu'on peut contester son appartenance au monde des employés. Celle des employés administratif se situe tout près des couches moyennes salariées, celle des employés de commerce, des artisans et commerçants.

« Qui trop embrasse mal étreint » : certaines facettes de la vie sociale des employés - surtout celles qui sont repérables à partir des sources Insee - vont être décrites ici d'assez près, d'autres ne donneront lieu qu'à des aperçus sommaires. Les rapports entre groupes sociaux à l'échelle de la société dans son ensemble, les pratiques syndicales et politiques, l'histoire des évènements collectifs au travers desquels tel ou tel groupe social construit son identité seront largement laissées de coté. On ne dispose pas, au sujet des employés en France, de l'équivalent de l'ouvrage de Jürgen Kocka sur les employés en Allemagne [2] ou de ceux, pour la France, de Gérard Noiriel sur les ouvriers [4], de Luc Boltanski sur les cadres [1]. Les référence à certains travaux d'historiens ne pourront pallier le manque d'une approche historique d'ensemble de la question des employés en France. Il aurait aussi été souhaitable de développer des comparaisons internationales, mettant en relief ce que l'identité « employé » a en France de singulier, de tributaire d'une histoire nationale, et ce qu'elle peut avoir de commun avec d'autres pays. Il s'agit principalement ici de puiser dans les données statistiques construites par l'Insee quelques éléments originaux de description partielle de la situation des employés.

RÉFÉRENCES BIBLIOGRAPHIQUES

[1] BOLTANSKI Luc. **Les cadres. La formation d'un groupe social**. Paris, Ed. de Minuit, 1982.

[2] KOCKA Jürgen. **Les employés en Allemagne, 1850-1980. Histoire d'un groupe social**. Paris, Ed. de l'EHESS, 1989 (1ère éd. Göttingen, 1981).

[3] MENDRAS Henri. « Quelques tendances de transformation de la société française ». In MENDRAS Henri, VERRET Michel, **Les champs de la sociologie française**, Paris, Armand Colin, 1988.

[4] NOIRIEL Gérard. **Les ouvriers dans la société française, XIXe-XXe siècle**. Paris, Seuil, 1986.

[5] SINGLY (de) François, THELOT Claude. **Gens du public, gens du privé. La grande différence**. Paris, Dunod, 1989.

[6] VERRET Michel. **La culture ouvrière**. Saint-Sébastien-sur-Loire, ACL-Crocus, 1987.

PENSER, CLASSER LES EMPLOYÉS

Le mot « employé » a au moins deux sens usuels, un sens large de « salarié », et un sens restreint qui nous intéresse ici et qui est équivoque, à la fois parce qu'il s'est transformé au fil du temps et parce qu'il est flou à un moment donné.

Les définitions des employés au sens restreint peuvent être réparties en quatre groupes correspondant à différentes logiques de repérage et de classement.

On peut tout d'abord référer l'ensemble des employés à un cas typique correspondant aux plus « employés » des « employés » et constituant le *noyau* de la catégorie. Ce noyau est aujourd'hui assez fortement cristallisé dans les représentations collectives : il est constitué par les salariés administratifs à faible niveau de qualification ou de responsabilité, les employés de bureau.

Dans un second type de démarche, les employés apparaissent comme des salariés qui ne sont ni des ouvriers ni des cadres - là aussi on procède par repérage de noyaux, mais en situant les employés en dehors de ces noyaux bien identifiés et en les définissant comme un ensemble *résiduel.*

Une troisième approche consiste à privilégier un ou plusieurs *critères* de définition. Ainsi la tradition anglo-saxonne caractérise volontiers les employés par la couleur de leur vêtement, cols blancs (par opposition aux cols bleus ouvriers ; voir l'ouvrage classique de Cecil Wright Mills, « Les cols blancs » [29]) ou vestes noires (voir l'autre ouvrage classique, de David Lockwood, « The black-coated worker » [26]).

Enfin on peut définir les employés en faisant appel *conjointement* à la méthode du noyau, à celle du résidu et à celle des critères. Les nomenclatures françaises des catégories socioprofessionnelles élaborées par l'Insee en 1952 puis en 1982 relèvent, implicitement pour la première et explicitement pour la seconde, d'une telle approche.

LES EMPLOYÉS DE BUREAU, NOYAU DU GROUPE DES EMPLOYÉS

Pour définir une catégorie sociale, on peut repérer un cas typique, particulièrement représentatif de cette catégorie dans son ensemble, et lui assimiler des cas voisins, présentant des ressemblances avec le cas typique [13].

En France aujourd'hui, l'employé-type, l'employé par excellence, le plus employé des employés, le *« noyau »* de la catégorie des employés, c'est, ordinairement, l'employé de bureau. Moins typiquement mais nettement tout de même « employés », les employés de commerce forment un sous-ensemble qui est habituellement assimilé au cas plus typique des employés de bureau.

D'autres groupes de professions, aux marges de la catégorie, constituent des *cas limite*, pour lesquels il n'existe pas de consensus quant à l'opportunité de les ranger ou non parmi les employés. Les secrétaires bilingues, les femmes de ménage, les policiers et militaires de rang subalterne, les magasiniers, les coursiers, les conducteurs d'autobus se situent dans des zones de flou. Quels qu'ils soient, les classements auxquels on peut les soumettre apparaissent comme particulièrement arbitraires et sensibles au contexte dans lequel on les met en œuvre. « Roger Girod [16, p. 120] montre très bien, par exemple, comment des sujets à qui on demande d'effectuer des classifications rangent parmi les « employés » le conducteur d'un tramway, lorsque cette profession leur est présentée associée à celle des receveurs et la rangent parmi les professions ouvrières, si on la leur présente associée à celle de chauffeurs de poids lourds » [10, p. 15].

La méthode du « noyau » est probablement la plus proche du sens commun, des routines de perception ordinaires par lesquelles, en France (car le contenu de la notion d'employé varie d'une langue et d'une civilisation à une autre), on identifie les employés. Elle a le mérite d'être imagée : à peu près tout le monde sait ou croit savoir ce qu'est un employé de bureau. Mais ses vertus « classantes » sont faibles, elle ne se prête pas à des dénombrements.

La représentation par cas typiques fait appel à des ensembles d'attributs qui sont perçus en bloc, en faisant l'économie d'une décomposition analytique. L'image d'ensemble de l'employé-type peut ainsi englober des attributs d'ordre professionnel (les employés de bureau exercent des fonctions administratives subalternes) et d'autres qui n'ont que des liens indirects avec la profession. Ainsi on peut s'attendre à ce qu'un employé soit une femme, et à ce qu'une femme soit une employée. L'identification du sexe facilite et oriente celle de la profession, même si dans une démarche analytique les deux attributs doivent manifestement être distingués.

Le critère de sexe, qui est extérieur aux caractéristiques professionnelles proprement dites, semble oblitérer celui de la fonction technique - travail de traitement de l'information ou de contact avec les personnes pour les employés, de transformation de la matière pour les ouvriers - dans le cas des pratiques de classification dans une imprimerie décrite par Margaret Maruani [28, pp. 45 et suivantes]. Les mêmes tâches de traitement de texte si elles sont exercées par des hommes donnent lieu à un classement dans l'aristocratie ouvrière des typographes, tandis que des femmes les effectuant à des cadences supérieures sont classées comme employées - et non ouvrières du livre - et rémunérées à des taux nettement plus faibles. Un tel étiquetage ne fait pas appel à des critères analytiques, il procède par identification globale d'un type, celui du typographe, toutes caractéristiques confondues. En général c'est un homme, il est membre d'une corporation fortement syndicalisée, etc. Cette image concorde mal avec celle de l'employé (qu'on se représente plutôt comme une femme), alors même que la plus grande partie du travail du typographe consiste, comme pour les employés d'administration, à traiter de l'information.

La tendance à « typer » les employés en tant que femmes peut inspirer non seulement les pratiques de classement des professions dans le secteur de l'imprimerie, mais aussi, parce qu'une nomenclature est plus facile à mettre en œuvre si elle proche des méthodes profanes de classement, les grilles socioprofessionnelles construites par les statisticiens de l'Insee . « ... La nomenclature s'est fondée sur les caractéristiques sociales des différentes professions. Le plus souvent, elle a tendu à classer en employés les membres des professions les plus féminisées » [36, p. 59].

LES EMPLOYÉS COMME « RÉSIDU »

Pour filer la métaphore du « tissu » social, on peut se représenter les agriculteurs, les cadres, les ouvriers, les patrons de l'industrie et du commerce comme autant de pièces d'étoffe découpées chacune avec leur forme propre, leur identité sociale construite au fil de l'histoire. Les employés et leurs voisins les membres des professions intermédiaires constitueraient les chutes, le tissu intersticiel dont la forme n'est que le négatif de la forme des autres.

La méthode du résidu exprime une caractéristique négative des employés : ils sont peu actifs en tant que tels sur le terrain des rapports entre forces sociales et politiques organisées. On n'est guère tenté de voir en eux un groupe susceptible d'exercer un jour le pouvoir. Le travail de représentation et d'affirmation identitaire qu'opèrent les syndicats, les organisations professionnelles, les partis politiques aboutit à la production d'images socialement identifiables : les ouvriers, les cadres, les commerçants, les agriculteurs apparaissent comme des forces sociales auto-déclarées qui manifestent leur existence en produisant différentes définitions de l'intérêt général et de leurs intérêts catégoriels. Les employés ne témoignent que de formes mineures de ce travail identitaire (voir l'article de Michèle Legendre, « Les employés et la représentation », [25]). Lorsque la SOFRES, en 1987, demande à des employés de se situer dans l'espace social, 8 % seulement d'entre eux estiment que les employés constituent une catégorie à part ([1] et *tableau* 1.1).

Ils ne sont pas, cependant, en marge de la vie associative. Si l'on considère séparément les hommes et les femmes, les taux d'adhésion des employés à au moins une association, à peine inférieurs à la moyenne générale, sont supérieurs à ceux des ouvriers (*tableau* 1.2 et [19]) ; mais les femmes participent moins que les hommes aux activités de représentation et à la vie associative, et les employés sont une catégorie très féminisée. Dans la fonction publique, leur taux de syndicalisation est relativement élevé (voir le dernier chapitre), mais leurs organisations se présentent généralement comme des forces de défense de l'ensemble des salariés, ou des salariés de l'Etat, plutôt que comme des syndicats d'employés [12, 37, 38, 33, 29].

Puisque l'appartenance au groupe des employés n'est guère revendiquée par les employés eux-mêmes, la catégorie d'employé tend à devenir avant tout un terme à l'usage des statisticiens et des spécialistes ayant la préoccupation particulière de bâtir des représentations exhaustives de l'espace social. En dehors de cet emploi spécialisé, elle apparaît souvent comme une catégorie renvoyant à une sorte de degré zéro de l'action et de l'identité collectives. « Si l'on peut décrire des comportements spécifiques pour les cadres, les ouvriers ou les petits patrons, les « employés » semblent se dérober à une telle description » [13, p. 83]. Laurent Thévenot décrit les couches moyennes comme un « objet fuyant » [39, p. 171]. Pour Michel Crozier [10], « les enquêtes empiriques le montrent, le monde des employés devient de plus en plus le monde de l'incohérence ou des contradictions, que l'on considère l'allégeance sociale ou les activités culturelles ».

1.1 Les employés ne se perçoivent pas comme formant un groupe social autonome

Catégorie sociale dont les enquêtés se sentent le plus proche, selon le sexe et la catégorie socioprofessionnelle (1987)

Question : *Parmi les catégories que voici, quelle est celle dont les employés sont le plus proche, d'après vous ? Les patrons ? Les cadres ? Les techniciens ? Les ouvriers ? Ils constituent une catégorie à part ?*

	Ensemble des employés		
Catégorie la plus proche	Hommes	Femmes	Total
Patrons	5	7	7
Cadres	22	15	17
Techniciens	24	22	23
Ouvriers	45	47	46
Catégorie à part	4	9	8
TOTAL	**100**	**100**	**100**

	Employés de l'Etat et des coll. locales	Employés administratifs des entreprises	Employés de commerce
Patrons	6	5	14
Cadres	15	20	11
Techniciens	19	29	9
Ouvriers	53	38	58
Catégorie à part	8	7	9
TOTAL	**100**	**100**	**100**

Source : enquête SOFRES auprès de 705 employés administratifs et de commerce [1].

Pis encore, le monde des employés serait celui de l'innommable. Pour Ralf Dahrendorf [11, p. 53], « ... les sociologues ont tant écrit sur l'origine, l'évolution, la position, la fonction des employés et des commis que tout ce qu'on écrira désormais a des chances d'avoir été déjà dit. De toutes ces études sur les salariés de l'industrie, du commerce et des services publics, on ne peut tirer avec certitude qu'une seule conclusion : il n'y a pas de mot dans notre langue moderne pour décrire ce groupe qui n'en est pas un, cette couche sociale qui n'en est pas une ». Si par hypothèse absurde une société devait n'être composée que d'employés, on serait donc tenté de comparer cette société au poème du Lapin blanc dans « Alice au pays des merveilles », poème à propos duquel le roi se réjouit de conclure : « Si ça n'a pas de sens, ça nous évite toutes sortes d'ennuis, voyez-vous, puisque nous ne sommes plus obligés d'en trouver un ». Définir les employés comme un ensemble incohérent ou un simple résidu statistique équivaut à peu près à s'aligner sur la position du roi en affirmant : « Les employés, ça n'a pas de sens ». Les positions des auteurs qui viennent d'être cités ne sauraient être réduites à un tel point de vue, mais les employés exercent sur beaucoup de ceux qui tentent de les décrire une sorte de fascination du vide.

Le même tableau d'incohérence se présente lorsqu'on cherche à définir les employés par le caractère *tertiaire* des emplois qu'ils occupent. Le tertiaire ou les

12 Employés et ouvriers dans la vie associative

Participation à au moins une association, selon le sexe et la catégorie socioprofessionnelle (1983)

Dernière profession exercée	Taux d'adhésion (%) Quel que soit le degré de participation		Avec exercice d'une responsabilité	
	Hommes	Femmes	Hommes	Femmes
Employés de la fonction publique	52,6	39,5	12,8	5,5
Employés administratifs d'entreprise	46,2	40,9	11,7	6,8
Employés de commerce ou de maison		25,7		3,2
Ouvriers qualifiés	46,3	26,1	9,9	3,8
Ouvriers non qualifiés	38,1	23,8	5,9	2,2
TOUTES CATÉGORIES	54,4	36,9	14,4	5,7

Source : enquête Contacts, INSEE-INED. [19, p. 68].

services sont eux aussi fréquemment définis, faute de mieux, selon la méthode des résidus, et apparaissent comme des ensembles hétéroclites. Le tertiaire est tour à tour « mythique » [34], « éclaté » ou « introuvable » [8], « insaisissable » [4]. Il constitue une notion « honteuse » et « confuse » [2]. Les classifications des services suscitent un parallèle avec la taxinomie animale de Borgès (« Les animaux se divisent en : a) appartenant à l'empereur ; b) embaumés ; c) apprivoisés ; d) cochons de lait », etc.) [13].

L'agriculture et l'industrie occupant une part de plus en plus minoritaire de la population active, ne voir dans le tertiaire qu'un fourre-tout innommable équivaut à renoncer à comprendre l'ensemble de l'organisation de l'économie et de la société. Un tel pessimisme de la raison paraît excessif. Certaines frontières sociales naguère bien cristallisées se sont brouillées, des lignes de force anciennes demeurent, d'autres apparaissent dans le paysage de la société française. Il ne semble pas utopique de tenter d'identifier ces changements et ces invariants. L'informatisation de la société suscite l'émergence de formes nouvelles de travail, descriptibles, largement communes à l'industrie et aux services. Elle concerne inégalement les différentes professions d'employés - comme les différentes professions d'ouvriers, de techniciens, de cadres. Les employés ne forment pas un groupe d'une grande homogénéité mais ils ne se situent pas pour autant au degré zéro de l'identité sociale.

LES DÉFINITIONS FAISANT APPEL À DES CRITÈRES

La base de calcul du salaire (mensuelle ou horaire), le vêtement (col blanc ou col bleu), l'espace de travail (bureau ou atelier), le caractère non manuel ou manuel de l'activité constituent quatre critères, assez fortement corrélés, dont la mise en œuvre permet - ou a permis - de distinguer les employés des ouvriers, mais non des cadres. L'opposition entre employés et cadres s'appuie sur une autre série de critères, dans l'ensemble moins désuets que les quatre premiers : la qualification, la classification, la position hiérarchique, le niveau de formation.

Salaire à l'heure, salaire au mois

Une première définition des employés faisant appel à un critère a fortement vieilli, sans pour autant avoir perdu toute pertinence, elle privilégie la forme du salaire - les employés sont définis comme des salariés payés sur une base *mensuelle*, par opposition aux ouvriers payés sur une base *horaire*.

« Dans les écrits contemporains [à la veille de 1914], le salaire mensuel distinguait ouvriers et employés. Selon René Viviani, ministre du Travail,' L'ouvrier est la personne dont le salaire est établi à la journée, à l'heure, aux pièces ou à la tâche (...). On considère comme employés les personnes dont les appointements sont établis au moins pour une longue période et non suivant le rendement du travail ou leur présence horaire ou journalière, (cité par F. Lantier, « Paris-employé », 1911, p. 408). Comme la forme du salaire était directement liée à la longueur du préavis de renvoi et à l'indemnité de renvoi, cette question revêtait une importance primordiale. Dans les pratiques visibles des jugements [des instances prudhomales] subsistaient cependant aussi bien le salaire horaire que journalier ou hebdomadaire (...). Le cas d'un contremaître perdant son paiement mensuel et demandant le soutien des prud'hommes montre que la mensualisation n'était pas acquise pour les cols blancs, qu'elle n'était pas encore partie intégrante du statut, mais un privilège à acquérir et à défendre » [18]. Avant 1914 donc, tous les employés n'étaient pas payés au mois. Mais le paiement au mois, instrument d'une certaine fidélisation des salariés à leur entreprise, était fréquent chez les employés et pratiquement inexistant chez les ouvriers. En favorisant une planification des dépenses de consommation à moyen sinon à long terme, il contribuait à la différenciation entre les modes de vie des employés et ceux des ouvriers. Un ménage assuré d'un revenu fixe pouvait alors plus facilement épargner en vue des vacances - avant que les congés ne soient « payés » -, de la retraite, voire de l'acquisition d'un logement.

Après la seconde guerre mondiale, l'extension de la « mensualisation » aux ouvriers de différentes branches d'industrie, puis la loi du 24 juin 1971 tendant à généraliser le paiement au mois des ouvriers [5], sont venues affaiblir la pertinence de la forme du salaire comme critère de distinction entre employés et ouvriers. On tentera plus loin de situer les positions respectives des employés et des ouvriers au regard de différents indicateurs de précarité ; on verra que des différences subsistent au profit des employés.

L'acception du mot « employé » a changé avec l'émergence de la catégorie de « cadre »

La définition par la forme du salaire donne à la catégorie des employés une configuration large, fonctionnant principalement par opposition aux ouvriers et incluant ce qu'on appelle aujourd'hui les cadres et les professions intermédiaires. Elle renvoie à une conception ancienne des employés, antérieure à l'émergence de la notion de cadre dans les années 1930 [3]. Ainsi dans « Les employés », dont l'action se situe dans les années 1820, Balzac décrit les cheminements professionnels de fonctionnaires ministériels dont le grade est de l'ordre de ce qu'on appellerait aujourd'hui des directeurs d'administration centrale, classés dans les nomenclatures socioprofessionnelles actuelles parmi les cadres supérieures et non les employés, ni même les professions intermédiaires. Dans « Le dossier n° 113 », Emile Gaboriau décrit le cas d'un employé-type de l'époque, un caissier parisien qui est l'homme de confiance d'un banquier. Ses appointements, de douze mille francs par an vers 1860, le classent bien au-dessus des salariés d'exécution (*voir l'encadré* 1.1).

Cols blancs et cols bleus

Un autre critère qui a, comme la forme du salaire, fortement vieilli, est celui du type de *vêtement*. L'opposition cols blancs-cols bleus (qui vaut surtout pour les hommes) était forte parce qu'elle allait de pair avec d'autres distinctions. Au bleu correspond le travail physiquement pénible, en atelier ou au dehors, travail qui durcit les mains et noircit les cols, qui expose aux accidents. Le blanc du col symbolise la distance avec le travail manuel, la participation à l'univers des bureaux et des comptoirs, la fréquentation quotidienne des détenteurs du pouvoir.

Cette opposition a perdu de sa pertinence : de moins en moins d'ouvriers portent des bleus de travail, de moins en moins d'employés portent cravate et chemise blanche. Le port du complet et de la cravate conserve une valeur emblématique, il est de rigueur, au bureau, pour la plupart des cadres supérieurs du secteur privé ou des hauts fonctionnaires, et pour beaucoup d'hommes politiques lorsqu'ils passent à la télévision. Il est de rigueur aussi pour certains employés subalternes, huissiers ou plantons qui symbolisent auprès du public l'institution dont ils font partie. Mais les employés dans leur masse n'arborent plus guère cet emblème-là : les enquêtes Insee sur l'habillement des Français montrent que les employés sont passés en tête de tous les groupes socioprofessionnels par leur consommation de vêtements tels que jean et pull-over [20]. Ni cols blancs ni cols bleus, les employés frayent, en matière d'habillement, une « troisième voie », celle du vêtement décontracté, du col mou du polo ou de la chemise sans cravate.

Quant aux vêtements strictement professionnels, beaucoup d'employés en portent, dans les hôpitaux, les compagnies de chemins de fer ou d'aviation, les postes, la police ou la gendarmerie. Mais ces tenues dénotent l'appartenance à un secteur d'activité, à une entreprise, une administration, une profession plus qu'au groupe social des employés, et elles concernent surtout des professions qui se situent aux marges de ce groupe. Les vêtements et accessoires qui pouvaient être considérés comme les plus typiques des employés de bureau (lustrines, blouses, ronds de cuir...) ont vu leur usage décliner.

Bureaux et ateliers

Un critère d'une nature proche de celle du type de vêtement est celui de l'espace de travail, à l'œuvre notamment dans l'appellation d'« employé de bureau ». Par des métonymies en chaîne, le bureau, qui est à l'origine une étoffe (la bure), désigne la table à écrire que recouvre cette étoffe, puis la pièce qui contient le meuble, et enfin le service dont dépend la pièce.

1.1 QUELQUES ATTRIBUTS DES EMPLOYÉS DANS LA LITTÉRATURE FRANÇAISE DU XIXe SIÈCLE

La confiance

Le caissier principal de la maison André Fauvel, Prosper Bertomy, est un grand beau garçon de trente ans (...), soigné jusqu'à la recherche et mis à la dernière mode (...). Le banquier l'adjure d'avouer [Bertomy est soupçonné d'un vol commis au détriment de la banque qui l'emploie] :

- Confiez-vous à moi. Je ne saurais oublier que voici quinze ans que vous m'avez été confié par votre père et que depuis ce temps je n'ai eu qu'à me louer de vos bons et loyaux services (...). A mesure que je m'enrichissais, je m'efforçais d'améliorer votre position à vous, qui, tout jeune encore, êtes le plus ancien de mes employés. A chaque inventaire, j'ai augmenté vos appointements.

(Emile Gaboriau, « Le dossier n° 113 », 1875)

La ponctualité

[La fonction de chef des échos] *avait été remplie jusque là par le secrétaire de la rédaction, M. Boisrenard, un vieux journaliste correct, ponctuel et méticuleux comme un employé.*

(Guy de Maupassant, « Bel Ami », 1885)

[Lahrier, employé à la Direction Générale des Dons et Legs, arrive au travail à trois heures moins vingt. Son supérieur le fait appeler.]

- Vous n'êtes pas venu hier ? dit-il négligemment.
- Non, monsieur, répondit Lahrier.
- Et pourquoi n'êtes-vous pas venu ?
L'autre n'hésita pas.
- J'ai perdu mon beau-frère.
Le chef, du coup, leva le nez :
- Encore !...

(Georges COURTELINE,
« Messieurs les ronds-de-cuir », 1893)

Le confinement

Les bureaux (...) ont (...) leur odeur sui generis, odeur indescriptible et indéfinissable où se mêlent et se confondent les plus horribles exhalaisons, l'eau qui cuit sur le poêle, la souris crevée entre deux dossiers, les débris en putréfaction des repas quotidiens oubliés dans les coins, l'haleine fétide, la sueur des habits qu'on change, le cuir des souliers qui rissolent près du feu, enfin les effluves de toutes les misères, de toutes les corruptions et toutes les infirmités des gens qui y vivent. Aux vapeurs de cet odieux alambic s'ajoute la fumée des lampes qu'on allume en plein jour et l'on est surpris de voir une lumière briller dans un pareil milieu. L'étranger qui pénètre dans le bureau est saisi à la gorge. Il est frappé de vertige et chancelle comme le visiteur dans la grotte du chien, il suffoque et demande de l'air comme l'asphyxié, mais qu'il se garde d'ouvrir la fenêtre, les employés furieux la lui feraient refermer.

(Emile Gaboriau, « Les gens de bureau », 1862)

L'attente des jours fériés

[Le vieil employé est] *encaissé dans cinq ou six morceaux de paravent, affublé d'un bonnet de soie noire et d'une paire de lunettes vertes, relevées la plupart du temps sur le front, une plume à la main, une autre derrière l'oreille ; à ses bras des bouts de manche ; sous ses pieds une bûche ; un coussin de vieux papiers sur sa chaise ; pêle-mêle sur sa table, son mouchoir, sa tabatière, un pain d'un sou, un dictionnaire de Boiste et un de Vosgien ; en face de lui, contre le mur, une carte de France et un calendrier sur lequel il a marqué les jours fériés à l'encre rouge, pour y reposer de loin les yeux, avec une délectation anticipée.*

(Malleville,
« Nouveau tableau de Paris », cité dans [40])

La position assise

Ils ont greffé dans des amours épileptiques
Leur fantasque ossature aux grands squelettes noirs
De leurs chaises ; leurs pieds aux barreaux rachitiques
S'entrelacent pour les matins et pour les soirs !

(Arthur Rimbaud, « Les assis », 1871)

L'espace tertiaire du bureau ou du comptoir s'oppose à celui, industriel, de l'atelier ou du chantier. La mécanisation du travail de bureau suscite l'emploi du terme d'« atelier » pour désigner une pièce où sont rassemblées des machines de traitement de l'information. On parle ainsi d'atelier de mécanographie, et les employés qui travaillent dans un tel atelier sont certainement plus proches des ouvriers que ceux qui travaillent dans un bureau. En sens inverse, avec l'automatisation de la production industrielle, les ouvriers et les techniciens de fabrication peuvent s'éloigner du dispositif de transformation du produit et sont de plus en plus nombreux à travailler dans des salles de contrôle qui ressemblent à des bureaux.

Manuels et non manuels

« Ils ont les mains blanches » : ce titre d'une chanson du début du siècle, opposant, avec de forts accents de haine de classe, la dureté de la vie ouvrière ou paysanne au parasitisme douillet de l'ensemble des autres groupes sociaux, atteste de la prégnance passée d'un critère qui exprime l'inscription des activités de travail dans les corps : les travailleurs manuels ont les mains calleuses, les autres - employés, patrons - ont les mains blanches. Corrélativement, beaucoup d'ouvriers sont exposés à des risques de mutilation, d'accident, de maladie professionnelle, auxquels échappent les travailleurs non manuels.

Cette opposition conserve une partie de sa pertinence, mais les développements de la mécanisation et surtout de l'automation ont entraîné un recul du rôle de la main dans les travaux de transformation de la matière. Dans le tertiaire comme dans l'industrie, on fait de plus en plus souvent usage des mêmes instruments de travail (claviers, écrans...). Cette évolution a conduit certains sociologues à assimiler les ouvriers travaillant dans les industries de process à des employés administrant des flux, et à comparer les salariés d'une raffinerie au « corps des fonctionnaires de la République » [14, p. 90].

La distinction entre travail manuel et travail non manuel est par ailleurs d'une mise en œuvre difficile parce que toute activité manuelle implique la maîtrise intellectuelle de schèmes opératoires, et que rares sont les activités non manuelles qui ne comportent aucune composante manuelle. Elle renvoie seulement à la prépondérance de l'une de ces deux composantes. Dans une des plus typiques des professions d'employé, celle de secrétaire-dactylographe, la dimension manuelle est manifestement très présente dans l'apprentissage de la qualification. Elle ne suffit pas cependant à ce que l'emploi de dactylo apparaisse comme un emploi manuel : les compétences d'ordre symbolique en matière de traitement de l'information l'emportent sur les exigences de dextérité.

Qualification, classification, formation, position hiérarchique

Dans l'acception contemporaine du terme, un employé, habituellement, n'exerce pas de fonctions d'encadrement, il occupe une position d'exécutant subalterne. Ce critère oppose donc les employés aux personnels d'encadrement supérieur ou intermédiaire. En pratique, sa mise en œuvre n'est pas systématique. Des salariés peuvent donner des consignes ou des ordres à d'autres salariés et être tout de même considérés comme des employés. Inversement, des salariés n'exerçant pas de fonctions d'encadrement peuvent ne pas être considérés comme des employés parce que leur activité se situe à un niveau de qualification ou d'expertise supérieur à celui des employés. De ce fait, le critère de position hiérarchique ne peut être entièrement dissocié de celui de niveau de qualification.

Les définitions de la notion de qualification présentent nécessairement une certaine complexité. Michel Cézard [6] propose de distinguer trois aspects de la qualification des salariés : la qualification telle qu'elle est à l'œuvre dans le travail, la qualification subjective détenue par la personne, et la qualification salariale telle qu'elle est négociée entre l'employeur et le salarié. Ces aspects sont interdépendants, mais, comme dans la Sainte Trinité, aucun d'eux ne saurait être réduit à l'un des deux autres. S'ils sont activés simultanément dans la plupart des descriptions d'emplois, tel ou tel d'entre eux peut être privilégié en fonction du contexte dans lequel se situent ces descriptions. Le diplôme est l'indicateur le plus usuel de la qualification subjective, la classification (en référence aux conventions collectives) celui de la qualification salariale. La construction d'indicateurs ayant trait à la qualification à l'œuvre dans le travail soulève de plus grandes difficultés (partiellement surmontées dans l'enquête Insee-Ministère du travail de 1987 sur la technique et l'organisation du travail, cf le chapitre ci-après sur le travail des employés).

Dans les conventions issues des négociations du Front populaire et de l'après-guerre (accords Parodi-Croizat, statuts de la fonction publique, développement des conventions collectives au début des années cinquante), une correspondance s'est établie entre des niveaux de formation et des classifications salariales. Les emplois ne nécessitant aucune formation spécifique ou n'impliquant qu'une brève mise au courant donnent lieu à un classement comme manœuvre ou comme OS, comme employé non qualifié, comme fonctionnaire de catégorie D. A ceux qui requièrent un apprentissage de plusieurs années, sanctionné par un CAP, ou une formation générale du niveau du BEPC correspond un classement comme ouvrier qualifié, comme employé qualifié, comme fonctionnaire de catégorie C. Les emplois exigeant une formation plus longue donnent lieu à une classification supérieure à celles des ouvriers ou des employés - mais ce niveau supérieur est aussi accessible aux salariés peu diplômés exerçant des fonctions d'encadrement. Cette grille a été assez largement appliquée au monde des emplois industriels, mais dans le champ des professions d'employés la distinction entre qualifiés et non qualifiés (présente par exemple dans la « nomenclature des emplois », utilisée par l'Insee et le ministère du Travail de 1970 à 1982 [24]) s'est dans l'ensemble moins cristallisée que dans celui des professions ouvrières.

Les développements disjoints des négociations de branche et des dispositions générales (notamment sur le salaire minimum) dans un contexte de dépréciation du pouvoir d'achat du franc, l'élévation du niveau moyen de formation, les changements socio-techniques dans le contenu des emplois ont progressivement altéré la cohérence, toute relative, du système de correspondances entre classifications, formations et emplois qui s'était mis en place dans les années trente et quarante. « Au cours du temps, les classifications des conventions collectives, qui auraient dû refléter la qualification définie d'après le temps de formation, se sont progressivement éloignées de cette notion. En effet, servant principalement à déterminer les rémunérations, elles sont l'un des enjeux de la lutte sociale et de ce fait ne constituent pas une analyse précise des emplois en termes de formation nécessaire » [6, p. 17]. Les « glissements de fonctions », les situations dans lesquelles la classification de l'individu ne renseigne que très imparfaitement sur le niveau de compétence qui est requis dans son travail se sont multipliés. Au sein des édifices institutionnels (conventions collectives, statuts de la fonction publique) qui jouaient - et continuent vaille que vaille de jouer - un rôle crucial dans les procédures pratiques d'identification des ouvriers et des employés, les références aux savoirs et savoir-faire requis dans les situations de travail se sont faites plus rares dans les processus de codification des emplois. Avec l'augmentation du nombre des employés titulaires de diplômes ouvrant en principe l'accès à des emplois plus qualifiés, la distinction entre les employés et les catégories d'un niveau de qualification plus élevé est devenue plus difficile à établir.

CAS TYPIQUES ET CRITÈRES DE DÉFINITION : LE REPÉRAGE DES EMPLOYÉS DANS LES NOMENCLATURES SOCIOPROFESSIONNELLES

Une quatrième méthode de définition des employés, et des autres catégories sociales, est à l'œuvre dans les nomenclatures des catégories socioprofessionnelles utilisées par l'Insee et d'autres organisations statistiques. Elle combine le repérage de « cas typiques » et le recours à des critères. La plupart des statistiques qui seront présentées dans les chapitres suivants font appel à ces nomenclatures.

Dans l'ancienne nomenclature, qui a été en vigueur de 1952 à 1982, la liste des professions (typiques ou non typiques) d'employés est précédée de la définition suivante: « ... Dans l'ensemble, le groupe « 5. Employés » comprend la plupart des *salariés subalternes non manuels*, ce qui correspond à peu près à l'un des emplois usuels du mot « employé ». Mais le mot « employé » est tout de même pris ici dans un sens assez restreint, puisque les « employés » ayant des fonctions d'encadrement sont compris pour la plupart dans le groupe « 4. Cadres moyens », et que, d'autre part, certains des métiers classés (...) dans le groupe « 7. Personnels de service » sont des travailleurs subalternes non manuels » [21, p. 36].

Dans la nouvelle nomenclature, utilisée depuis 1982, les critères de la forme salariale du revenu et de la position hiérarchique subalterne sont aussi à l'œuvre, mais une distance est prise par rapport à l'opposition entre travail manuel et travail non manuel, considérée comme floue. La combinaison de la méthode des « cas typiques » ou des « noyaux » et de celle des critères est plus explicite que dans l'ancienne nomenclature.

Dans chacun des deux codes, il est précisé que les différents critères ne sont pas combinés de manière systématique : « on ne peut pas (...) présenter [la nomenclature] complètement sous forme d'un grand tableau croisant en ligne et en colonne des critères formels.

Chaque domaine de l'espace social a été analysé en vue de dégager sa logique propre (tenant en particulier à son histoire), et les critères d'analyse qui sont pertinents dans ce domaine : or les critères pertinents varient d'un domaine à l'autre » ([22], p. XXXIV).

Dans la société française, au sein de laquelle l'économie souterraine est relativement peu développée (sa part dans le produit intérieur brut est estimée à 4 %), la distinction *salariés-non salariés* est fortement institutionnalisée et son repérage dans les enquêtes ne pose guère problème pour la plupart des professions d'employés.

Font exception certaines professions commerciales où la rémunération est proportionnelle au volume des ventes, et où il arrive qu'un même vendeur travaille pour plusieurs fournisseurs. La distinction entre les statuts d'indépendant et de salarié est alors assez spécieuse. Ces vendeurs sont pour la plupart considérés comme des membres des professions intermédiaires - voir le cas des VRP - plutôt que comme des employés.

La *position hiérarchique* et le caractère *manuel* ou non du travail sont plus difficiles à établir. Ils renvoient souvent, implicitement, à d'autres critères : niveau de qualification, caractère industriel ou tertiaire de l'emploi occupé, statut public ou privé de l'employeur.

Le classement des dessinateurs industriels, *par exemple, pose problème au regard du critère « position subalterne » aussi bien que du critère « travail non manuel ». Les dessinateurs industriels, pour la plupart d'entre eux, sont des salariés sans responsabilité hiérarchique qui effectuent un travail non manuel. Mais seuls les moins qualifiés des dessinateurs, les calqueurs, sont classés parmi les employés, les autres voient le caractère industriel de leur activité reconnu en même temps que leur qualification et sont rangés parmi les techniciens.*

Il existe d'autres domaines de spécialisation dans lesquels la distinction entre différents niveaux de qualification se combine avec celle entre emplois tertiaires et emplois de la production en conduisant à une assimilation des salariés les moins qualifiés à des employés. Les cuisiniers *sont rangés parmi les ouvriers de type artisanal s'ils sont qualifiés, parmi les personnels des services directs aux particuliers s'ils ne sont pas qualifiés. Un autre critère intervient implicitement ici, celui du contact avec la clientèle, plus fréquent chez les cuisiniers non qualifiés.*

Les employés dans l'ancienne et la nouvelle nomenclatures des catégories socioprofessionnelles

Au recensement de 1982, parmi les actifs occupés, les « employés » au sens de l'ancienne nomenclature des catégories socioprofessionnelles sont au nombre de 4,2 millions, et de 5,5 millions au sens de la nouvelle (*figure* 1.1). Les principales modifications du contour de ce groupe socioprofessionnel concernent 1,3 million de « personnels de services » selon l'ancien code et 290 000 membres des « autres catégories » (policiers et militaires principalement) qui sont venus gonfler le nouveau groupe des « employés » et en faire un ensemble plus hétérogène que son homologue antérieur. 3,2 millions de personnes, représentant 77 % des employés « ancienne manière » et 59 % des employés « nouvelle manière » étaient déjà classés comme tels selon l'ancienne nomenclature.

De 1962 à 1982, les employés étaient répartis en deux sous-groupes, employés de bureau et de commerce. Les agents de service de la fonction publique étaient assimilés aux employés de bureau. Depuis 1982, le nouvel ensemble des employés est subdivisé en cinq catégories : les *employés de commerce,* très peu différents de leurs homologues dans l'ancienne nomenclature ; les *policiers et militaires* et les *personnels des services directs aux particuliers* qui auparavant n'étaient pas classés parmi les employés ; les *employés civils et agents de service de la fonction publique*, et les *employés administratifs d'entreprise* - la distinction, parmi les employés de bureau, entre secteur public et secteur privé avait été effectuée en 1954 et abandonnée par la suite, elle est réintroduite en 1982.

La frontière entre les « employés » et les « cadres moyens » dans l'ancienne nomenclature, les « employés » et les « professions intermédiaires » dans la nouvelle est restée stable quant à sa signification essentielle : dans les secteurs privé et semi-public, les « employés » au sens des conventions collectives sont généralement considérés comme « employés » au sens des codes socioprofessionnels, les agents de maîtrise, techniciens et assimilés sont généralement classés comme « cadres moyens » ou membres des « professions intermédiaires » ; dans la fonction publique, les agents des catégories C et D sont rangés parmi les employés, ceux de la catégorie B parmi les « professions intermédiaires » (les zones de flou entre employés et professions intermédiaires, et entre employés et ouvriers sont décrites à *l'encadré* 1.2).

1.1 Les employés dans les conventions statistiques

Lecture :
419 000 cadres (« cadres moyens » ou « cadres supérieurs et professions libérales ») au sens de l'ancienne nomenclature sont « employés » au sens de la nouvelle nomenclature.

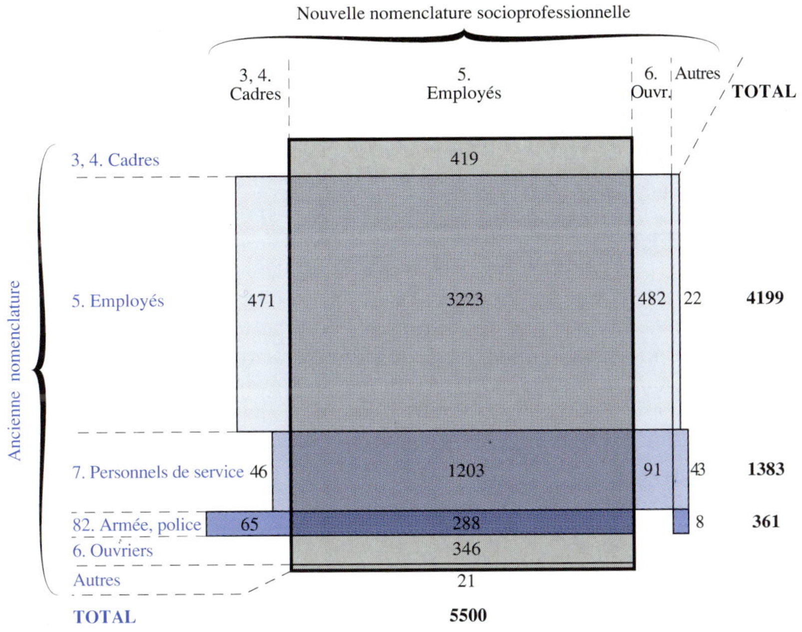

Actifs occupés selon l'ancienne et la nouvelle nomenclatures professionnelles en 1982 (milliers).

Source : RP 1/20, [37]

Champ : sont représentés les actifs occupés qui sont soit « employés » au sens de la nouvelle nomenclature, soit « employés », « personnels de service » ou « armée, police » au sens de l'ancienne.

1.2 LE FLOU DANS LE REPÉRAGE STATISTIQUE DES EMPLOYÉS : QUAND UNE MÊME PERSONNE DÉCRIT DEUX FOIS LE MÊME EMPLOI

En 1982, les mêmes questions ayant trait à la profession et à l'emploi ont été posées aux mêmes personnes à quelques semaines d'intervalle, dans le cadre du recensement de population de mars et dans celui de l'enquête Emploi d'avril-mai. L'appariement des réponses de 13 000 actifs occupés (ceux qui déclarent à l'enquête avoir changé d'emploi en 1982 étant écartés) permet d'évaluer la sûreté des descriptions opérées au travers des dispositifs statistiques de l'Insee, et renseigne sur les voisinages entre professions et catégories socioprofessionnelles qui résultent du fait qu'une personne peut être classée dans une profession au recensement et dans une autre à l'enquête Emploi. De mars à avril quelques personnes ont pu connaître une promotion ou un autre changement d'affectation, mais dans la plupart des cas les différences de classement d'une source à l'autre résultent de la pluralité des descriptions qu'une même personne peut faire de son emploi, ou de la pluralité des codages que l'Insee peut effectuer à partir d'une même description.

Chez les hommes, les employés et les membres des professions intermédiaires sont difficiles à identifier. Ce sont les groupes socioprofessionnels des ouvriers, puis des cadres supérieurs qui donnent lieu aux descriptions les plus fréquemment convergentes au recensement et à l'enquête Emploi. Chez les femmes à l'inverse, les personnes classées employées à une source le sont également à l'autre dans plus de neuf cas sur dix, alors que pour les cadres supérieurs les ratios correspondants sont inférieurs à trois quarts (figure 1.2). Un tableau similaire se dégageait, dans le cadre de l'ancien code socioprofessionnel, sur la base d'un recoupement de l'enquête Emploi et du recensement de 1975 [7, p. 219]. L'étiquetage d'une femme comme employée, d'un homme comme ouvrier ou cadre s'inscrivent donc dans le sens d'une pente « naturelle » au long de laquelle les procédures de description (par les enquêtés et-ou les nomenclaturistes et les chiffreuses) « marchent bien », tandis que les figures de l'homme employé ou de la femme cadre apparaissent comme a priori peu probables et donnent lieu à des descriptions à contre-courant, plus hasardeuses.

A l'échelon des catégories socioprofessionnelles détaillées, les frontières entre catégories sont bien délimitées au sein du groupe des employés, et surtout des employées (85 % de convergence entre les deux sources chez les femmes). Les individus classés employés administratifs des entreprises (pour les deux sexes) et employés de commerce (pour les hommes seulement) à l'enquête Emploi sont assez fréquemment classés parmi les professions intermédiaires ou les cadres au recensement. Les personnels des services directs aux particuliers (pour les deux sexes) et les employés civils de la fonction publique (de sexe masculin) se retrouvent assez souvent ouvriers au recensement. On voit ainsi les différentes catégories socioprofessionnelles d'employés s'ordonner sur une échelle allant des employés administratifs d'entreprise, qui présentent le plus de risques de confusion avec les cadres et les professions intermédiaires, aux personnels des services directs aux particuliers, qui se confondent plutôt avec les ouvriers (figure 1.3).

A l'échelon des professions, le flou entre employés et ouvriers est particulièrement important pour les emplois de magasinier, de manutentionnaire, de nettoyeur ou de femme de ménage.

1.2 *(Suite) LE FLOU DANS LE REPÉRAGE STATISTIQUE DES EMPLOYÉS : QUAND UNE MÊME PERSONNE DÉCRIT DEUX FOIS LE MÊME EMPLOI*

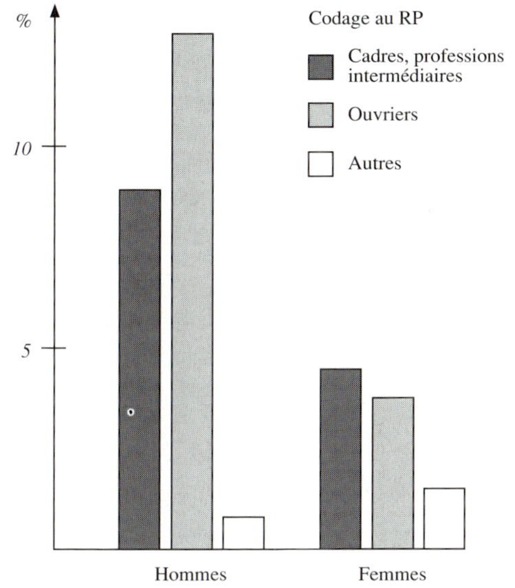

1.2 Le repérage statistique d'une employée est plus sûr que celui d'un employé

Situation socio-professionnelle au recensement de mars 1988 des personnes classées « employés » à l'enquête Emploi d'avril 1982.

Source : fichier appariant les réponses des mêmes personnes à l'Enquête Emploi et au recensement.
Champ : actifs occupés n'ayant pas changé d'emploi en 1982.

Un gros plan sur la plus nombreuse des professions d'employé, celle de secrétaire d'entreprise (code 5411), *montre qu'elle se caractérise par un flou assez important. 59 % des 328 femmes de l'échantillon classées secrétaires à l'enquête Emploi le sont également au recensement. La profession la plus contiguë est celles des dactylos (code 5412 ; 31 des secrétaires au sens Enquête Emploi sont dactylos au Recensement de la Population). Viennent ensuite une profession du niveau intermédiaire, celle des secrétaires de direction (17 secrétaires au sens Enquête Emploi sont secrétaires de direction au Recensement de la Population), puis divers emplois administratifs d'entreprise (employées administratives diverses, employées de la banque, des assurances, agents et hôtesses d'accueil et d'information). La CS détaillée des Employés administratifs d'entreprise regroupe les deux tiers des secrétaires au sens Enquête Emploi*

1.2 (Fin) LE FLOU DANS LE REPÉRAGE STATISTIQUE DES EMPLOYÉS : QUAND UNE MÊME PERSONNE DÉCRIT DEUX FOIS LE MÊME EMPLOI

classées dans une autre profession au recensement, le tiers restant comptant une majorité de secrétaires de direction. Le flou exprime donc principalement les difficultés de la mise en œuvre de distinctions entre différents niveaux de qualification au sein du domaine du secrétariat et de la frappe, qui est quant à lui bien identifiable. La séparation avec les employés de la fonction publique est bien établie (7 cas de chevauchement), celle avec les catégories ouvrières est totale. Plus largement, le clivage entre emplois de bureau et emplois ouvriers est d'une très bonne lisibilité dans les enquêtes par questionnaire.

1.3 Le flou dans le repérage statistique des employés

Lecture :
Pour les employées administratives d'entreprise, l'indice de confusion avec les cadres (cadres supérieurs et professions intellectuelles diverses, ou professions intermédiaires) est de 33,9, l'indice de confusion avec les ouvrières est de 9,5. Le flou entre employées administratives d'entreprise et cadres est donc nettement plus important que celui entre employées administratives d'entreprise et ouvrières.

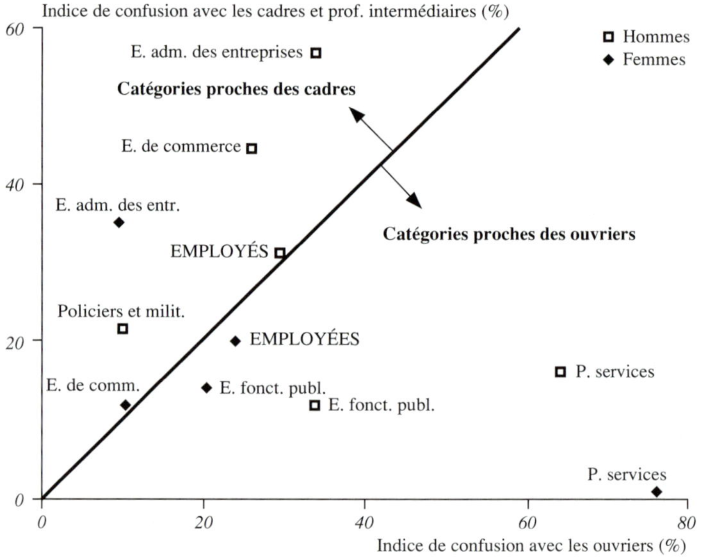

Les « indices de confusion » sont calculés à partir de deux tableaux (un pour les hommes, un pour les femmes) croisant la catégorie socioprofessionnelle à l'enquête Emploi d'avril 1982 et au recensement de population de mars 1982. Le champ est celui des actifs occupés n'ayant pas changé d'emploi en 1982.
Soit i une catégorie socioprofessionnelle définie à l'enquête Emploi d'avril 1982 et j une catégorie socioprofessionnelle définie au recensement de population de mars 1982.
L'indice de confusion entre les catégorie i et j est défini par la formule :

$$I_{ij} = \frac{n_{ij}}{\frac{n_i \times n_j}{n}} \times 100$$

où :
- n_{ij} est l'effectif des individus codés en i à l'EE et en j au RP.
- n_i est l'effectif des individus codés en i à l'EE.
- n_j est l'effectif des individus codés en j au RP.
- n est l'effectif total observé (soit 7 980 hommes et 5 285 femmes).

I_{ij} prend la valeur 100 si la probabilité de codage en j d'un individu codé i est égale à la probabilité pour qu'un individu quelconque soit codé j, c'est-à-dire s'il y a indépendance entre les deux codages.

Mais cette frontière est établie de manière plus fine dans la nouvelle nomenclature, au sein de laquelle les références aux classifications sont plus précises. Ainsi avant 1982, les salariés qui se déclaraient comptable étaient classés « cadres moyens », ceux qui se disaient aide-comptable, « employés », alors qu'avec la nouvelle nomenclature les appellations « comptable » ou « aide-comptable » ne suffisent pas à situer le niveau de l'emploi : il est fait appel à la classification déclarée. 31 % seulement des « comptables », tous classés « cadres moyens » selon l'ancien code, sont membres des « professions intermédiaires » selon les nouvelles conventions, 54 % « descendent » au niveau des « employés » et 15 % accèdent au niveau des « cadres et professions intellectuelles supérieures ». 31 % de l'ensemble des « cadres administratifs moyens » de l'ancienne nomenclature sont classés « employés » selon la nouvelle. 9 % des « employés » ancienne manière sont « professions intermédiaires » et 7 % des « employés » nouvelle manière sont « cadres moyens » dans l'ancien code.

Les frontières entre employés et ouvriers et entre personnels de service et ouvriers n'ont pas connu de modification sensible quant à leur définition, mais bien des conventions visant à distinguer ces groupes sont d'une application aléatoire, notamment lorsqu'il s'agit d'emplois de type artisanal.

Le cas des femmes de ménage *est significatif à cet égard. Dans l'ancien code, elles sont personnels de service si elles travaillent pour des particuliers, manœuvres si elles travaillent pour des entreprises, et employées de bureau si elles relèvent de la fonction publique. De la même manière, dans le nouveau code, elles sont personnels des services directs aux particuliers si elles travaillent pour des particuliers, ouvrières non qualifiées de type artisanal si elles travaillent pour des entreprises et employées civiles de la fonction publique si elles relèvent du secteur public. Parmi les femmes de ménage classées manœuvres dans l'ancien code, 46 % se retrouvent ouvrières non qualifiées, 39 % employées de la fonction publique, 10 % personnels des services directs aux particuliers. Parmi celles qui étaient classées personnels de service, 70 % se retrouvent personnels des services directs aux particuliers, 29 % ouvrières non qualifiées. Autre distinction d'une mise en œuvre difficile, celle entre les manutentionnaires du commerce, classés comme ouvriers, et les approvisionneurs et gondoliers en grande surface, considérés comme employés ; ou encore celle entre les cuisiniers qualifiés (ouvriers) et les employés non qualifiés de la cuisine (employés). Au total, 11,5 % des « employés » au sens de l'ancien code sont classés « ouvriers » selon le nouveau, et réciproquement 6,3 % des « employés » au sens de la nouvelle nomenclature sont « ouvriers » au sens de l'ancienne.*

L'élargissement du groupe des employés est probablement le plus marquant des changements intervenus avec la réforme de la nomenclature : ses contours étant peu durcis au plan des représentations que s'en font les non spécialistes, le groupe des employés est plus aisément que d'autres « réformable » par les statisticiens. Que les femmes de ménage ou les policiers soient ou non assimilés à des employés présente un caractère largement arbitraire, et certains auteurs ont pu contester les conventions adoptées par l'Insee en 1982.

J. Magniadas par exemple considère comme employés « les salariés dont la force de travail est appliquée à des travaux de comptabilité, d'administration, de gestion, à des opérations de vente, de rentabilisation du capital financier, de celle de l'épargne, de distribution du crédit, ou à réaliser des opérations d'assurances et ne comportant pas de fonctions d'encadrement », et écarte les catégories des policiers et militaires et des personnels des services directs aux particuliers du champ de son étude des employés [27, p. 30].

A côté de ces quatre méthodes de définition des employés, il existe une multitude d'analyses sociologiques ou socio-économiques qui ont généralement pour finalité de décrire certaines caractéristiques tendancielles de ce groupe. Ainsi, pour Michel Crozier [9] les employés suivent souvent des trajectoires sociales ascen-sionnelles. Pour Maurice Halbwachs [17], les employés travaillent sur la « matière humanisée » et non sur la « matière inerte » comme les ouvriers. Pour Agnès Pitrou et Françoise Guélaud [31], les employés se caractérisent par certains « comportements extrêmes » sur le plan des mœurs familiales et conjugales (faible fécondité, forte divortialité..). Ces différentes thèses vont être discutées dans les chapitres qui suivent. En débattre implique la définition préalable d'un champ d'observation. Ce sont les définitions des employés dans les nomenclatures socioprofessionnelles de l'Insee qui seront retenues ici, parce que la plupart des observations quantitatives disponibles à propos des employés ont été collectées et classées en référence à ces nomenclatures et que celles-ci se prêtent, grâce à leur organisation en différents niveaux de détail, à de multiples regroupements ou subdivisions.

RÉFÉRENCES BIBLIOGRAPHIQUES

[1] **Adieu les gratte-papier, bonjour les employés**. Paris, CGT, 1987 (Sondage SOFRES-Employés liaison CGT).

[2] BAUDELOT Christian, ESTABLET Roger, MALEMORT Jacques. **La petite bourgeoisie en France**. Paris, Maspero, 1974.

[3] BOLTANSKI Luc. **Les cadres ; la formation d'un groupe social.** Paris, Ed. de Minuit, 1982.

[4] BRAIBANT Michel. « Le tertiaire insaisissable ? ». **Economie et statistique**, n° 146, 1982.

[5] BUNEL Jean. **La mensualisation, une réforme tranquille** ? Paris, Ed. ouvrières, 1973.

[6] CEZARD Michel. « Les qualifications ouvrières en question ». **Economie et statistique**. n° 110, avril 1979.

[7] CEZARD Michel. « Le rapprochement de l'enquête Emploi et du Recensement de la population de 1975 ; résultats généraux ». In **Les catégories socio-professionnelles et leur repérage dans les enquêtes**. Insee, 1981 (« Archives et documents », n° 38).

[8] C.F.D.T. **Le tertiaire éclaté**. Paris, Seuil, 1980.

[9] CROZIER Michel. **Le monde des employés de bureau**. Paris, Seuil, 1965.

[10] CROZIER Michel. « Employés », in **Encyclopaedia universalis**. Paris, 1976.

[11] DAHRENDORF Ralf. **Classes et conflits de classes dans la société industrielle**. Paris, Mouton, 1972.

[12] DELON Pierre. **Les employés**. Paris, Editions sociales, 1969.

[13] DESROSIERES Alain, THEVENOT Laurent. **Les catégories socioprofessionnelles**. Paris, La Découverte, 1988.

[14] GALLE Raymond, VATIN François. « L'idéal de fluidité : industrie pétrolière et organisation du travail ». In GAUDEMAR J.-P. de (éd.), **Usines et ouvriers, figures du nouvel ordre productif**. Paris, Maspero, 1980.

[15] GASPARD Michel. **Les services contre le chômage**. Paris, Syros, 1988.

[16] GIROD Roger. **Etudes sociologiques sur les couches salariées**. Paris, Rivière, 1961.

[17] HALBWACHS Maurice. « Les caractéristiques des classes moyennes » (1939) In **Classes sociales et morphologie**. Paris, Ed. de Minuit, 1972.

[18] HAUPT Heinz-Gerhard. « Les employés lyonnais devant le Conseil de prud'hommes du commerce (1910-1914) ». **Le mouvement social**, n°141, oct.déc. 1987.

[19] HERAN François. « Au cœur du réseau associatif : les multi-adhérents ». **Economie et statistique**, n° 208, mars 1988.

[20] HERPIN Nicolas. « L'habillement : une dépense sur le déclin ». **Economie et statistique**, n° 192, oct. 1986.

[21] Insee. **Code des catégories socio-professionnelles** (1ère partie : principes ; code analytique). Paris, 1954 (3e éd.).

[22] Insee. **Guide des catégories socioprofessionnelles** (nomenclature PCS des professions et catégories socioprofessionnelles). Paris, 1983 (1ère éd.).

[23] Insee. **Nomenclature des professions et catégories socioprofessionnelles, Index analytique**. Paris, 1983 (1ère éd.).

[24] Insee, Ministère du Travail, de l'Emploi et de la Population. **Nomenclature des emplois**. Paris, 1970.

[25] LEGENDRE Michèle. « Les employés et la représentation ». **Revue française de science politique**, vol. 37-1, fév. 1987.

[26] LOCKWOOD David. **The blackcoated worker**. Londres, McMillan, 1958.

[27] MAGNIADAS Jean, avec la coll. de ADOUM Nancy. « Caractéristiques des employés et de leur mode de vie ». **Analyses et documents économiques de la CGT**, n° 32, oct. 1988.

[28] MARUANI Margaret. **Mais qui a peur du travail des femmes ?** Paris, Syros, 1985.

[29] MILLS Cecil Wright. **Les cols blancs. Essai sur les classes moyennes américaines**. Paris, Maspero, 1966.

[30] PASTRE Olivier. **L'informatisation et l'emploi**. Paris, La découverte, 1984.

[31] PITROU Agnès, GUELAUD Françoise. **Les relations entre les situations de travail et la vie hors-travail. Le cas des employés de la banque et des PTT.** Aix-en-Provence, CNRS-LEST, 1986.

[32] PORTE Jean. « Les catégories socio-professionnelles ». In FRIEDMANN G., NAVILLE P. (éd.), **Traité de sociologie du travail**. Paris, A. Colin, 1962 (tome 1)

[33] PRANDY K., STEWART A., BLACKBURN R. M. **White collar unionism**. Londres, MacMillan, 1983.

[34] ROGER Pierre. **Les employés, le mythe du tertiaire**. Paris, Editions sociales, 1980.

[35] SEYS Baudouin. **De l'ancien code à la nouvelle nomenclature des catégories socioprofessionnelles. Etude méthodologique**. Paris, Insee, 1986 (« Archives et documents », n° 156).

[36] SEYS Baudouin. « Les employés ». In Insee, **Données sociales**. Paris, 1987.

[37] SIWEK-POUYDESSEAU Jeanne. **Le syndicalisme des fonctionnaires jusqu'à la guerre froide**. Lille, Presses universitaires de Lille, 1989.

[38] SIWEK-POUYDESSEAU Jeanne. **Les syndicats de fonctionnaires depuis 1948**. Paris, PUF, 1989.

[39] THEVENOT Laurent. « A propos d'une définition des couches moyennes et de la nouvelle nomenclature des professions et catégories socioprofessionnelles ». **Revue française de sociologie**, XXIV, 1983.

[40] THUILLIER Guy. **La vie quotidienne dans les ministères au XIXe siècle**. Paris, Hachette, 1976.

UN PREMIER CADRAGE STATISTIQUE

La forte croissance du nombre des employés dans les années soixante et soixante-dix était avant tout la conséquence des mouvements de tertiarisation et de développement du salariat qui affectaient la société française dans son ensemble. Mais son ampleur allait au-delà de la simple résultante de ces mouvements : c'est en créant des postes d'employés que les organisations industrielles ou tertiaires faisaient face aux besoins croissants de traitement de l'information auxquels elles étaient confrontées.

Au cours des années quatrevingt, le nombre des employés n'augmente plus que faiblement, alors que tertiarisation et développement du salariat se poursuivent à un rythme soutenu : dans un contexte d'élévation du niveau moyen de formation des demandeurs d'emploi et d'extension massive de l'usage des ordinateurs, certaines fonctions auparavant assurées par des employés sont soit prises en charge par des machines, soit exercées par des salariés d'un niveau de qualification supérieur.

Une description par professions fait apparaître la diversité interne du groupe statistique des employés : la gamme des spécialités exercées, du traitement de l'information aux services personnels, est très étendue, et il est fréquent qu'un même type d'emploi soit occupé par des individus ayant des caractéristiques de sexe, d'âge, de situation de famille hétérogènes.

LES EFFECTIFS DES EMPLOYÉS : DE LA CROISSANCE FORTE À LA CROISSANCE FAIBLE

En 1900, selon une estimation de Michel Crozier [1, p. 18], les employés de bureau et de commerce constituaient 5 à 6 % de la population active de la France. Selon la définition de l'ancien code des catégories socioprofessionnelles, le poids des employés était de 11 % en 1954, il atteignait 20 % en 1982 (*tableau* 2.1 et *figure* 2.1). La part des employés a donc approximativement doublé au cours de la première moitié du XXe siècle, puis doublé de nouveau en trente ans. En 1954, un salarié sur six était un employé, en 1982 c'était le cas de près d'un sur quatre.

Au sens plus large de la nouvelle nomenclature des professions et catégories socioprofessionnelles, les employés constituaient 18 % de la population active occupée en 1962, près de 26 % en 1982 et 27,4 % en 1989 (*tableau* 2.2). En 1962, il y avait moins d'un employé pour deux ouvriers, en 1989 la part des employés égale presque celle des ouvriers (28,4 %).

2.1 Employés et catégories connexes (1954 -1982)

(Ancienne nomenclature des catégories socioprofessionnelles)

1. Effectifs (en milliers)	1954	1962	1968	1975	1982
4 Cadres moyens	1113	1501	2006	2765	3254
dont : 44. Cadres administratifs moyens	*534*	*626*	*740*	*970*	*1 071*
5 Employés	**2 068**	**2396**	**2 996**	**3 841**	**4 677**
dont : 51. Employés de bureau	*1 628*	*18 86*	*2 371*	*3 104*	*3 746*
53. Employés de commerce	*441*	*511*	*625*	*737*	*931*
6 Ouvriers	6 490	7 061	7 706	8 207	8 266
7 Personnels de service	1 018	1 047	1 166	1 243	1531
Autres catégories	8 496	7 246	6 524	5 719	5 797
POPULATION ACTIVE	19 185	19 251	20 398	21 775	23525

2. Structure (en % de la population active)	1954	1962	1968	1975	1982
4 Cadres moyens	5,8	7,8	9,8	12,7	13,8
dont : 44. Cadres administratifs moyens	*2,8*	*3,3*	*3,6*	*4,5*	*4,6*
5 Employés	**10,8**	**12,4**	**14,7**	**17,6**	**19,9**
dont : 51. Employés de bureau	*8,5*	*9,8*	*11,6*	*14,3*	*15,9*
53. Employés de commerce	*2,3*	*2,7*	*3,1*	*3,4*	*4,0*
6 Ouvriers	33,8	36,7	37,8	37,7	35,1
7 Personnels de service	5,3	5,4	5,7	5,7	6,5
POPULATION ACTIVE	100,0	100,0	100,0	100,0	100,0

3. Part des femmes (%)	1954	1962	1968	1975	1982
4 Cadres moyens	36,7	39,6	40,6	45,2	48,8
dont : 44. Cadres administratifs moyens	*24,6*	*31,9*	*34,9*	*44,9*	*53,4*
5 Employés	**52,8**	**58,8**	**61,0**	**63,9**	**65,5**
dont : 51. Employés de bureau	*53,0*	*59,4*	*61,9*	*65,0*	*66,6*
53. Employés de commerce	*52,0*	*57,0*	*57,7*	*59,4*	*61,1*
6 Ouvriers	22,7	21,6	20,4	22,4	24,0
7 Personnels de service	80,7	80,9	79,1	77,9	79,0
POPULATION ACTIVE	34,8	34,6	34,9	37,3	40,7

4. Taux annuels moyens de variation (%)	54-62	62-68	68-75	75-82
4 Cadres moyens	+3,8	+4,9	+4,7	+2,4
dont : 44. Cadres administratifs moyens	*+2,0*	*+2,8*	*+3,9*	*+1,4*
5 Employés	**+1,9**	**+3,8**	**+3,6**	**+2,9**
dont : 51. Employés de bureau	*+1,9*	*+3,9*	*+3,9*	*+2,7*
53. Employés de commerce	*+1,9*	*+3,4*	*+2,4*	*+3,4*
6 Ouvriers	+1,1	+1,5	+0,9	+0,1
7 Personnels de service	+0,4	+1,8	+0,9	+3,0
POPULATION ACTIVE	+0,0	+1,0	+0,9	+1,1

Source : recensements de population (1954, 1962 : dépouillement exhaustif ; 1968 : 1/4 ; 1975 : 1/5 ; 1982 : 1/20)

2.1 Le poids croissant des employés

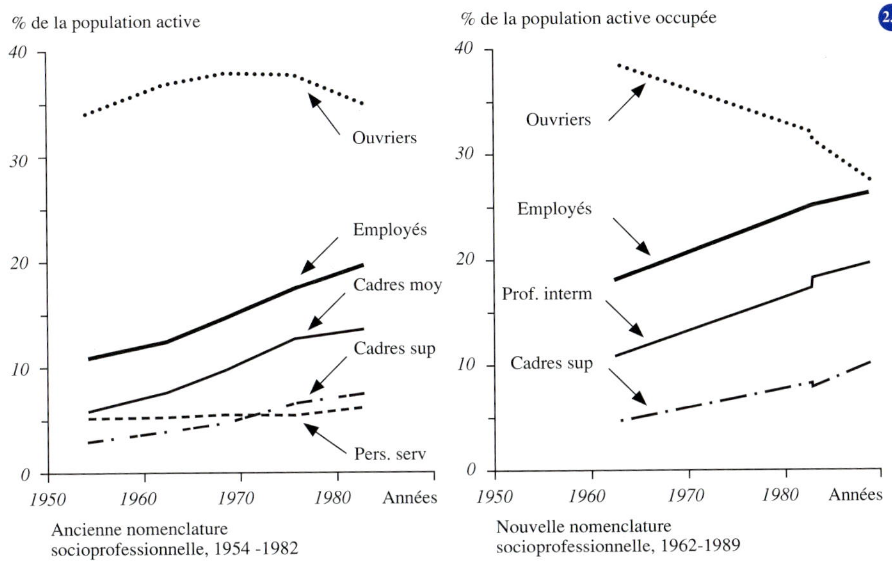

Depuis 1954, le rythme de croissance des effectifs des employés s'est d'abord accru, puis s'est stabilisé à un niveau élevé (+3,6 % par an en moyenne de 1968 à 1975) et a ensuite diminué légèrement (+ 2,9 % de 1975 à 1982). La décélération s'est accentuée, depuis 1982 : l'effectif des employés au sens de la nouvelle nomenclature ne s'est accru que de 1,2 % par an de 1982 à 1989.

Groupe jeune de par son développement récent, les employés (et surtout les employées) sont aussi un groupe de jeunes (*figure* 2.2). Aucune autre catégorie socioprofessionnelle ne compte plus de personnes de moins de 35 ans.

Le développement du groupe des employés s'est fait par appel à des femmes : en 1954, à peine plus d'un employé sur deux était une femme, en 1982 c'est le cas de deux sur trois. En 1989, trois employés sur quatre (au sens de la nouvelle nomenclature) sont des femmes - quatre sur cinq si on laisse de côté la catégorie des policiers et militaires, très masculine et peu typique des employés. En 1982, les deux tiers des employés appartiennent à des professions comptant au moins trois quarts de femmes (*figure* 2.3).

Forte croissance pour les emplois de type administratif jusqu'en 1982

De 1954 à 1982 l'effectif des employés de bureau a été multiplié par 2,3 (+3,0 % par an en moyenne), celui des employés de commerce par 2,1 (+2,7 % par an). Celui des personnels de service dans leur ensemble s'est accru de 1,5 % par an. Toutefois, au sein de cette catégorie, les gens de maison et les femmes de ménage ont vu leurs effectifs diminuer (-1,4 % par an pour les premiers, -2,7 % pour les secondes). Ce mouvement prolongeait une tendance déjà ancienne au recul du nombre des domestiques.

2.2 Employés et catégories connexes (1962-1989)

(Actifs ayant un emploi, nouvelle nomenclature des catégories socioprofessionnelles)

1. Effectifs (en milliers)	Recensement de 1962	Recensement de 1982	Enquête Emploi de 1982	Enquête Emploi de 1988	Enquête Emploi de 1989
4 Professions intermédiaires (PI)	2100	3813	3992	4327	4393
dont : 45. PI administratives de la fonction publique	*181*	*277*	*335*	*369*	*374*
46. PI administratives et commerciales des entreprises	*558*	*922*	*921*	*1125*	*1155*
5 Employés (E)	**3466**	**5500**	**5493**	**5815**	**5968**
dont : 52. E. civils de la fonction publique	*772*	*1673*	*1635*	*1792*	*1823*
53. Policiers et militaires	*379*	*376*	*351*	*406*	*428*
54. E. administratifs d'entreprise	*1117*	*2040*	*1976*	*1913*	*1946*
55. E. de commerce	*389*	*625*	*625*	*697*	*724*
56. Personnels des services directs aux particuliers	*809*	*786*	*905*	*1008*	*1048*
6 Ouvriers	7376	7005	6794	6049	6180
Autres	6014	5148	5118	5317	5213
TOTAL	18956	21466	21397	21508	21754
2. Structure (en % des actifs occupés)					
4 Professions intermédiaires (PI)	11,1	17,8	18,7	20,1	20,2
dont : 45. PI administratives de la fonction publique	*1,0*	*1,3*	*1,6*	*1,7*	*1,7*
46. PI administratives et commerciales des entreprises	*2,9*	*4,3*	*4,3*	*5,2*	*5,3*
5 Employés (E)	**18,3**	**25,6**	**25,7**	**27,0**	**27,4**
dont : 52. E. civils de la fonction publique	*4,1*	*7,8*	*7,6*	*8,3*	*8,4*
53. Policiers et militaires	*2,0*	*1,8*	*1,6*	*1,9*	*2,0*
54. E. administratifs d'entreprise	*5,9*	*9,5*	*9,2*	*8,9*	*8,9*
55. E. de commerce	*2,1*	*2,9*	*2,9*	*3,2*	*3,3*
56. Personnels des services directs aux particuliers	*4,3*	*3,7*	*4,2*	*4,7*	*4,8*
6 Ouvriers	38,9	32,6	31,8	28,1	28,4
TOTAL	100,0	100,0	100,0	100,0	100,0
3. Part des femmes (%)					
4 Professions intermédiaires (PI)	33,9	40,3	39,7	42,6	42,3
dont : 45. PI administratives de la fonction publique	*26,5*	*46,7*	*51,7*	*51,7*	*50,5*
46. PI administratives et commercia les des entreprises	*26,5*	*39,4*	*39,6*	*43,4*	*44,0*
5 Employés (E)	**66,4**	**72,4**	**74,1**	**75,3**	**75,0**
dont : 52. E. civils de la fonction publique	*65,8*	*75,2*	*76,8*	*78,8*	*78,0*
53. Policiers et militaires	*3,2*	*5,4*	*4,3*	*6,3*	*6,5*
54. E. administratifs d'entreprise	*69,9*	*75,6*	*77,5*	*81,3*	*81,3*
55. E. de commerce	*73,5*	*77,5*	*79,3*	*77,2*	*78,3*
56. Personnels des services directs aux particuliers	*87,5*	*8,3*	*85,2*	*84,4*	*83,4*
6 Ouvriers	19,6	20,7	19,8	19,1	19,0
TOTAL	34,2	39,4	40,4	42,3	42,9

4. Taux annuels moyens de variation (%)	1962-1982	1982-1989
4 Professions intermédiaires (PI)	+3,0	+1,4
dont : 45. PI administratives de la fonction publique	*+2,2*	*+1,6*
46. PI administratives et commerciales des entreprises	*+2,5*	*+3,3*
5 Employés (E)	**+2,3**	**+1,2**
dont : 52. E. civils de la fonction publique	*+3,9*	*+1,6*
53. Policiers et militaires	*+0,0*	*+2,9*
54. E. administratifs d'entreprise	*+3,1*	*-0,2*
55. E. de commerce	*+2,4*	*+2,1*
56. Personnels des services directs aux particuliers	*-0,1*	*+2,1*
6 Ouvriers	-0,3	-1,3
TOTAL	+0,6	+0,2

Sources : 1962, estimations de B. Seys [3] ; 1982, RP 1/20.

2.2 Les employés, un groupe jeune

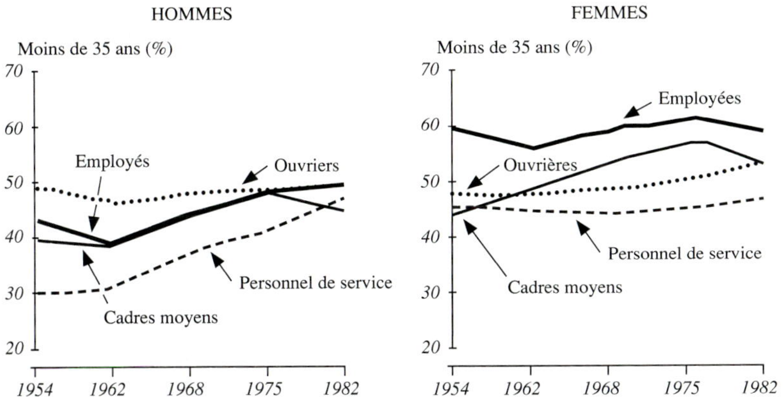

Part des moins de 35 ans selon le groupe socioprofessionnel (ancienne nomenclature) et le sexe (1954 -1982).
Source : Recensement de la population.

Dans les années soixante et soixante-dix, l'évolution des effectifs des emplois administratifs présentait des caractéristiques similaires dans la fonction publique et dans le secteur privé et semi-public : le nombre des employés s'accroissait un peu plus vite que celui des membres des professions intermédiaires administratives ou commerciales. Les années quatrevingt sont marquées par une divergence entre les évolutions de ces deux secteurs. Dans la fonction publique, la croissance des effectifs se poursuit, à un rythme ralenti mais à peu près identique chez les employés et chez les membres des professions intermédiaires administratives. Dans le secteur privé et semi-public en revanche, on assiste à un net glissement vers le haut du niveau de qualification des emplois administratifs, avec une tendance au recul du nombre des employés et une progression accélérée du nombre des membres des professions intermédiaires administratives et commerciales.

De 1982 à 1989, selon l'enquête Emploi, la part des employés administratifs d'entreprise dans l'ensemble de la population active occupée passe de 9,3 à 8,9 %, celle des professions intermédiaires administratives et commerciales des entreprises de 4,3 à 5,3 %. Compte tenu des effectifs observés à l'enquête (sondage au 1/300 environ), le recul de 9,3 à 8,9 n'est pas statistiquement significatif. Mais une évolution similaire s'observe sur la base de l'enquête Structure des Emplois pour la période 1984-1987 : dans le champ de cette enquête (salariés des établissements de plus de dix salariés de l'industrie, du commerce et des services), la part des employés administratifs d'entreprise diminue légèrement (de 14,3 à 14,1 %), celle des professions intermédiaires administratives et commerciales progresse très sensiblement (de 7,7 à 8,4 %).

Dans la fonction publique, de 1982 à 1989, la part des employés civils augmente de 7,6 à 8,4 %, celle des professions intermédiaires administratives est stable (1,6 et 1,7 %).

Les années quatrevingt ont été marquées par une extension accélérée de l'usage des ordinateurs dans le traitement de l'information. Il semble que dans le secteur privé, ces changements techniques aient été associés à d'importantes modifications de l'offre s'exprimant sur les marchés externes et internes de l'emploi - et en particulier à une réduction du nombre des emplois les moins qualifiés. Dans le

2.3 Les professions d'employés en 1982 : effectifs et proportion de femmes

Source : RP 1/20

secteur public l'ensemble des dispositions statutaires a probablement joué bien davantage dans le sens d'une reproduction du statu quo ante. (L'analyse des rapports entre informatisation et changements dans le travail des employés sera abordée au chapitre suivant).

De 1982 à 1989, le nombre des employés de commerce a continué de progresser, mais à un rythme moindre que dans les années soixante et soixante-dix. Les effectifs des personnels des services directs aux particuliers, stables de 1962 à 1982, augmentent depuis 1982.

La catégorie des personnels des services directs aux particuliers est celle qui compte le plus d'étrangers (14,2 % en 1989, soit un peu plus que parmi les ouvriers - 12,8 %). La proportion d'étrangers est faible dans toutes les autres catégories d'employés (2,3 % dans la fonction publique, 2,8 % chez les employés administratifs d'entreprise et 4,6 % parmi les employés de commerce). Les professions de personnels de service sont, comme les professions ouvrières, des positions d'accueil pour des immigrants éventuels, et se distinguent à cet égard des autres professions d'employés dont l'exercice présuppose généralement une familiarisation assez intime avec la langue et la culture indigènes.

LA CROISSANCE DU NOMBRE DES EMPLOYÉS NE SUIT PLUS LE RYTHME DE LA TERTIARISATION ET DU DÉVELOPPEMENT DU SALARIAT

L'accroissement de la place des employés dans la population active est étroitement lié à deux processus structurels qui affectent l'économie et la société françaises depuis une quarantaine d'années, la tertiarisation et le développement du salariat. La part de l'emploi tertiaire passe de 36 % de l'emploi total en 1954 à 62 % en 1987, celle de l'emploi salarié de 65 à 84 %. L'augmentation du pourcentage des employés est, en grande partie, l'ombre portée des phénomènes de tertiarisation et de salarisation.

Mais des changements interviennent aussi dans la composition de la main-d'œuvre salariée au sein d'un secteur d'activité donné. L'évolution « pure » de la place des employés - les effets de la tertiarisation et de la salarisation étant neutralisés - est marquée par une rupture qui intervient vers 1982 : auparavant il y a croissance nette d'effets de structure, au-delà de cette date il y a décroissance.

Pour faire apparaître cette évolution « pure », on compare l'évolution effective de la proportion d'employés à une évolution théorique correspondant à l'hypothèse selon laquelle le pourcentage d'employés demeurerait stable au sein de l'effectif salarié de chacun des grands secteurs d'activité, son augmentation au sein de la population active occupée étant uniquement fonction des mouvements de tertiarisation et de développement du salariat (tableau 2.3).

Dans l'industrie, en 1962 un salarié sur onze est un employé, en 1982 un sur huit. Dans le secteur tertiaire, la progression est moins sensible mais régulière, de 29 à 31,5 %. En vingt ans, la part des employés dans l'emploi total passe de 12,5 à

2.3 La part des employés : évolution nette des effets de tertiarisation et de développement du salariat (1962 - 1987)

Champ :

Actifs occupés. 1962 - 1982, ancienne nomenclature socioprofessionnelle, 1982 - 1987, nouvelle nomenclature.

	Ancienne nomenclature socioprofessionnelle						Nouvelle nom.	
Nomenclature d'activité	CAE 41 postes*		BNC 37 postes**		NAP niv. 100***		AE niv. 40****	
Année	1962	1968	1968	1975	1975	1982	1982	1987
1 Salariés dans la Population Active Occupée	71,7	76,0	76,1	82,0	81,3	82,1	83,1	83,8
2 Actifs du secteur tertiaire dans la PAO	40,8	44,8	46,2	51,3	51,4	57,6	57,5	61,9
1 Employés (E)								
3 E parmi les salariés de l'agriculture	1,2	2,4	1,2	2,4	4,4	4,6	7,7	6,0
4 E parmi les salariés du tertiaire	8,8	9,6	10,1	10,9	10,8	12,2	10,0	9,5
5 E parmi les salariés de l'agriculture	29,0	30,2	29,3	30,2	30,6	31,5	44,2	43,8
6 E dans l'ensemble des salariés	17,5	19,3	19,3	21,1	21,3	23,8	30,8	31,9
7 E dans la Population Active Occupée	12,5	14,7	14,7	17,3	17,3	19,6	25,6	26,7
8 E dans la PAO, % théorique †		13,9		16,6		18,6		27,1
9 Évolution observée entre les deux dates	+ 2,2		+ 2,6		+ 2,3		+ 1,1	
10 Évolution théorique	+ 1,4		+ 1,9		+ 1,4		+ 1,5	
11 Évolution nette d'effets de structure	**+ 0,8**		**+ 0,7**		**+ 0,9**		**- 0,4**	
2 Ouvriers (O)								
3 O parmi les salariés de l'agriculture	7,2	11,3	6,5	10,8	13,7	11,4	85,5	85,8
4 O parmi les salariés du tertiaire	80,7	78,3	77,5	74,2	75,5	71,7	66,7	64,1
5 O parmi les salariés de l'agriculture	25,3	24,1	25,5	22,9	23,0	21,3	19,5	18,2
6 O dans l'ensemble des salariés	50,9	49,0	49,0	45,4	45,7	40,1	38,3	34,4
7 O dans la Population Active Occupée	36,5	37,3	37,3	37,2	37,2	32,9	31,8	28,8
8 O dans la PAO, % théorique †		38,5		39,5		35,0		30,2
9 Évolution observée entre les deux dates	+ 0,8		- 0,1		- 4,3		- 3,0	
10 Évolution théorique	+ 2,0		- 2,2		- 2,2		- 1,6	
11 Évolution nette d'effets de structure	**- 1,2**		**- 2,3**		**- 2,0**		**- 1,4**	
3 Personnels de service (PS)								
3 PS parmi les salariésde l'agriculture	1,1	1,7	1,8	1,5	1,3	1,0	—	—
4 PS parmi les salariés du tertiaire	0,7	0,7	0,6	0,6	0,6	0,7	—	—
5 PS parmi les salariés de l'agriculture	15,2	13,9	13,7	12,2	12,3	12,4	—	—
6 PS dans l'ensemble des salariés	7,3	7,2	7,2	6,9	6,9	7,8	—	—
7 PS dans la Population Active Occupée	5,2	5,5	5,5	5,6	5,6	6,4	—	—
8 PS dans la PAO, théorique †		5,9		6,3		6,3	—	—
9 Évolution observée entre les deux dates	+ 0,2		+ 0,2		+ 0,8		—	
10 Évolution théorique	+ 0,7		+ 0,8		+ 0,7		—	
11 Évolution nette d'effets de structure	- 0,4		- 0,7		+ 0,1		—	

*Agriculture : postes 01, 11. Industrie : 21 à 59. Tertiaire : 61 à 94. Pour la définition des rubriques, voir les volumes « Population active » des recensements (Insee).

**Agriculture : poste 1. Industrie : postes 2 à 24. Tertiaire: postes 25 à 37.

***Agriculture : postes 01 à 03. Industrie : postes 04 à 55. Tertiaire : postes 56 à 99.

****Agriculture : postes 1. Industrie : postes 2 à 7. Tertiaire : postes 8 à 14.

† Le pourcentage théorique d'une catégorie socioprofessionnelle i à une date t + 1 est obtenu par sommation sur les trois secteurs du produit de la part de cette catégorie dans la population salariée d'un secteur à la date t par la part des salariés du secteur dans la PAO à la date t + 1.

Lecture :

de 1962 à 1968, la part des employés dans la population active occupée est passée de 12,5 à 14,7 % (+2,2 points). Elle serait en 1968 de 13,9 % (+1,4 point) si la part des employés parmi les salariés de chaque secteur (agriculture, industrie, tertiaire) était restée constante et si l'évolution du nombre des employés n'avait résulté que de l'augmentation du nombre de salarié dans chaque secteur. Elle a donc progressé de 0,8 point de plus (2,2 - 1,4) que si elle n'avait évolué que sous l'effet du changement des effectifs salariés dans chaque secteur.
Les évolutions indiquées sont approximatives puisque les nomenclatures d'activités diffèrent d'une période à une autre.

Sources : 1962 - 1982, RP 1/20 ; 1982 - 1987 : Enquêtes Emploi.

19,6 % ; les seuls effets de structure (salarisation, tertiarisation) auraient porté ce taux à 17,1 %, c'est-à-dire qu'un peu moins des deux tiers de l'augmentation de la proportion d'employés entre 1962 et 1982 leur sont imputables. Le solde (+ 2,4 points) constitue une progression nette d'effets de structure.

La part des personnels de service s'accroît légèrement dans l'industrie, où elle demeure de toute manière très faible ; dans le tertiaire elle diminue sensiblement jusqu'en 1975 (de 15,2 à 12,2 %), puis augmente un peu de 1975 à 1982.

De 1962 à 1982, au total, la part des salariés tertiaires d'exécution (employés plus personnels de service) progresse dans l'industrie (de 9,5 à 12,9 % des salariés) et dans l'agriculture (de 2,3 à 5,6 %), elle demeure stable dans le secteur tertiaire (de 44,2 à 43,9 %). Parmi l'ensemble des salariés sa part passe de 24,8 à 31,6 %, et parmi les actifs occupés elle progresse de 17,7 à 26,0 %. Cette augmentation de 8,3 points est imputable pour l'essentiel aux effets de structure - tertiarisation, salarisation. La progression nette d'effets de structure pour la période 1962-1982 est de + 1,3 point pour l'ensemble employés et personnels de service.

De 1982 à 1987, le pourcentage d'employés parmi les actifs occupés continue d'augmenter, mais uniquement du fait de l'extension (ralentie) du salariat et de la poursuite (soutenue) de la tertiarisation ; sans ces deux mouvements, le pourcentage d'employés aurait légèrement diminué, il serait passé de 25,6 à 25,2.

De 1962 à 1982, les parts perdues par les ouvriers parmi les salariés de chacun des grands secteurs d'activité ont été, pour un peu moins d'un tiers, gagnées par les salariés occupant des emplois tertiaires subalternes (employés, personnels de service) et, pour leur majorité, par les salariés plus qualifiés (cadres moyens et supérieurs, « autres catégories »).

De recensement en recensement, la proportion d'ouvriers dans la population active occupée est constamment inférieure à celle qu'on aurait observée si la part des ouvriers parmi les salariés de chaque grand secteur d'activité était restée constante. De 1962 à 1975, tertiarisation et salarisation auraient fait passer le pourcentage d'emplois ouvriers dans l'ensemble des emplois de 36,5 à 40,7 ; mais en 1975, la part des ouvriers n'est que de 37,2 %. De 1975 à 1982, le recul observé (- 4,3 points) est presque double de celui qui résulterait des effets de structure (- 2,2 points). Même tendance (pour autant que le changement de nomenclature autorise la comparaison) au cours de la période 1982-1987 : le recul observé (- 3,0 points) est presque double de celui qui résulterait des seuls effets de structure (- 1,6). Chaque année en moyenne de 1968 à 1987, le recul net d'effets de structure a été de - 0,3 point environ, alors que de 1962 à 1968 il était seulement de - 0,2.

La catégorie des employés s'inscrit donc, plus tardivement que celle des ouvriers, dans un processus au travers duquel son poids au sein de chaque grand secteur de l'emploi salarié tend à diminuer au profit de catégories plus qualifiées.

La distribution inter-sectorielle des employés tend à devenir plus uniforme

La part des employés (au sens de l'ancien code socioprofessionnel) dans chacun secteurs d'activité économique observés avec plus de détail varie peu au cours de la période 1975-1982 (*figure* 2.4). Dans quatre secteurs, les employés constituent nettement plus de la moitié de la main-d'œuvre salariée. Il s'agit du commerce de détail, des postes et télécommunications, des banques et assurances, et de la sécurité sociale. Ils regroupaient 37,1 % du total des employés en 1975, et 36,0 % en 1982. Les secteurs où les employés sont les moins nombreux, l'agriculture et l'industrie, regroupaient 22,7 % des employés en 1975 et 19,6 % en 1982. Les employés sont donc de plus en plus nombreux (de 40,2 à 44,4 %) dans les autres secteurs, au sein desquels ils ne sont ni très majoritaires ni très minoritaires : ils tendent à travailler de plus en plus souvent dans des environnements où ce sont des salariés occupant des emplois tertiaires plus qualifiés qui sont majoritaires.

L'ESPACE DES PROFESSIONS D'EMPLOYÉS

Après ce « premier croquis » [2] de la catégorie des employés, tracé principalement à l'échelon des catégories socioprofessionnelles, une description plus fine peut être entreprise à l'échelon des professions. Elle va mettre en jeu des caractéristiques sociales diverses telles que les profils d'âges, les origines nationales et géographiques, les diplômes, les origines sociales, les situations de famille, les situations socioprofessionnelles des conjoints, les niveaux de salaire, la taille des établissements employeurs, l'ancienneté dans l'emploi. Elle fera appel aux techniques statistiques d'analyse factorielle des correspondances et de classification ascendante hiérarchique, qui permettent de situer un grand nombre d'unités au regard d'un grand nombre de critères (encadré 2.1).

2.4 Part des employés parmi les salariés, selon l'activité économique (1975-1982)

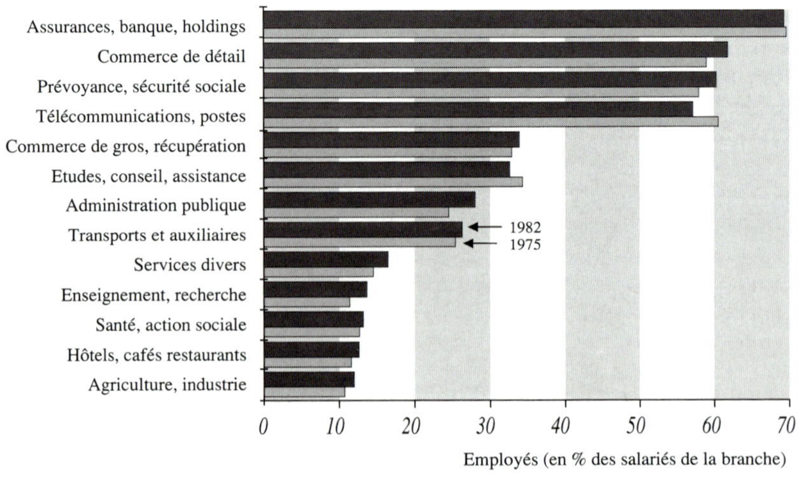

2.1 LES PROFESSIONS D'EMPLOYÉS : UNE APPROCHE MULTIDIMENSIONNELLE

Les techniques statistiques de l'analyse factorielle des correspondances et de la classification ascendante hiérarchique permettent de définir des ressemblances et des dissemblances au sein d'un ensemble - ici, un ensemble de professions - décrites selon un grand nombre de variables [3].

C'est l'enquête Emploi (de 1987) qui est retenue ici comme source d'information ; cette enquête permet de réaliser un assez bon compromis entre deux types d'exigences contradictoires : appréhender un grand nombre de variables (les recensements sont pauvres à cet égard), et assurer une représentativité acceptable à l'échelon de chacune des professions retenues (le taux de sondage de l'enquête Emploi, de l'ordre de 1/300, est plus élevé que celui, par exemple, de l'enquête FQP).

Les unités élémentaires qui sont décrites au travers des variables énumérées ci-dessus sont non pas des professions réunissant les individus des deux sexes, mais des ensembles correspondant à une profession et un sexe déterminés. Les descriptions statistiques concernant chacun des deux sexes pris séparément aboutissent en effet à des regroupements et des clivages nettement plus significatifs que celles qui amalgament les hommes et les femmes.

Le champ des professions retenues déborde un peu celui de la catégorie socioprofessionnelle des employés : les professions intermédiaires administratives et commerciales sont prises en compte, de manière à rendre possible des comparaisons entre deux niveaux de qualification dans différents domaines professionnels (banque, comptabilité, secrétariat...) ; la profession ouvrière de nettoyeur est retenue parce que les tâches effectuées sous les trois statuts de salariés de la fonction publique (agents de services, classés dans la catégorie socioprofessionnelle des employés de la fonction publique), de salariés des particuliers (femmes de ménage, rangées dans les personnels des services directs aux particuliers) et de salariés des entreprises (nettoyeurs, considérés comme ouvriers) présentent de grandes similitudes, et parce qu'elle constitue un point de comparaison entre les professions d'employés et une profession appartenant au groupe des ouvriers. Les unités comptant, après pondération, moins de 40 000 personnes à l'enquête ne sont pas prises en compte (une exception est faite pour les gradées de la banque, au nombre de 29 000 en 1987, de manière à assurer des comparaisons, parmi les emplois de la banque, à la fois entre les sexes et les niveaux de qualification). 44 unités (16 professions masculines, 27 professions féminines) répondent à ces différents critères. Les douze professions masculines d'employés totalisent 62 % des actifs occupés de ce groupe socioprofessionnel, les 22 professions féminines 92 %. Dans les traitements statistiques, chacune des 44 unités élémentaires reçoit une pondération de 1 ; introduire une pondération selon les effectifs de chaque profession aurait pour effet de faire apparaître les unités aux effectifs les plus importants (les secrétaires par exemple) comme des types isolés, les dissemblances entre des professions à faible effectif tendant, elles, à être gommées. Selon le point de vue adopté ici, les unités sont des professions et non pas des personnes.

Quatre sous-groupes masculins

Parmi les professions masculines, quatre groupes de professions (dont trois composés d'employés) se détachent clairement les uns des autres (*figures* 2.5 et 2.6). L'axe 1 tel qu'il résulte de l'analyse factorielle des correspondances renvoie au « grand axe » de la stratification sociale, il oppose les moins diplômés aux plus diplômés, les bas salaires aux hauts salaires, les milieux familiaux les plus populaires aux milieux de cadres, les locataires aux propriétaires. L'axe 2 oppose les fonctionnaires aux autres salariés.

Un premier sous-ensemble est composé d'employés peu qualifiés. Il comprend les serveurs, les nettoyeurs, les agents de sécurité et les agents de service hospitalier. Salaires mensuels nets inférieurs à 5 000 F en 1987, proportion relativement élevée d'étrangers, de locataires, de salariés à temps partiel et d'embauches récentes (sauf chez les agents de services hospitaliers), inscription dans un milieu familial fréquemment ouvrier, bas niveau de formation, constituent des traits communs à

2.5 L'espace des professions masculines

Source : Enquête Emploi, 1987.

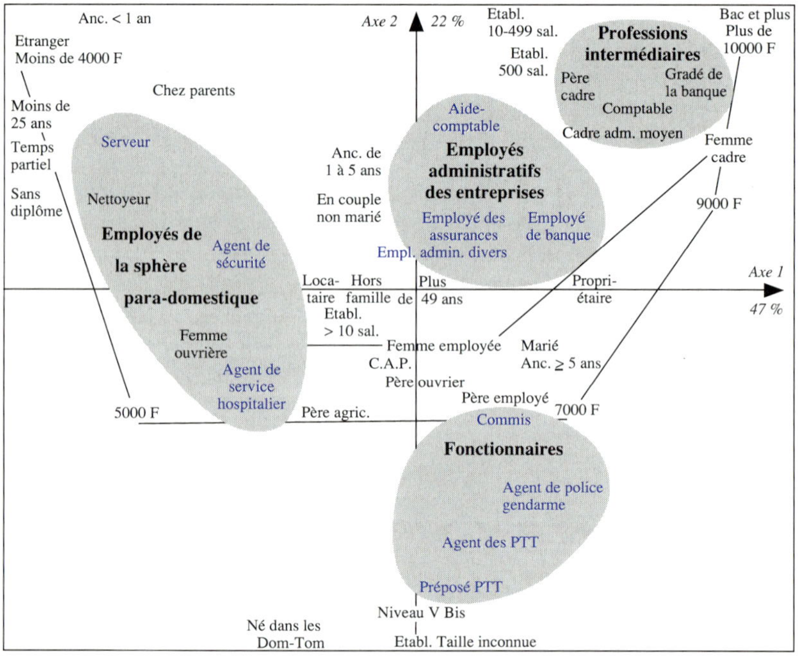

Principales contributions des variables aux trois premiers axes (en %)

	Axe 1	Axe 2	Axe 3 (non représenté)
Salaire	35,3	13,2	56,0
Diplôme	20,0	18,2	2,8
Taille de l'établissement	0,7	38,2	17,4
Ancienneté dans l'emploi	6,9	10,2	2,4
Statut d'occupation du logement	4,1	0,0	15,6
Inertie	46,9	22,1	10,0

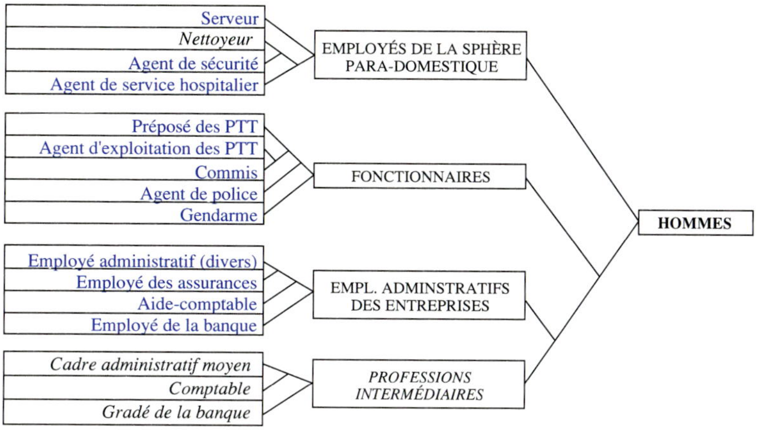

Source : Enquête Emploi, 1987.

2.6 Arbre des professions d'employés (hommes)

L'arbre résulte d'une classification ascendante hiérarchique [3]

ces professions, qui pourtant appartiennent à des catégories socioprofessionnelles différentes. Les professions exercées au sein de ce groupe ont en commun de correspondre à des fonctions de type domestique ou para-domestique.

Les trois autres sous-groupes correspondent plus étroitement à des catégories socioprofessionnelles : employés de la fonction publique (préposés et agents des PTT, agents de police et gendarmes, commis), employés administratifs des entreprises (employés des assurances et de la banque, aides-comptables, employés administratifs divers) et, hors du champ du groupe socioprofessionnel des employés, professions intermédiaires administratives des entreprises (comptables, cadres administratifs moyens, gradés de la banque).

Employés de la fonction publique et employés administratifs des entreprises occupent des positions à peu près semblables par rapport à l'axe 1, qui est le « grand axe » de stratification sociale (des moins diplômés aux plus diplômés, des bas salaires aux hauts salaires, des milieux familiaux populaires aux milieux de cadres, des locataires aux propriétaires), mais s'opposent selon l'axe 2, qui représente bien le jeu de variables telles que la taille de l'établissement (chez les fonctionnaires, il est fréquent que cette variable ne soit pas renseignée) et l'ancienneté dans l'emploi (plus forte chez les fonctionnaires). Les naissances dans les départements et territoires d'outremer sont plus fréquentes parmi les fonctionnaires.

L'axe 3 (non représenté) apporte peu d'informations pertinentes supplémentaires : il exprime surtout le jeu du statut d'occupation du logement et confère ainsi une place à part aux gendarmes (très souvent en logement de fonction). La contribution de l'âge apparaît sur les axes 1 et 3 - on verra qu'il en va différemment chez les femmes. Les professions masculines les plus prolétaires (à l'exception des agents de sécurité) sont aussi les plus jeunes ; aucun des trois autres groupes de professions ne présente des caractéristiques d'âge homogènes, et de l'un à l'autre de ces trois groupes les âges moyens diffèrent peu.

Huit sous-groupes féminins

Les professions féminines retenues dans cette analyse s'ordonnent elles aussi selon un premier axe qui correspond au « grand axe » de la stratification sociale. A la différence des hommes, le second axe dégagé par l'analyse factorielle des correspondances correspond surtout à des effets d'âge, l'opposition public-privé s'exprimant principalement sur le troisième axe (*figure* 2.7). Compte tenu de leurs effectifs, les professions féminines se prêtent à une différenciation plus fine que celles des hommes. L'arbre de la classification ascendante hiérarchique [3] peut être coupé à deux niveaux, l'un à huit branches, l'autre à quatre (*figure* 2.8).

Deux groupes de quatre professions chacun se situent aux marges du monde des employées.

2.7 L'espace des professions féminines

Source : Enquête Emploi, 1987.

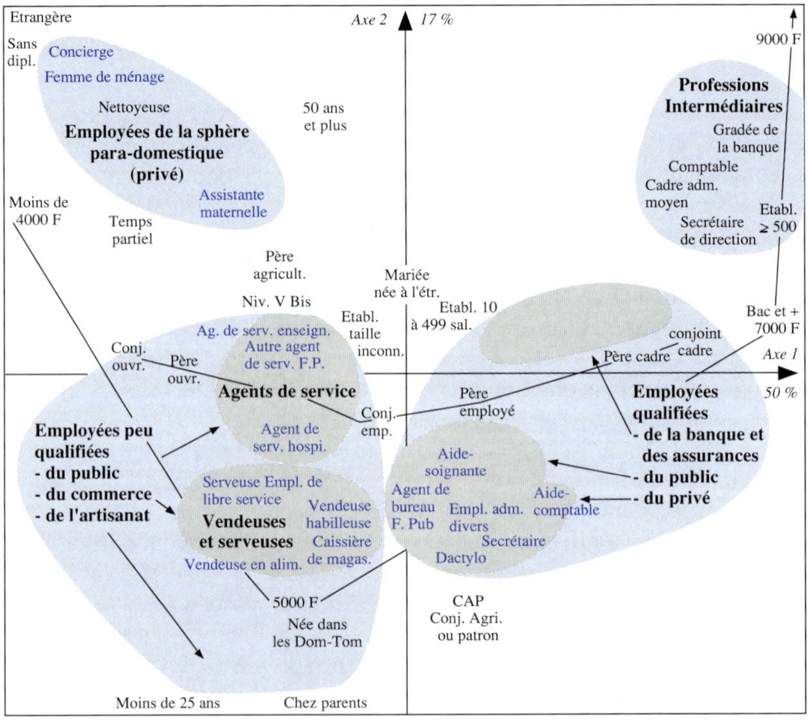

Principales contributions des variables aux trois premiers axes (en %)

	Axe 1	Axe 2	Axe 3 (non représenté)
Salaire	25,2	35,5	39,3
Diplôme	21,3	17,9	3,3
Temps plein/partiel	5,8	3,3	0,5
Age	2,4	17,4	7,3
CS du conjoint	11,8	1,2	0,5
Taille de l'établissement	3,7	5,2	23,7
Inertie correspondant à l'axe	50,4	17,0	11,8

Au pôle le plus démuni (au nord-ouest, sur la *figure* 2.7), on trouve les concierges, les femmes de ménage, les ouvrières du nettoiement et les assistantes maternelles. Bas salaires (au plus 4 000 F nets par mois en moyenne, pour les seules salariées à temps plein) et bas niveaux de formation (de 30 à 50 % de sans diplômes), fréquence du travail à temps partiel, origines sociales agricoles ou ouvrières, conjoints en majorité ouvriers, proportions d'étrangères relativement importantes (sauf chez les assistantes maternelles) caractérisent ce groupe.

A l'opposé (au nord-est de la *figure* 2.7), les membres des professions intermédiaires (gradées de la banque, comptables, cadres administratifs moyens, secrétaires de direction) présentent des caractéristiques inverses au regard des mêmes variables : plus de 8 000 F par mois, un tiers au moins de diplômées du niveau bac ou plus, plus de 60 % de conjoints (pour celles qui en ont un) cadre supérieur ou membre des professions intermédiaires.

Ces deux groupes, extrêmes dans le champ analysé ici, rassemblent des professions peu typiques du monde des employées : le premier est très prolétaire, le

2.8 Arbre des professions d'employées (femmes)

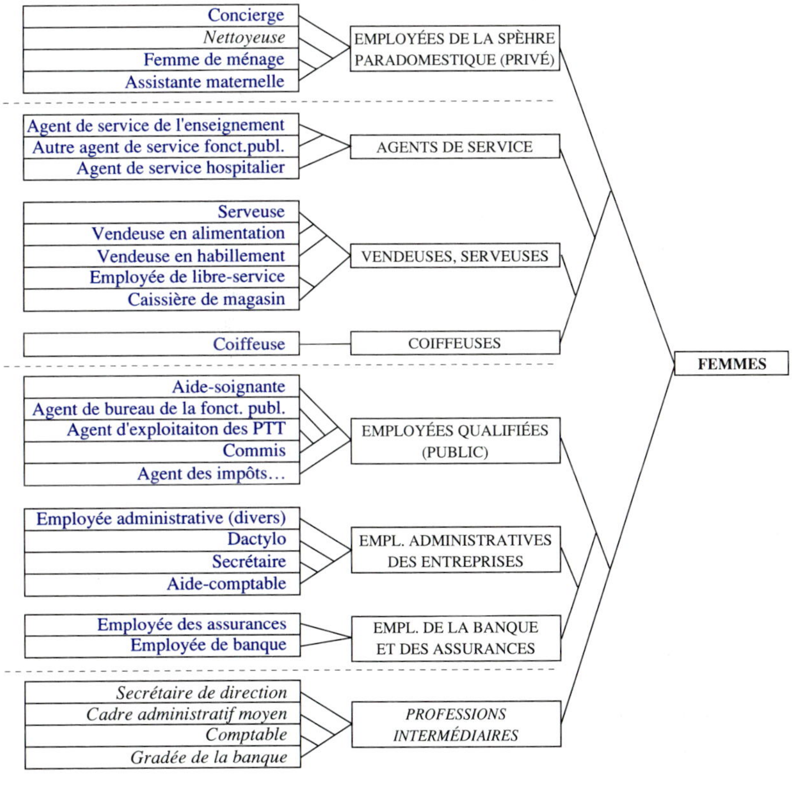

Source : Enquête Emploi, 1987.

second s'apparente aux milieux des cadres et des membres des professions intermédiaires.

Deux vastes ensembles moins périphériques se subdivisent chacun en trois sous-groupes.

Le premier comprend les agents de service, les employées de commerce et serveuses, et une profession artisanale qui constitue un type à elle seule, les coiffeuses. Le second est composé d'employées qualifiées, exerçant, si l'on excepte les aides-soignantes, des fonctions de type administratif. Il se divise en deux sous-groupes très proches l'un de l'autre (les secrétaires, dactylos, aides-comptables et employées administratives diverses, et les employées qualifiées de la fonction publique) et un troisième sous-groupe mitoyen des professions intermédiaires (les employées des assurances et de la banque).

Les quatre sous-groupes des employées les moins qualifiées - salariées du nettoiement, agents de service, vendeuses et serveuses, coiffeuses - diffèrent peu entre eux selon leur position sur l'axe 1 (« le « grand axe » de la stratification sociale), mais se dispersent largement au long de l'axe 2, qui exprime principalement le jeu de l'âge (les salariées du nettoiement sont les plus âgées, les coiffeuses les plus jeunes) et, corrélativement, de la situation familiale et du mode de vie (les jeunes coiffeuses vivent souvent chez leurs parents).

De la même manière, les employées qualifiées et les membres des professions intermédiaires s'étagent au long de l'axe 2, depuis les dactylos (23 % de moins de 25 ans) jusqu'aux gradées de la banque (1 % de moins de 25 ans). Mais la relation au salaire est ici inverse de celle qu'on observe chez les employées peu ou pas qualifiées : aux professions à moyenne d'âge relativement élevée correspondent des salaires également élevés, alors que les salariées du nettoiement du secteur privé sont à la fois les plus âgées et les plus mal payées des employées peu qualifiées. Globalement, l'âge joue plus dans la différenciation des professions féminines que dans celle des masculines : les interférences entre vie familiale et vie professionnelle, plus marquées chez les femmes, se reflètent dans l'hétérogénéité des profils d'âges des diverses professions féminines.

Les deux sous-groupes des employées qualifiées des entreprises (banque et assurances exceptées) et du secteur public se distinguent mal au regard des axes 1 et 2 ; ils s'opposent selon l'axe 3 (sur lequel se projette 12 % de l'inertie du nuage des professions féminines) qui représente bien les variables de taille de l'établissement et d'ancienneté (taille inconnue et ancienneté élevée caractérisent les fonctionnaires), et qui s'apparente en ce sens à l'axe 2 des professions masculines.

Hommes et femmes réunis : un continuum des moins qualifiés aux plus qualifiés

Une description simultanée des professions masculines et féminines (*figure* 2.9) met moins nettement en relief le rôle pourtant décisif de l'âge. Les écarts de salaires entre hommes et femmes pour une même profession étant importants, et le salaire étant la variable qui contribue le plus à l'« explication » de l'inertie de chacun des nuages de points, chacun des sous-groupes de professions qui se dégagent au travers de l'analyse des professions des deux sexes rassemble souvent des hommes d'une catégorie socioprofessionnelle donnée et des femmes d'une catégorie située plus « haut » sur le « grand axe » de la stratification sociale : les hommes nettoyeurs voisinent avec les femmes agents de service, et non avec les nettoyeuses ou les femmes de ménage, les agents de service avec les vendeuses, les postiers avec les employées de banque, etc. C'est dans la fonction publique que les écarts selon le sexe sont les moins marqués.

La description la plus condensée et la plus schématique du monde des professions d'employés consiste dans la distinction de deux grands sous-groupes. Le plus qualifié (partie ouest de la *figure* 2.4) est constitué par les employés de bureau (auxquels s'ajoutent les aides-soignantes, les agents de police et les gendarmes). Le moins qualifié (partie est) comprend les employés de commerce, les agents de service, les personnels des services directs aux particuliers et les agents de sécurité.

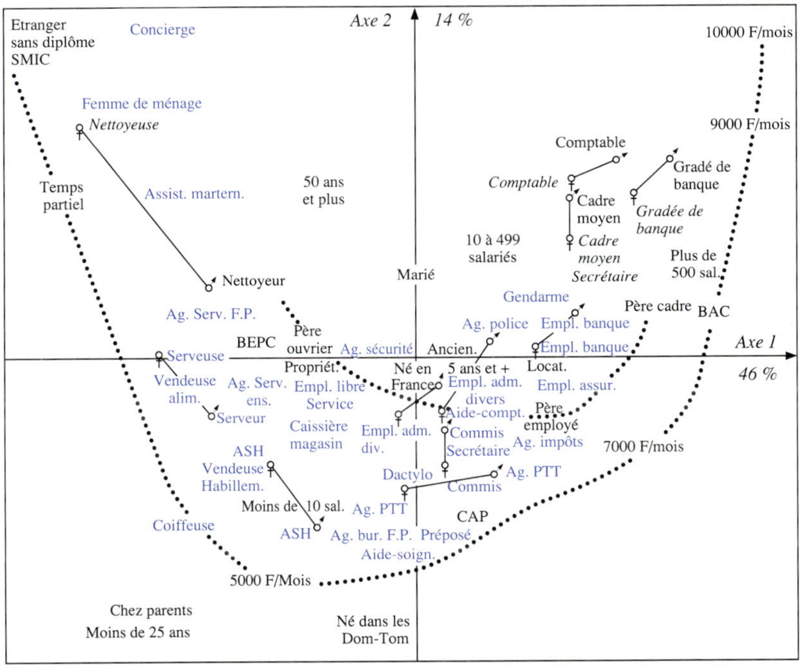

2.9 L'espace des professions féminines et masculines

Source : Enquête Emploi, 1987.

Principales contributions des variables aux trois premiers axes (en %)

	Axe 1	Axe 2	Axe 3 (non représenté)
Salaire	29,4	56,2	6,6
Diplôme	21,3	14,6	10,2
Taille de l'établissement	3,1	5,1	31,6
Temps plein/partiel	9,0	3,2	0,7
Age	3,8	9,1	14,3
Ancienneté dans l'emploi	3,4	0,2	16,0
Inertie correspondant à l'axe	45,8	14,1	12,8

La pertinence de la nomenclature des catégories socioprofessionnelles à l'épreuve de l'analyse des données

Dans l'ensemble, les regroupements obtenus en passant les professions d'employés dans la moulinette de l'analyse factorielle des correspondances et de la classification ascendante hiérarchique correspondent assez bien aux catégories socioprofessionnelles à deux chiffres. Ce résultat justifie que, dans la suite de cette étude, on fasse largement appel à l'échelon à deux chiffres de la nomenclature des catégories socioprofessionnelles dans l'analyse des employés. Celle-ci présente toutefois quelques points faibles.

Les employés de la fonction publique apparaissent comme nettement clivés en deux sous-ensembles, les employés les moins qualifiés d'une part (agents de service parmi les employés civils, agents de sécurité parmi les policiers et militaires), les employés plus qualifiés ou mieux constitués en corps professionnels d'autre part (employés administratifs, policiers et gendarmes). Ce clivage renvoie aussi en partie aux statuts des salariés : les agents de service de l'enseignement privé et des établissements privés du secteur de la santé, les agents de sécurité ne relèvent pas de la fonction publique. Si les agents de service du privé et du public présentent des caractéristiques très voisines, les agents de sécurité du privé ont, eux, des salaires très inférieurs à ceux des policiers ou des gendarmes.

Parmi les employés administratifs d'entreprise, une nette séparation s'établit (surtout chez les femmes) entre les employés de la banque et des assurances qui, avec leurs avantages statutaires proches de ceux des fonctionnaires et leurs salaires relativement élevés, constituent l'aristocratie de ce sous-ensemble, et le reste de la catégorie.

Enfin les coiffeuses, avec la pratique fréquente de l'apprentissage artisanal traditionnel et une proportion de jeunes exceptionnellement élevée (58 % de moins de 25 ans), forment à elles seules un curiosum, un monde à part dans le monde des personnels des services directs aux particuliers et, au-delà, dans le monde des employés.

Que ces lignes de faille traversent certaines catégories socioprofessionnelles ne signifie pas que la nomenclature soit mauvaise : les effectifs des sous-catégories des employés de la banque et des assurances, des agents de sécurité, des coiffeuses ne sont pas assez importants pour justifier la création de rubriques à deux chiffres supplémentaires. On devra toutefois garder à l'esprit, dans la suite du texte, ces quelques caractéristiques d'hétérogénéité interne des catégories socioprofessionnelles d'employés. Dans les chapitres qui suivent, l'approche à l'échelon des catégories socioprofessionnelles sera privilégiée mais sera complétée, dans la mesure du possible, par une analyse à l'échelon plus fin des professions.

RÉFÉRENCES BIBLIOGRAPHIQUES

[1] CROZIER Michel. **Le monde des employés de bureau**. Paris, Seuil, 1965.

[2] GOLLAC Michel, SEYS Baudouin. « Les employés » (« les professions et catégories socioprofessionnelles : premiers croquis »). **Economie et statistique**, n° 171-172, nov. 1984.

[3] LEBART L., MORINEAU A., TABARD N. **Techniques de la description statistique**. Paris, Dunod, 1977.

LE TRAVAIL DES EMPLOYÉS : UNE APPROCHE SOCIO-TECHNIQUE

Le travail des employés est dans l'ensemble moins bien connu que celui des ouvriers, des cadres ou des agriculteurs. Nous tenterons ici de l'analyser en combinant, de manière nécessairement peu systématique compte tenu de la diversité des formes de construction des identités sociales et professionnelles dans les différents secteurs pris en compte, trois niveaux d'analyse : les techniques de travail et leur évolution, l'organisation collective du travail (avec ses divisions horizontales et verticales) à l'échelon de l'entreprise ou de l'administration, et l'environnement social (avec notamment les interventions de l'Etat et des organisations syndicales et professionnelles).

De l'organisation « artisanale » à l'organisation « industrielle » du travail

On trouve des employés dans les formes d'organisation les plus « traditionnelles » (ce terme wébérien est défini à l'annexe de ce chapitre) du travail : domestiques travaillant pour des particuliers, salariés des entreprises artisanales au sein desquelles les sphères de la vie privée et de la vie de travail se recouvrent largement. On en trouve aussi dans les formes les plus « modernes » : employés des grandes entreprises ou de l'Etat, dans lesquels les conditions de travail, d'horaires, de salaires, etc., sont fortement codifiées et font l'objet de conventions écrites. En 1988, la proportion de salariés effectuant un horaire hebdomadaire de travail « standard », égal ou légèrement inférieur à la durée légale de 39 heures varie de 21 % chez les personnels des services directs aux particuliers à 67,5 % chez les employés administratifs des entreprises en passant par des valeurs intermédiaires chez les employés de commerce et chez les employés civils de la fonction publique (*tableau* 3.1 et *figure* 3.1).

3.1 La diversité des horaires de travail des employés

Horaires hebdomadaires habituels selon la catégorie socioprofessionnelle détaillée

	Pas d'horaire habituel	Moins de 35 h	35 à 39 h	40 à 54 h	55 h et plus	TOTAL
Employés civils de la fonct. pub.	4,9	22	59,4	13	0,7	100
Policiers, militaires	27,5	4,1	29,9	27,3	11,2	100
Employés adm. des entreprises	2,7	15,1	67,5	14,3	0,3	100
Employés de commerce	4,1	24,6	48,9	20,3	2,1	100
Pers. des services dir. aux part.	9,3	39,2	21	23,9	8,4	100

Source : Enquête Emploi, 1988. Champ : actifs occupés

3.1 Les horaires de travail des employés

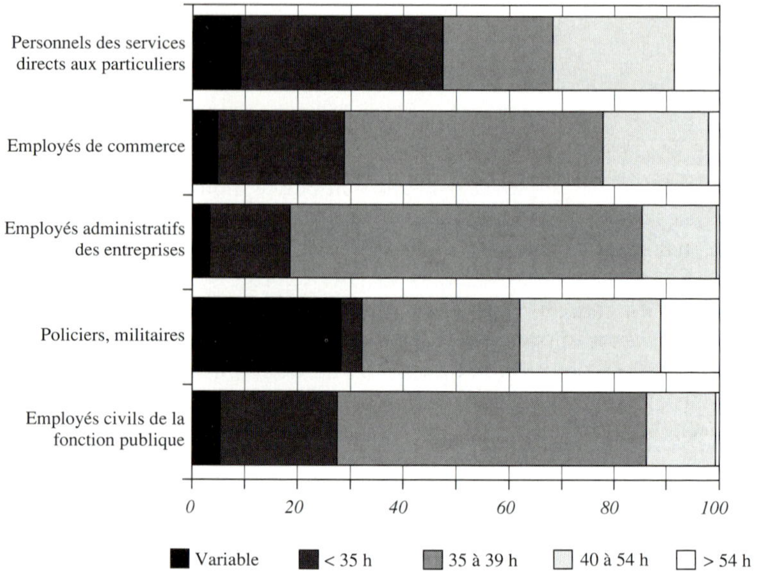

La palette des conditions de travail des employés va aussi des catégories les moins concernées par les changements techniques issus de la révolution industrielle puis de l'informatisation de la société, aux catégories les plus concernées par ces changements (voir au *tableau* 3.3 les variations de la proportion d'employés travaillant sur des ordinateurs, de 2 % chez les personnels des services directs aux particuliers à 72 % chez les employés administratifs d'entreprise).

Elle va enfin des employés travaillant massivement dans de petites entreprises (59 % des personnels de service relèvent d'unités de moins de 10 salariés) à ceux qui travaillent plutôt dans des organisations de taille moyenne ou grande (employés administratifs d'entreprise - 28 % seulement dans les unités de moins de 10 salariés - et employés de la fonction publique) (*tableau* 3.2).

Une étude réalisée par Michel Gollac [27] sur la base de l'enquête Technique et organisation du travail (Insee et ministère du Travail, de l'Emploi et de la Formation Professionnelle) fait apparaître que les professions d'employés, telles qu'on peut les situer au travers d'une analyse factorielle des correspondances intégrant un grand nombre de descripteurs de leur situation de travail, s'échelonnent au long de deux axes principaux. L'un exprime le degré d'autonomie et de responsabilité hiérarchique, et l'étendue du réseau de communications (*figure* 3.2, axe « champ d'action ». L'autre oppose « organisation artisanale » et « organisation industrielle » du travail (axe « industrialisation »).

Traitement de l'information, « traitement » des personnes

La plupart des employés exercent deux types de fonctions, souvent imbriquées l'une dans l'autre : ils traitent de l'information, ils rendent des services à des personnes.

3.2 Champ d'action et industrialisation pour les professions d'employés

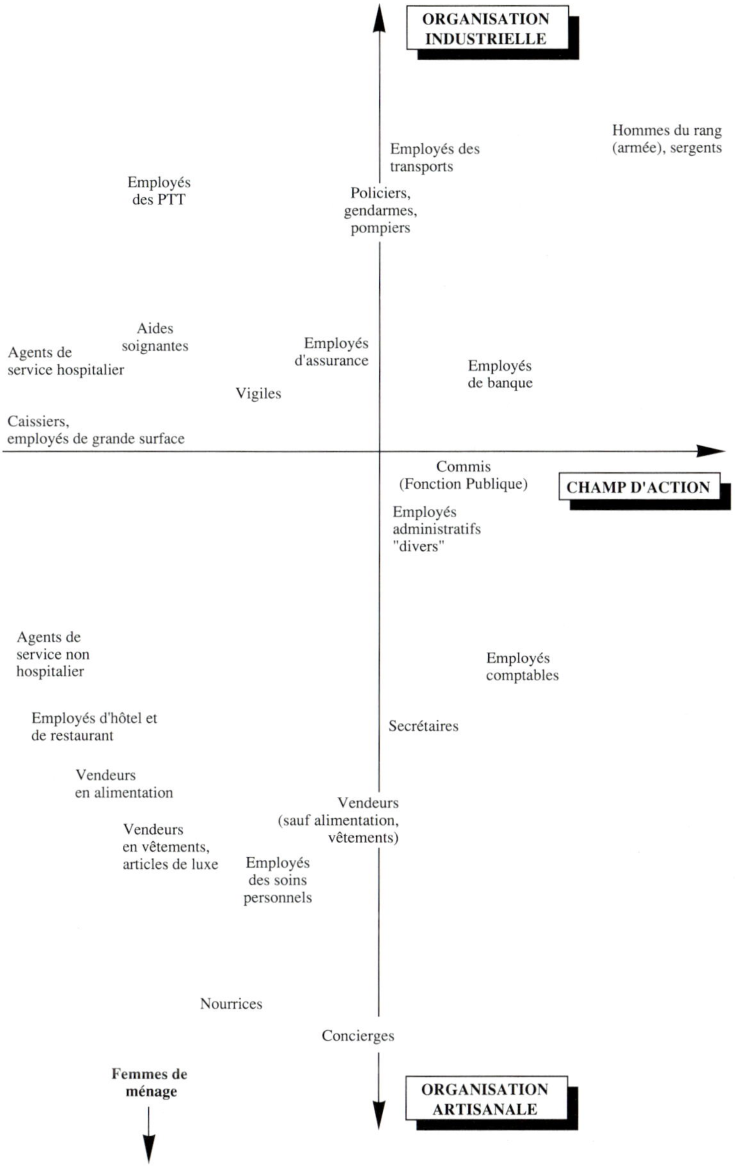

Source : Enquête TOTTO, 1987. Référence : [27] p. 43

Les variables actives dans l'AFC ont trait à l'organisation du travail. Non représentées sur cette figure, elles apparaissent sur le graphique II p. 37 de l'article de M. Gollac. Celles qui contribuent à l'axe horizontal ont trait aux possibilités de communication et aux marges d'initiative, d'autonomie, de responsabilité des salariés (faibles à gauche, fortes à droite). L'axe vertical exprime le jeu de variables ayant trait au caractère plus ou moins formalisé et collectif du travail (formalisation et intégration collective faibles en bas, fortes en haut du graphique).

Les professions (niveau 133 de la nomenclature des PCS, cf F. KRAMARZ, M. DAMMAK, J.-M. SOUQUET, « Niveau intermédiaire de la nomenclature PCS », Insee, 1988) sont traitées comme des variables supplémentaires. Les professions en haut du graphique sont organisées sur le mode industriel, celles du bas sur le mode artisanal.

3.2 La diversité des tailles des entreprises où travaillent les employés du secteur privé et semi-public

	Moins de 10 salariés	de 10 à 49	de 50 à 499	500 et plus	TOTAL
Employés adm. des entreprises	28,1	29,8	29,6	12,3	100,0
Employés de commerce	50,2	23,9	22,1	3,8	100,0
Pers. des services dir. aux part.	59,3	21,7	14,6	4,4	100,0

Source : Enquête Emploi, 1988. Champ : actifs occupés

Tout travail humain a une dimension d'activité symbolique et implique une activité de traitement de l'information, mais la spécificité du travail des employés administratifs tient au fait que leur fonction dominante est de traiter de l'information. Ils se distinguent à cet égard d'une part des cadres et des membres de diverses professions intellectuelles dont le rôle est de produire de l'information plutôt que de traiter (changer la forme, stocker, diffuser...) des informations existantes, et d'autre part des ouvriers et autres agents de fabrication chez lesquels les fonctions de traitement de l'information sont subordonnées à celles de « production matérielle » au sens ordinaire du terme.

Le traitement de l'information et les services rendus aux personnes sont eux aussi des activités de transformation de la matière ; on précise dans l'annexe de ce chapitre en quoi ils diffèrent de la production matérielle telle qu'on l'entend habituellement.

Le traitement de l'information s'est mécanisé puis informatisé tandis que les services personnels demeuraient largement en dehors des révolutions technologiques successives. Le travail des employés de bureau est centré sur le traitement de l'information, le « traitement des personnes » prédomine chez les employés du commerce et des services.

TROIS RÉVOLUTIONS DANS LES MODES DE TRAITEMENT DE L'INFORMATION

Notre objet n'est pas de faire ici une histoire du travail des employés, mais le développement de systèmes techniques et organisationnels nouveaux laisse subsister, en les transformant, des systèmes plus anciens ; ni la machine à écrire ni l'ordinateur n'ont fait disparaître l'écriture manuelle ; aussi est-il nécessaire de caractériser les grandes phases de l'évolution du travail de traitement de l'information avant de pouvoir décrire, dans les situations de travail actuelles des employés, l'imbrication entre des logiques anciennes et des logiques nouvelles.

Au cours d'une première longue phase qui s'étend de la fin du néolithique au XIXe siècle et qui correspond à l'invention et la diffusion du calcul et de l'écriture, le travail de bureau est généralement effectué par un petit nombre de lettrés de statut social assez élevé, avec des moyens de travail de type artisanal. Une seconde phase s'amorce avec la révolution industrielle et voit naître la catégorie professionnelle des employés qui forment le personnel d'exécution des bureaucraties modernes ; elle se caractérise par un développement beaucoup plus poussé qu'auparavant de la division du travail dans les bureaux et par l'extension des moyens mécaniques de traitement de l'information. La troisième, l'ère de l'informatique, se caractérise par l'invention et la diffusion des techniques électroniques de traitement de l'information.

« La logique de l'écriture »

Les premières traces attestant de la pratique de l'écriture datent d'un peu plus de cinq mille ans : écriture au calame sur tablette d'argile à Sumer vers 3300 avant J.-C., au pinceau de jonc sur rouleau de papyrus en Egypte vers 3100. « Dans les deux cas ... la naissance de l'écriture paraît liée au développement d'une comptabilité de plus en plus envahissante, que rendait nécessaire la gestion des richesses accumulées » [30, p. 76]. L'écriture est d'emblée liée au fonctionnement des organisations politiques, religieuses, marchandes qui constituent les bureaucraties les plus puissantes du moment. Pendant des millénaires, le statut social des agents qui maîtrisent l'écrit - prêtres, scribes, certains commerçants - va demeurer un statut social d'exception, sans rapport avec celui des employés d'aujourd'hui. « Le prestige de la forme écrite » [59, p. 46] est très grand, la chose écrite apparaît au plus grand nombre comme faite de signes cabalistiques, chargés de connotations magiques ou sacrées.

Scripta manent : l'écriture, c'est d'abord la mémoire. En rapportant des observations faites à propos de commerçantes africaines analphabètes, Jack Goody met en évidence les limites que la capacité de mémoire du cerveau humain impose au traitement de l'information dans les sociétés sans écritures. « L'écriture autorise un développement d'une complexité impossible autrement. Prenons simplement la question du crédit. En raison des limites inhérentes à la mémoire, les dames ghanéennes observées par Hart (*The concept of law*, Londres, 1961), qui fournissaient à crédit pour une durée d'un mois la nourriture aux employés d'un parc pour l'entretien des camions, se faisant rembourser aux portes de celui-ci à la fin du mois, ne pouvaient effectuer qu'un nombre limité d'opérations de nature différente, avec un nombre restreint de clients. Sans livres, les commerçants aussi rencontrent des difficultés dans le domaine des profits et pertes. Mais l'écriture comporte également des avantages en termes de preuves et d'accords » [29, p. 91].

Avec le développement de l'écriture, l'efficacité du travail individuel et celle des organisations collectives s'accroît aussi en ce sens que la tenue de livres et l'archivage protègent les organisations contre les risques de disparition des personnes qui sont la mémoire vive de cette organisation. L'écriture accroît la profondeur de la mémoire et, par là, la continuité du fonctionnement des institutions sociales.

Au XVe siècle, l'invention de l'imprimerie vient changer l'échelle de la diffusion sociale de l'écrit. Elle suscite l'émergence de la profession de typographe qui, du fait notamment de sa connexité avec la fabrication matérielle du livre ou du journal sera considérée comme ouvrière, mais qui est centrée sur le traitement de l'information.

Révolution industrielle et traitement de l'information

Avec la révolution industrielle, les besoins de traitement écrit de l'information changent d'échelle. Ce ne sont plus seulement les Etats, les Eglises et les grandes compagnies marchandes qui tiennent des comptes et conservent des archives, l'organisation des manufactures puis des usines requiert un usage généralisé de l'écriture et de la comptabilité. « La création d'un enregistrement écrit et comptable des processus de production et de commercialisation caractérisait toute entreprise ne relevant plus des seules traditions artisanales. Au contraire des maîtres-artisans, chaque entrepreneur propriétaire de « fabrique » était aussi un commerçant et avait donc besoin de tenir une comptabilité professionnelle fiable, pouvant fournir d'éventuels justificatifs. La fonction dominante du capital, investi dans l'entreprise post-artisanale pour être rentabilisé, et l'obligation de rendre des comptes propres à la gestion capitaliste firent de l'écriture et de la comptabilité les impératifs de l'entreprise capitaliste, dès son origine. » [37, p. 43]. L'invention d'un des instruments conceptuels clés de la gestion moderne, la comptabilité en partie double, intervient à la fin du Moyen-Age, de pair avec l'émergence des firmes qui constituent la forme primitive du capitalisme commercial.

Dans le développement de corps d'employés affectés spécialement au traitement de l'information, on peut distinguer deux moments qui diffèrent principalement en fonction de l'échelle (croissante) des flux à traiter. Dans un premier temps, le bureau conserve des caractéristiques artisanales et « traditionnelles » dans un environnement marqué par la civilisation industrielle. Dans un second temps, il est directement pénétré et transformé par la révolution industrielle.

Le bureau artisanal dans l'organisation moderne

Aux débuts de l'industrialisation les employés demeurent en assez petit nombre au sein de chacune des organisations qui les salarient. Pour eux, à la différence des ouvriers, la division du travail est assez peu poussée. Le terme d'« employé » fonctionne par opposition aux ouvriers d'une part, aux patrons et indépendants de l'autre et couvre un éventail hiérarchique large. Cette acception prévaut dans les travaux de Maurice Halbwachs [31, 32, 33] sur la France du début du XXe siècle, ou de Jürgen Kocka [37] sur l'Allemagne des années 1850 à 1930. A partir du cas de la firme allemande Siemens et Halske observée au long du second tiers du XIXe siècle, Kocka analyse en ces termes l'émergence du groupe des employés dans l'industrie privée : « Les fonctions d'employé sont nées : a) de la délégation de fonctions et d'activités exercées par le chef d'entreprise, b) de l'éclatement et de la simplification par division de fonctions et d'activités exercées auparavant par des ouvriers de façon globale avant d'être soumises à un processus de division croissante du travail [choix des outils, formation des nouveaux venus, états de salaires et activités administratives telles que définition de l'objet du travail et de sa rémunération] ainsi que c) de conditions nouvelles créées par les mutations technologiques et sociales » [37, p. 59].

Pour Kocka, tant que les employés ne sont au plus qu'au nombre de quelques dizaines au sein de l'entreprise industrielle ou du service administratif où ils travaillent, ils se caractérisent par une grande polyvalence. Ils sont désignés comme des *Beamte*, c'est-à-dire assimilés aux fonctionnaires, dont le rang social est élevé dans la Prusse bismarckienne. Leur travail est difficile à contrôler, et par suite leur loyauté à l'égard de la direction est la première des qualités qui est requise chez eux (ils doivent être des « employés de confiance »). Les employeurs obtiennent cette loyauté par des dispositions statutaires dont sont exclus les ouvriers. Siemens, par exemple, attribue à ses employés - qui forment un groupe hétérogène par son origine et sa participation à l'autorité - un statut spécial assez homogène : salaire à l'ancienneté et participation aux bénéfices, horaires plus légers que ceux des ouvriers, droit aux congés et sécurité d'emploi, cadeaux de l'employeur. « La société était ... dans la nécessité d'exiger un degré plus élevé de loyauté et de qualification de ses employés, dont certains exerçaient des fonctions de direction et dont la majorité avait accès à des informations internes à l'entreprise - auxquelles les ouvriers n'avaient pas accès - et avaient des activités difficilement contrôlables et exigeant souvent une expérience et un savoir-faire spécialisé » [37, p. 52]. Dans le même temps, les ouvriers se voyaient imposer une soumission plus directe aux fluctuations des commandes et du marché de la main-d'œuvre par le biais de la transformation du salaire hebdomadaire en salaire à la journée, horaire ou même aux pièces.

« Les malhonnêtetés de quelques-uns (des *Beamte*) renforcèrent Werner Siemens dans sa volonté de mettre l'accent sur la loyauté plus que sur la qualification ». La pénurie de personnel de bureau pouvait bloquer l'ensemble de la machine que constituait l'entreprise. La culture générale étant peu répandue, la stabilisation d'un noyau de *Beamte* était d'une importance vitale pour la firme. « Le lien entre le traitement et l'ancienneté, l'octroi de longs préavis de licenciement répondaient à cette préoccupation » [37, p. 55].

Dans les conditions qui sont celles d'une grande entreprise industrielle au milieu du siècle dernier, les employés, parce qu'ils doivent bénéficier de la confiance de leurs supérieurs, s'inscrivent dans une relation quasi familiale, particulariste à leur employeur, alors même que les relations universalistes et les réglements formels se généralisent dans les ateliers.

Des instruments de travail demeurés longtemps de type artisanal

Jusqu'à la fin du XIXe siècle, les moyens de travail des employés demeurent pour l'essentiel de type pré-industriel parce que le marché des machines de traitement de l'information est étroit. Aux XVIIe, XVIIIe siècles et au début du XIXe, des inventeurs ont mis au point des prototypes de machines à calculer, puis de machines à écrire, mais il n'existait pas de demande de masse pour ces dispositifs. Tant que les machines sont fabriquées à l'unité ou en petites séries, elles coûtent très cher : si les quelque deux mille pièces d'une machine à écrire doivent être assemblées et ajustées selon des techniques artisanales, le temps de production d'une telle machine est nécessairement très long.

En Grande-Bretagne les employés de bureau ne constituent que 0,8 % de la population active en 1851, contre 4 % en 1901 et 10,5 % en 1951 [41] ; aux Etats-Unis, ils forment 0,6 % de la population salariée en 1870, contre 3 % vers 1900 [9, p. 244] ; en France, selon L. Cahen [10], ils totalisent 1,3 % de la population active en 1851, et, selon M. Crozier [14], 5 à 6 % en 1900. Compte tenu des difficultés qui se présentent dans l'utilisation des recensements anciens, ces chiffres ne sont que des ordres de grandeur, mais ils indiquent que le marché des machines de traitement de l'information est longtemps demeuré plus étroit que celui des machines de traitement de la matière.

Le catalogue du matériel qui est à la disposition d'un expéditionnaire du ministère des Finances français en 1852 ne fait référence à aucune machine : « canif, grattoir, paire de ciseaux, couteaux à papier, encriers syphoïdes, bouteille d'encre rouge, d'encre bleue, sébiles à poudre, paquets de pulvérin bleu et de sciure de bois d'acajou, essuie-plumes, boîtes de pain à cacheter, grimaces, pelote, épingles, ficelles de couleur, poinçon, presse-papier, cire à cacheter, rouge, bleue, laque verte, noire, crayons noirs, rouges, bleus, tablettes de colle à bouche, bouteille de sandaraque [la sandaraque est un vernis qui permet de reconstituer le glaçage d'un papier ayant subi un grattage], buvard de 1,25 mètre sur 95 centimètres, petite cuillère à prendre la poudre, compas, tire-ligne, règle graduée » [65]. Cet outillage et sa mise en œuvre s'inscrivent dans un système technique pré-industriel : aucune rupture technologique majeure ne sépare l'employé de bureau du milieu du XIXe siècle du scribe de l'ancienne Egypte. Des changements d'apparence mineure peuvent toutefois entraîner des modifications sensibles dans les conditions de travail des employés. Ainsi le remplacement de la plume d'oie par la plume métallique se traduit par la disparition des pauses fréquentes auxquelles donnait lieu la taille des plumes.

Du traitement manufacturier au traitement mécanique de l'information

La concentration du capital (dans le privé) et le développement des domaines d'intervention de l'Etat (dans le public) rendent possible une division accrue, verticale et horizontale, du travail des employés. Dans les grandes organisations, celui-ci devient plus routinier et peut être soumis aux processus de « rationalisation » auparavant appliqués au seul travail ouvrier. Les employés d'exécution ne sont plus nécessairement des « employés de confiance » auxquels est déléguée une partie du pouvoir de la direction. La division du travail administratif et l'accroissement quantitatif des flux de documents rendent possible l'introduction des machines dans les bureaux. En retour, les inventions et les perfectionnements des machines se multiplient, le prix des équipements diminue. Le bureau-manufacture, strictement défini par une forte parcellisation du travail et par l'absence de machines, est historiquement éphémère : il débouche très vite sur le développement du machinisme.

Le lien entre l'apparition d'une organisation manufacturière du travail de bureau et le développement du traitement mécanisé de l'information apparaît très clairement dans l'ouvrage de Charles Babbage « *On the economy of machinery and manufactures* » [3]. Sous la Révolution française, le mathématicien Prony, chargé d'élaborer des tables de logarithmes et de trigonométrie dans le système décimal nouvellement en vigueur, avait organisé, sur le modèle de la manufacture d'épingles décrite par Adam Smith, un centre de calcul caractérisé par une division du travail très poussée. C'est après avoir pris connaissance de cette expérience que Babbage se lance dans la mise au point des calculateurs mécaniques qui le rendront célèbre (voir l'annexe de ce chapitre). Babbage indique très clairement que son *differential engine* est destiné à effectuer le travail de la « troisième section » de la manufacture de Prony, celle des employés les moins qualifiés qui font à longueur de journée les opérations les plus répétitives d'addition et soustraction.

Les travaux de Prony et Babbage témoignent par ailleurs de la genèse précoce du courant qui sera qualifié plus d'un siècle plus tard de scientific management *(« organisation scientifique du travail ») et de son application au monde des bureaux. C'est bien antérieurement aux travaux de Frederick W. Taylor [62, 63], William H. Leffingwell [39], Henri Fayol [19], Maurice Ponthière [57], etc. qu'une réflexion se développe sur l'organisation du travail de bureau. L'émergence du taylorisme et du fayolisme ne constitue dans ce développement qu'un temps fort marqué par la formulation systématique de principes d'organisation des usines ou des bureaux et par la naissance de la profession de consultant en organisation du travail.*

L'équipement des bureaux en machines de traitement de l'information débute avec la fabrication en série de l'arithmomètre, une machine à calculer réalisée, dans sa première version, en 1823 par le Français Charles Thomas. Au milieu du siècle, l'arithmomètre est utilisé dans les grandes entreprises industrielles et commerciales et les grands corps de l'Etat et connaît une diffusion mondiale [40, p. 66]. L'idée de faciliter l'emploi des machines à calculer en remplaçant les curseurs par des touches se concrétise vers 1880. La transmission de l'information s'industrialise avec le télégraphe (celui de Chappe fonctionne dès 1794, mais cette technique ne se diffuse massivement qu'après la mise au point par l'Américain Morse d'un système électrique de transmission) et le téléphone (Bell, USA, 1876). En 1873, la firme américaine Remington, forte de son expérience dans la production d'armes légères à pièces interchangeables, se lance avec succès dans la construction en série de machines à écrire. En 1884 elle ouvre à Paris une agence de commercialisation de ces machines.

Telle machine, telle profession

Des professions ou des emplois naissent (et éventuellement meurent) en fonction de l'apparition (et de la disparition) de diverses machines de traitement de l'information fabriquées industriellement : avec la machine à écrire apparaît la dactylo, avec le télégraphe le télégraphiste, la sténotype la sténotypiste, le standard téléphonique la standardiste, le télex le télexiste, la perforeuse de cartes mécanographiques la « perfo-vérif », etc. - tout comme dans la production matérielle à la fraiseuse correspond le fraiseur, au métier à tisser le tisserand, au chariot élévateur le clarkiste, etc. D'autres machines et instruments dont l'usage ne nécessite qu'un bref apprentissage - le combiné téléphonique, la communication par tube pneumatique, le dictaphone, la ronéo, la photocopieuse ... - viennent transformer le paysage du travail de bureau sans pour autant donner lieu à l'émergence d'emplois spécialisés. La civilisation industrielle s'empare de l'univers des bureaux, et y provoque, avec ses changements techniques sans fin, une révolution permanente dans le découpage des professions.

Au cœur de la mécanisation des bureaux, la machine à écrire

La machine à écrire nécessite un apprentissage plus spécifique que la machine à calculer. Elle est le principal instrument de travail des dactylos et secrétaires, qui forment la plus fournie en nombre et la plus typique des professions d'employés d'administration. Elle se survit à elle-même, après son remplacement par le traitement de texte informatique, sous la forme du clavier d'ordinateur.

La mécanisation de l'écriture réduit les risques de distorsion des messages : la dactylographie libère la production du texte écrit des variations individuelles dans la graphie ; elle rend obsolètes les compétences calligraphiques (celles de l'employé qui a « une belle main »), auparavant nécessaires à la production de tout texte d'importance. Avec le papier-carbone, elle permet de réaliser d'un coup une dizaine d'exemplaires d'un même document et réduit ainsi l'importance du travail de copie - jusqu'à ce que la photocopie évince le papier-carbone.

La machine à écrire se prête bien au contrôle du travail : dans un rapport de 1922 sur l'administration des ministères, on lit que « L'expéditionnaire peu zélé qui s'endort n'a pas tendance à s'éveiller et se fait difficile à surveiller ; les dactylographes sont animées par le mouvement, et le bruit de la machine, et savent qu'on entend quand et comment elles travaillent. Les expéditionnaires ont à conserver leur belle écriture, tandis qu'une dactylographe se sent entraînée à faire de la vitesse ... Le facteur de l'entraînement et de la besogne abattue est très fécond » [66, p. 29]. On estime alors que « Deux dactylographes font le travail de trois expéditionnaires » [id., ibid.]. Dans les grandes organisations bureaucratiques, la dactylographie est un terrain idéal pour l'application des méthodes d'inspiration taylorienne : on mesure les vitesses de frappe, et aussi les temps élémentaires de retour du chariot, de mise en place des liasses, de changement de ruban, etc.

Les ententes tacites entre les secrétaires et ceux qui leur donnent des ordres

Le champ de compétence des employés de bureau ne se limite pas à la maîtrise de procédures formelles de traitement de l'information qui serait indépendantes du contenu de ces informations. La compétence par rapport au contenu est particulièrement importante chez les secrétaires qui exercent leur profession dans des conditions artisanales en combinant la maîtrise de la dactylographie (et d'autres savoir-faire relatifs au traitement formel de l'information) et des compétences techniques ou culturelles complémentaires ou voisines de celles des cadres ou des créateurs intellectuels, des *professionals* au sens anglo-saxon du terme, dont les secrétaires sont les assistants ou, beaucoup plus souvent, les assistantes ([53], encadré 3.1). La pratique de la dactylographie et celle des autres techniques du secrétariat donnent lieu à des interventions concernant non seulement la forme mais aussi le contenu des messages à traiter.

Ainsi, selon des observations effectuées dans un hôpital psychiatrique américain, les médecins plutôt tournés vers les traitements somatiques (électrochocs, neuroleptiques...) travaillent préférentiellement avec certaines secrétaires pour la gestion des dossiers des malades, tandis que ceux qui fondent plutôt les thérapies sur des échanges verbaux avec les patients font appel à d'autres [60]. Les auteurs proposent le terme d'« entente tacite » pour qualifier ce type de rapport entre professionals *et secrétaires - entente qui renvoie probablement à une conception commune de la psychiatrie tout autant qu'à un accord sur un style de travail administratif.*

3.1 « LA REINE DE LA FRAPPE »

« En flânant à la Cinémathèque, vous les trouverez là, soigneusement empilés. Couverture couleur havane, titre du film en lettres blanches, quelques centaines parmi les 3000 scénarios qui retracent une page de l'histoire du cinéma depuis 25 ans. De Resnais à Truffaut, en passant par Demy, Zidi ou Tavernier, ces textes-là portent la marque de Solange Vidaud. Un jour, un soir, l'un ou l'autre est venu, portant le manuscrit raturé, encore tout tiède, à peine reposé. Et elle, en deux ou trois jours, elle l'a tapé, broché, relié. Depuis 30 ans, l'ancienne sténo de presse, celle qui connut la grande époque de France-Soir quand Kessel dictait le procès de Pétain, et Lazareff portait encore ses bretelles, brasse les feuilles d'où naîtront les images. (...)

"Pour tous ses scénarios, Alain Resnais me demandait mon avis. Lorsqu'il écrivit La Guerre est finie il dut le reprendre plusieurs fois ; je lui donnais mon avis. Ça, ça ne va pas, ça c'est bien". Elle l'a ainsi suivi jusqu'à Providence, Mon oncle d'Amérique, l'Amour à mort...

Et même pour un scénario qui ne fut jamais tourné, en 65, Les aventures de Harry Dickson, inspirées du feuilleton littéraire de Jean Ray. Pour lui comme pour les autres, à chaque fois, elle donne son point de vue, "seulement quand le scénario est bon". "Pour eux, je ne suis pas seulement une sténo, je suis la première lectrice, celle qui découvre l'histoire avec un œil neuf. Les gens croient qu'on écrit sans lire. En fait, je me fais mon propre film en tapant le texte, mon cinéma à moi. Une fois le film sur les écrans, s'il se substitue au mien, c'est qu'il est réussi". Très vite, Solange Vidaud devient incontournable, véritable trait d'union entre les scénaristes et les metteurs en scène. "Il y a eu un effet boule de neige, je crois, parce que les gens appréciaient mon travail", avoue-t-elle timidement. Comme elle le dit si joliment, elle n'évite pas seulement les fautes de frappe ou d'orthographe, mais aussi "les fautes d'intelligence". "Je reprends parfois certaines traductions hasardeuses, et il m'arrive de signaler des oublis, lorsque le scénariste supprime un passage et omet d'enlever les allusions qui s'y réfèrent en d'autres endroits du texte". (...)

"Certains me trouvent trop chère, je demande 14 à 15 F la page. Mais surtout, beaucoup de maisons de production ont du personnel à plein temps pour taper les manuscrits. Je ne sais pas s'ils corrigent pour autant les fautes d'imbécillité !". Ou les fautes d'orthographe dont elle déplore le foisonnement chez les jeunes auteurs. »

Frédéric Sabouraud [58, p. 75]

La féminisation du travail de bureau

L'ère de la mécanisation des bureaux est aussi celle de la féminisation massive du travail administratif. Le caractère parfois exclusivement féminin des appellations d'emplois en témoigne : on ne dit pas un dactylo. Ce mouvement était déjà amorcé à l'ère du bureau préindustriel, avec les « demoiselles des postes » notamment [4]. « De même que les grands établissements de crédit recrutent des femmes pour des travaux répétitifs, le ministère des Finances décide, en 1877, d'employer des femmes à la confection du double du grand livre : il veut une main-d'œuvre bon marché et docile » [66, p. 15].

Les zones dans lesquelles l'« organisation scientifique du travail » va être la plus poussée et justifier la définition de certains employés comme OS du tertiaire sont en général celles où l'emploi est le plus féminisé : grands standards téléphoniques à commutation manuelle, pools de dactylos, centres de traitement de chèques. Il y a de notables exceptions : en raison de la législation sur le travail de nuit, la part des hommes demeure importante, par exemple, dans les centres français de tri postal. Mais de manière générale la main-d'œuvre féminine, réputée plus patiente dans l'exercice de tâches répétitives, se prête mieux que la main-d'œuvre masculine aux prescriptions des bureaux des méthodes (selon l'enquête Insee de 1978 sur les conditions de travail, « plus des 2/3 des ouvrières spécialisées ont déclaré toujours répéter une même série de gestes ou d'opérations, contre 1/3 seulement des hommes de même qualification » [47, p. 35]).

Mais d'autre part on peut attendre des femmes qu'elles importent sur les lieux de travail un certain style de vie domestique (entretien bénévole de plantes vertes, organisation de fêtes à l'occasion de mouvements du personnel, etc.). En 1974 le rapport du temps de travail domestique au temps de travail total était estimé à 30 % pour les hommes et 74 % pour les femmes [11]. Hommes et femmes sont socialement modelés par cette forme majeure de division sexuelle du travail.

Josiane Pinto, sur la base d'entretiens auprès de secrétaires [53, 54], a montré combien les appartenances de sexe des personnels de bureau (très souvent masculine pour l'encadrement et féminine pour le secrétariat) déterminaient une définition sociale du style de travail attendu des uns et des autres : la « secrétaire modèle » doit être à même non seulement d'effectuer une gamme de tâches techniques mais aussi de jouer un rôle d' « attachée », d' « hôtesse ». « Une femme est toujours un peu une maîtresse de maison dans l'endroit où elle est », déclare une des secrétaires interviewées [54, p. 125]. « On voit bien que la définition du poste de secrétaire ne s'inscrit pas totalement dans la logique des relations bureaucratiques : la secrétaire n'est pas une subordonnée au sein d'un organigramme homogène et structuré (...). La secrétaire appartient plutôt, pour reprendre les catégories wéberiennes, à l'univers des catégories patrimoniales fondées sur la qualification personnelle du maître » [54, p. 127].

Il y a ainsi deux types bien différents de mise à contribution des « spécificités féminines » : tantôt l'emploi de femmes permet aux organisations de fonctionner comme des machines, tantôt il rend ce fonctionnement moins impersonnel en lui apportant un peu de chaleur domestique.

Si la mécanisation du bureau et celle de l'industrie renvoient à des principes technologiques communs, elles s'effectuent aussi dans des conditions concrètes différentes. Dans les bureaux, la machine impose rarement son rythme à celui qui l'utilise. Même dans des formes très « industrialisées » de travail de bureau, comme dans les pools de dactylos, le rythme du travail dépend des employées elles-mêmes et de l'efficacité du contrôle exercé par l'encadrement, et non des machines : à cet égard un pool de dactylographie s'apparente davantage à une manufacture qu'à une chaîne de fabrication au long de laquelle les cadences peuvent dépendre directement du réglage de l'avancement d'un convoyeur.

David Lockwood dans The black coated worker *souligne l'importance de cette différence entre les bureaux et l'industrie : « Bien sûr, plus le bureau est grand, plus grandes sont les possibilités techniques de simplification et de standardisation des tâches des employés, ou de les réduire à une forme se prêtant à la manipulation mécanique. Mais même dans ce cas (...) le nombre d'employés occupés à ce type de travail ne constitue qu'une très petite proportion du total. Dans la grande firme comme dans la petite, une grande part du travail des employés est spécifique, non répétitive, et requiert un minimum de qualifications, de responsabilité et de jugement individuel. Outre ces obstacles techniques à une rationalisation minutieuse du travail, il existe chez les cadres et les employés des résistances bien connues à l'anonymat qui résulte inévitablement de toute tentative de gérer le bureau comme une usine.*

Une conséquence d'une telle organisation en petits groupes de travail étroitement constitués est que l'encadrement du travail des employés n'est pas assuré selon la même sorte de discipline impersonnelle qui est un trait commun dans l'organisation industrielle ; à l'inverse il tend à être réalisé dans un contexte social qui doit nécessairement être plutôt intime si l'on excepte le seul cas des plus grands bureaux » [41, pp 78-79].

Selon l'enquête sur les conditions de travail réalisée par l'Insee en 1978 [8, p. 30], 23 % des ouvriers et 10 % seulement des employés mentionnent le respect des cadences comme contrainte principale pesant sur leur travail. En revanche, employés et ouvriers diffèrent peu quant aux proportions de ceux qui estiment que leur travail est trop monotone - 12 % chez les ouvriers (16 % chez les O.S.), 15 % chez les employés (17 % chez les employés de bureau).

De la fin du XIXe siècle jusqu'aux années 1970 la proportion des employés qui travaillent dans des « ateliers » de type manufacturier ou mécanique où les tâches sont répétitives et les cadences étroitement contrôlées s'accroît, mais ce rapprochement avec la condition ouvrière dans l'expérience commune du travail parcellaire est temporaire : alors que la division manufacturière du travail et le machinisme se sont développés plus tôt dans l'industrie que dans les bureaux, l'informatisation gagne les grands bureaux plus vite que les grandes usines. Au total la « phase B » de l'organisation du travail est plus éphémère dans le tertiaire que dans l'industrie (selon la définition tourainienne, dans la phase B les ouvriers de métier, qui étaient au cœur des processus de production dans la phase A, sont remplacés dans les tâches de production par des ouvriers généralement peu qualifiés dont le travail est standardisé par les ingénieurs et les techniciens ; dans la phase C, des surveillants-opérateurs veillent au bon fonctionnement d'installations auto-régulées [67, pp. 387 et suivantes]).

Une transition vers l'ère informatique : la mécanographie

La mécanographie naît, dans les années 1880, de la rencontre d'une demande et d'une offre. La demande est celle de l'administration du recensement aux Etats-Unis d'Amérique, confrontée aux lenteurs d'une exploitation largement manuelle du fichier des bulletins de recensement : « le comptage de 1880 fut un cauchemar : la population des Etats-unis avait atteint 50 262 000 habitants ; sept ans allaient être nécessaires pour dépouiller et exploiter les informations recueillies » [40, p. 129]. La demande est d'autant plus pressante que la constitution stipule que le nombre des élus à la Chambre des représentants doit être proportionnel à la population de chaque état. Côté offre, Herman Hollerith propose au Bureau of census *une solution technique consistant en un système de traitement électro-mécanique de l'information : chaque bulletin du recensement donne lieu à l'établissement d'une carte perforée. « Jusqu'ici, les cartes perforées n'avaient enregistré que des instructions (métiers Jacquard) ou bien n'avaient été imaginées que porteuses soit d'ordres, soit de valeurs numériques (machine analytique de Babbage). Pour la première fois dans l'Histoire, des cartes perforées devenaient des supports directs d'informations » [40, p. 133]. Les cartes sont exploitées dans un lecteur-trieur électrique (ou tabulatrice) qui les répartit en lots selon les critères choisis (sexe, âge, « race », situation de famille, profession, lieu de naissance, de résidence, etc.). L'appel d'offres organisé par le Bureau du recensement est remporté par Hollerith et l'exploitation du recensement de 1890 est un succès : le résultat officiel du dénombrement peut être annoncé quatre mois après la collecte des bulletins.*

Dans les décennies suivantes, les plus grands pays du monde industrialisé suivent, pour la réalisation de leurs recensements de population, l'exemple américain. En concevant de nouvelles cartes dont les perforations enregistrent des données numériques, Hollerith élargit sa clientèle en direction des grandes firmes industrielles et commerciales, à commencer par des compagnies de chemins de fer [40, p. 146]. En 1911 la Tabulating Machines Co. de Hollerith devient une composante de la Computing Tabulating and Recording Co. qui en 1924 adopte la raison sociale d'International Business Machines (IBM). Des sociétés telles que National Cash Register (NCR), Burroughs, Remington-Rand, Bull développent des systèmes mécanographiques concurrents de ceux d'IBM. Chez les clients de ces spécialistes du traitement des grands fichiers d'informations, les « ateliers de mécanographie », avec leurs emplois de « perfo-vérif » et d'opérateur sur tabulatrice, se multiplient. Une nouvelle catégorie d'« OS du tertiaire » est née. En France au recensement de 1954, elle compte 33 000 personnes, parmi lesquelles 78 % de femmes (83 % chez les mécanographes, et 27 % seulement chez les opérateurs sur grosses machines).

Les deux phases de l'informatisation

L'informatisation du travail de bureau passe par deux grandes phases sensiblement différentes quant aux transformations du travail de bureau qui leur ont été associées.

La première, des années cinquante aux années soixante-dix, est celle de la diffusion des gros et moyens ordinateurs. Les traitements sont lourds, les temps de réponse de la machine longs. Entre les informaticiens qualifiés (analyses, programmeurs) et les employés peu qualifiés (opérateurs de saisie, opérateurs d'exploitation), la division du travail est très poussée. A ce stade, les ordinateurs se sont généralement substitués à des systèmes mécanographiques de traitement de l'information et n'ont entraîné que des changements mineurs dans le travail de saisie.

Une seconde phase se caractérise par la diffusion de la micro-informatique, par le développement, avec la télématique, de vastes réseaux intégrant de multiples points d'accès à des systèmes de traitement automatique de l'information, par le raccourcissement des temps de réponse des gros systèmes, et par l'essor des utilisations accessibles à des non spécialistes.

La diffusion massive de l'informatique dans les bureaux s'est faite très rapidement. En France en 1987, une quarantaine d'années après la mise au point des premiers ordinateurs, 56 % des employés administratifs d'entreprise utilisent un ordinateur et 16 % seulement une machine de traitement de texte (*Tableau* 3.3, *partie 1*). Le groupe socioprofessionnel des employés est celui dont les membres passent le plus de temps auprès des ordinateurs ou de leurs périphériques (*tableau* 3.3, *partie 2*). L'enquête de 1987 « sur la technique et l'organisation du travail auprès des travailleurs occupés » fait apparaître la grande hétérogénéité du groupe socioprofessionnel des employés au regard de l'utilisation de l'informatique : infime bien sûr chez les personnels des services aux particuliers, cette utilisation tend à devenir rapidement omniprésente parmi les employés administratifs d'entreprise.

Du bureau matériel au bureau virtuel

L'informatique transforme le bureau matériel en « bureau virtuel » [23]. La recherche d'un dossier s'effectue par interrogation d'une mémoire informatique, et non plus par manipulation de papier dans des archives. Il existe de nombreuses analogies entre les objets matériels constitutifs du bureau pré-informatique (dossier, fichier, bibliothèque, gomme, presse-papier, ciseaux, calculatrice, poubelle, couper, coller, classer...) et les éléments constitutifs des langages et des systèmes informatiques. Les auteurs des logiciels les plus conviviaux les ont mises en avant pour favoriser l'utilisation des ordinateurs par des non-spécialistes. Corrélativement, des compétences constitutives de la qualification des employés de bureau à l'ère pré-informatique (savoir traiter, trier et classer les informations de manière à pouvoir accéder rapidement à certaines d'entre elles) sont également requises chez les employés travaillant sur ordinateur. Mais l'échelle des flux traités et la gravité des conséquences d'une destruction éventuelle de documents se trouvent accrues. Les procédures de contrôle du travail des employés prennent une plus grande importance stratégique, et l'ordinateur fournit à bon compte les moyens de leur renforcement.

La micro-informatique

Les années quatre-vingt ont été celles de la diffusion des micro-ordinateurs. Conçus à l'origine comme des instruments de travail personnels, ils se sont ouverts à des possibilités de connexion de plus en plus nombreuses (fonction de terminal, accès à des réseaux locaux ou public, télécopie, télex, télétex, etc.). La gamme des opérations susceptibles d'être réalisées à partir d'un poste de travail individuel s'est élargie, la pratique de l'informatique est devenue plus facile pour

3.3 Les employés et les ordinateurs : L'usage professionnel des outils informatiques par catégorie socioprofessionnelle en 1987

1. Pourcentage d'utilisateurs

	Pourcentage de personnes utilisant dans leur travail, régulièrement ou occasionnellement ...		
	un ordinateur *	une machine-de traitement de texte	un ordinateur ou un traitement de texte
Artisans, commerçants, chefs d'entreprise	7	1	8
Cadres supérieurs	46	12	58
Professions intermédiaires	36	6	42
dont : P.I. administratives de la fonct. publique	*45*	*7*	*52*
P.I. adm. et comm. des entreprises	*42*	*10*	*52*
Employés	**27**	**7**	**34**
dont : E. civils et ag. de serv. de la fonct. publ.	*17*	*4*	*21*
Policiers et militaires	*22*	*3*	*25*
Employés administratifs d'entreprise	*56*	*16*	*72*
Employés de commerce	*14*	*ε*	*14*
Personnels des serv. directs aux partic.	*2*	*ε*	*2*
Ouvriers	5	ε	5
Tous actifs occupés sauf agriculteurs	23	5	28

* Sont exclus : machine de traitement de texte, listings et documents de saisie, minitel, machines industrielles. L'enquête TOTTO est une enquête complémentaire à l'enquête Emploi de mars 1987. Elle porte sur environ 20 000 personnes. Il s'agit de résultats provisoires.

2. Modes d'utilisation

	Pourcentage d'utilisations* où l'utilisateur ...		
	utilise l'appareil au moins 3 h. par jour	choisit les langages ou les logiciels	choisit le programme
Artisans, commerçants, chefs d'entreprise	20	71	26
Cadres supérieurs	16	58	38
Professions intermédiaires	26	45	28
Employés	**41**	**31**	**7**
Ouvriers	21	28	17

* Les chiffres portent sur les utilisations (et non les utilisateurs) de micro-ordinateurs et de terminaux. Un même utilisateur peut se servir à la fois d'un terminal et d'un micro.

Source : Enquête TOTTO (enquête sur la technique et l'organisation du travail auprès des travailleurs occupés).

Champ : actifs occupés, sauf agriculteurs.
Références : 1. Bué, Gollac, 1988 ; 2. Gollac, 1988.

des non spécialistes, le degré d'intégration des réseaux de traitement de l'information et la socialisation de millions d'heures de travail passé, incorporées dans des logiciels et des fichiers de données, ont fait un nouveau bond en avant. Des employés dont le rôle était de préparer, stylo en main, des documents acheminés ensuite vers des centres de saisie et de traitement, saisissent et traitent l'information en temps réel, quand ce ne sont pas les clients ou les administrés eux-mêmes qui effectuent directement des opérations sur un écran tactile mis à leur disposition ou sur un minitel. Ce type d'informatisation semble aller de pair avec une tendance à une moindre coupure verticale entre direction et exécution, ainsi qu'à une moindre spécialisation horizontale. Dans les banques, les assurances, le nombre de niveaux hiérarchiques diminue, la séparation entre emplois d'accueil du public et autres emplois (*front office* et *back office* chez les Anglo-saxons) est moins marquée. Les personnels qui ne faisaient que du traitement d'information sont de plus en plus nombreux à avoir aussi des contacts avec la clientèle (dans le cas de la BNP, la part des salariés travaillant à un guichet passe de 65,9 % en 1975 à 70,4 % en 1987 [1, p. 46]). La part des employés dans l'ensemble de la population de ces secteurs s'était accrue de 1962 à 1975, dans un contexte d'équipement en gros systèmes informatiques ; de 1982 à 1988, elle diminue rapidement au profit du groupe des professions intermédaires, dans un contexte de généralisation de l'accès du personnel à une informatique répartie fonctionnant en temps réel (voir l'encadré 3.2). Les employés effectuant les tâches les moins qualifiées de traitement de l'information ou d'accueil de la clientèle sont les plus exposés à des compressions d'effectifs.

Olivier Pastré estime que la part des emplois peu ou pas qualifiés est appelée à se réduire, dans le tertiaire comme dans l'industrie, parce que les tâches les plus répétitives sont celles qui se prêtent le mieux à une automatisation [52]. Corrélativement, « la notion de métier et la notion de frontière entre métiers tendent à s'estomper » [7, p. 37]. Mais une différence importante par rapport au stade du bureau artisanal tient aux changements intervenus dans la position relative des employés : l'opposition avec les salariés de la production matérielle est beaucoup moins marquée, parce que dans la production aussi l'usage des ordinateurs se répand et la séparation entre direction et exécution se brouille en partie, dégageant un continuum de qualifications entre les catégories d'ouvriers et de techniciens.

Les conséquences du phénomène complexe que constitue l'informatisation, toutefois, sont multiformes, et il est hasardeux de prétendre en dresser un tableau d'ensemble au sein duquel se dégageraient des tendances simples et nettes en termes d'évolution des professions et des catégories socioprofessionnelles. Il n'existe pas de lien de causalité direct et mécanique entre changement technique et changement dans les professions et les groupes d'emplois : un même équipement technique peut être mis en œuvre, dans des contextes organisationnels différents, par des personnels de qualifications différentes.

On pourrait citer bien des exemples de prévisions, même localisées à des domaines professionnels assez étroits, qui ont été démenties par les faits. Dans un ouvrage de 1969, des démographes constataient que les mécanographes (qui étaient an nombre de 63 000 au recensement de 1962) constituaient « un bon exemple de métier nouveau en développement rapide » et prévoyaient qu'ils étaient « appelés à jouer un rôle d'importance croissante » [16, p. 303] ; mais la carte perforée a été supplantée par d'autres supports plus performants, et au recensement de 1982, selon la nouvelle nomenclature des professions, on ne comptait que 48 000 opérateurs et « opératrices de saisie en informatique ». Dans un texte de 1983, Olivier Pastré écrivait : « L'emploi tertiaire, jusqu'alors relativement protégé, va être (...) frappé de plein fouet par le développement de la bureautique : si les tâches de secrétariat ont été parmi les plus créatrices d'emploi dans le passé, les gains de productivité que permettent de réaliser les machines de traitement de textes sont susceptibles de supprimer plus de 50 000 postes de travail de ce type à l'horizon 1986 » [52, p. 67]. L'informatisation crée des emplois, en fait disparaître, et le développement de fonctions nouvelles rend aléatoire l'évaluation des suppressions d'emploi qui seraient intervenues si le volume de travail à effectuer était resté constant. La fréquente surestimation de l'ampleur des suppressions d'emplois liées à l'informatisation tient aussi à une sous-évaluation de l'importance des fonctions de communication interpersonnelle directe assumées par les employés de bureau en direction soit des fournisseurs, de la clientèle, du public, soit des autres salariés de leur organisation.

3.2 *ASSURANCES ET BANQUE : LE TOURNANT DES ANNÉES SOIXANTE-DIX*

En raison du caractère massif et répétitif des opérations de traitement de l'information qui y sont effectuées, les secteurs des assurances et de la banque ont de longue date formé une sorte de laboratoire social où s'expérimentaient les matériels et les formes d'organisation du travail de bureau les plus modernes du moment.

De 1962 à 1975, dans un contexte de forte croissance des effectifs de ces secteurs, la part des cadres supérieurs, repérée au travers des recensements de population, augmente, de même que celle des employés, alors que celle des cadres moyen diminue (tableau 3.4, partie 1). Au cours de cette phase, ces secteurs se prêtent assez bien à l'illustration des thèses de la « prolétarisation du prolétariat » [5] et de la « dégradation du travail » [9]. La tendance à une polarisation croissante entre travail de conception et travail d'exécution paraît bien établie - mais les évolutions en ce sens sont de faible amplitude.

De 1975 à 1982, la croissance des effectifs se poursuit à un rythme moindre, la répartion par grands niveaux de qualification demeure assez stable.

Au cours des années quatre-vingt (selon les enquêtes Emploi), la part des cadres et professions intermédiaires s'accroît, corrélativement celle des catégories les moins qualifiées (employés et ouvriers) diminue fortement.

Si l'on se réfère non plus aux recensements ou aux enquêtes Emploi (qui traitent les déclarations de profession des salariés) mais aux enquêtes sur la Structure des Emplois (qui traitent les déclarations

3.4 Structure socioprofessionnelle des secteurs de la banque et des assurances, 1962-1988

1. Selon les déclarations des actifs enquêtés

Ancien code	1962	1968	1975	1982	1982	1988	Nouveau code
3. Cadres supérieurs	9,3	8,9	10,6	11,4	17,5	22,2	3. Cadres supérieurs
4. Cadres moyens	17,5	16,8	14,7	14,4	18,5	23,2	4. Prof. intermédiaires
5. Employés	**68,1**	**68,4**	**70,2**	**69,4**	**58,0**	**50,6**	**5. Employés**
1,6. Ouvriers	3,3	3,6	2,5	2,8	5,1	3,0	6. Ouvriers
7. Personnels de service	0,7	0,9	0,8	0,7	//	//	//
0,2,8. Autres	0,8	1,3	1,1	0,9	0,9	1,0	1,2. Autres
TOTAL	100,0	100,0	100,0	100,0	100,0	100,0	TOTAL
Effectifs (en milliers)	253	324	494	577	597	653	
% de la pop. active occup.	1,33	1,62	2,36	2,69	2,79	3,03	
Taux annuel moy. d'évol.	+4,2	+6,2	+2,3		+1,5		

Sources : 1962 et 1968, RP 1/4 ; 1975 et 1982, RP 1/20 ; 1982 et 1988, Enquêtes Emploi. Nomenclatures d'activités : 1962 à 1975, Branche de la Comptabilité nationale n°30 ; 1982 à 1988, code AE14, postes 12 et 13. En 1975 les ventilations socioprofessionnelles pour la BCN 30 et pour les AE 12 et 13 sont identiques à 1/10 de point près.

2. Selon les déclarations des employeurs

Ancien code	1968	1971	1974	1977	1980	1983	1984	1987	Nouveau code
3. Cadres supérieurs	12,3	12,1	12,6	13,2	14,3	14,9	17,8	19,3	3. Cadres sup.
4. Cadres moyens	19,9	20,6	20,9	24,2	23,7	26,2	33,2	35,3	4. Prof. inter.
5. Employés	**65,0**	**64,1**	**63,2**	**61,2**	**60,5**	**57,4**	**46,0**	**42,9**	**5. Employés**
Autres	2,8	3,2	3,3	1,4	1,5	1,5	3,0	2,5	Autres
TOTAL	100,0	100,0	100,0	100,0	100,0	100,0	100,0	100,0	TOTAL

Source : Enquêtes sur la Structure des emplois, 1968-1987.

Champ : secteurs privé et semi-public, actifs occupés dans les établissements de 10 salariés au moins.

3.2 (Fin) ASSURANCES ET BANQUE : LE TOURNANT DES ANNÉES SOIXANTE-DIX

des employeurs quant aux qualifications de leurs salariés), le renversement de tendance intervient plus tôt : dès les premières années de la mise en place de ces enquêtes à la fin des années soixante, la part des employés diminue au profit de celle des cadres. Il est probable que les statistiques provenant des employeurs constituent un bon indicateur des classifications salariales résultant de l'application des conventions collectives, tandis que les enquêtes Emploi et surtout les recensements de population expriment davantage l'identité socioprofessionnelle subjective vécue par les salariés : la catégorie de « gradé de la banque » étant encore peu cristallisée socialement, elle est plus facilement descriptible par les spécialistes des classements que sont les employeurs que par les salariés eux-mêmes ; des salariés relevant de cette classification se déclarent (ou sont classés) « employés » alors que leur employeur fournit des indications aboutissant à leur classement parmi les cadres moyens (puis, après 1982, parmi les professions intermédiaires).

Dans les années soixante et au début des années soixante-dix, les assurances et la banque ont combiné un développement extensif rapide (accroissement du parc automobile et des assurances-vie, doublement de 1967 à 1977 du nombre de guichets bancaires permanents suite au rétablissement le 10 janvier 1967 de la liberté d'ouverture des guichets) avec un équipement en gros moyens informatiques centralisés. L'embauche a continué de se faire principalement en direction d'employés d'un niveau de formation inférieur au baccalauréat, qui pouvaient trouver au fil du temps des opportunités de promotion du fait des besoins en encadrement des générations recrutées ultérieurement.

A la fin des années soixante-dix et surtout dans les années quatre-vingt, ce mode de gestion de la main-d'œuvre fondé sur une forte croissance des effectifs et un niveau moyen de qualification assez faible s'est trouvé doublement mis en question : une deuxième vague d'informatisation a pris une forme plus universelle, concernant y compris le personnel en contact avec le public. Les billetteries automatiques se sont multipliées, l'éventail des fonctions assurées sur de tels équipements par la clientèle elle-même s'est élargi et continuera de s'élargir. Les besoins en personnel se sont qualitativement élevés et quantitativement restreints. Les effectifs des banques, qui avaient progressé jusqu'en 1986, diminuent légèrement en 1987 et en 1988 [1, p. 39]. L'âge moyen du personnel, qui en cours de vie active ne quitte guère ces secteurs à statut relativement favorisé, s'accroît (figure 3.3). La part des professions intermédiaires augmente, principalement par poursuite des promotions internes dans un contexte cette fois d'arrêt de l'embauche de personnel peu qualifié (selon une enquête de l'Association française des banques [1, p. 64], 15 % seulement des recrutements de 1987 concernent des non-bacheliers). La force d'attraction de la « spirale ascendante » qui tirait les carrières vers le haut [56, p. 91] diminue rapidement.

3.3 Le vieillissement des employés de banque de 1975 à 1982

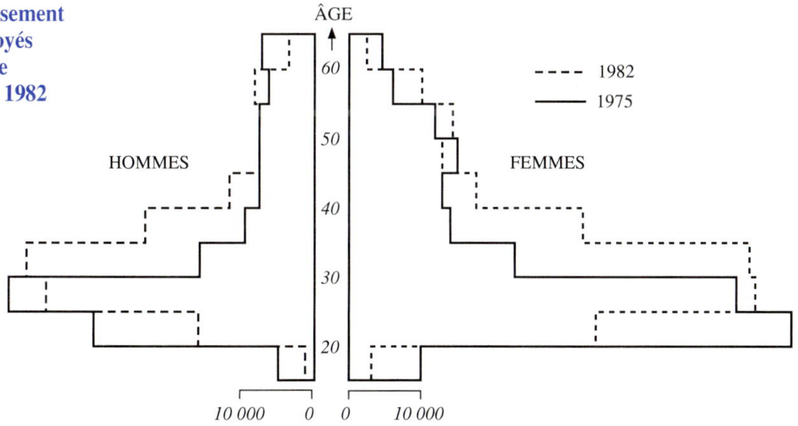

Source : R.P. 1/20. Ancien code des CS.

Secrétariat, comptabilité, informatique : des salariés de plus en plus qualifiés

Dans les trois domaines de l'informatique, du secrétariat et de la comptabilité (activités présentes transversalement dans les différents secteurs d'activité économique, et toutes trois soumises à un processus d'informatisation rapide), on observe une nette tendance à l'élévation du niveau moyen de qualification *(tableau* 3.5) ; dans le secteur privé et semi-public, de 1984 à 1987, les effectifs des professions du secrétariat et de la comptabilité sont en léger recul ; dans chacun des trois domaines, le nombre des emplois les moins qualifiés diminue rapidement, mais celui des plus qualifiés augmente [12]. On pourrait voir dans ce glissement vers le haut l'effet de pratiques salariales sans rapport avec l'évolution de la qualification du travail lui-même : les promotions apparentes ne seraient que des augmentations de salaires déguisées ; la « dégradation du travail » pourrait se poursuivre même si les échelons inférieurs des grilles de classifications tendent à se vider ; on recueillerait dans les enquêtes statistiques des informations concernant les « qualifications de salaires » attribuées sur les bulletins de paye davantage que les qualifications effectivement mises en œuvre dans le travail. Mais d'autres indicateurs - l'accroissement des durées de formation à un niveau de qualification donné, l'opinion des salariés sur les indicences de l'informatisation telle qu'elle a été recueillie dans différentes études de cas (voir *l'encadré* 3.3) - donnent à penser que les critiques que Michel Verret adressait dans « Le travail ouvrier » [68, pp. 36 et suivantes] à la thèse de la « dégradation du travail » valent aussi pour les emplois tertiaires, même si certaines classifications changent sans que le travail devienne plus complexe.

Les grandes entreprises sont celles qui font le plus souvent appel à des secrétaires très diplômées *(tableau* 3.6, *figure* 3.4). Parmi les deux composantes du travail des employés de bureau - traitement de l'information sur des machines et équipements spécialisés, contacts avec des personnes - l'informatisation réduit la part du temps consacré à la première ; ainsi chez les secrétaires permanentes des

3.5 Professions de l'informatique, du secrétariat et de la comptabilité Evolution des effectifs, 1984-1987

	Code profession	Intitulé	Effectif (en milliers) 1984	1987	Taux annuel moyen d'évolution (%)
Informatique	3828	Ingénieur	48	62	+ 8,9
	4791-2	Pupitreur, programmeur	48	55	+ 4,5
	5415-6	Opérateur de saisie, d'exploitation	66	64	- 3,4
Secrétariat	4615	Secrétaire de direction	66	74	+ 3,6
	5411	Secrétaire	215	220	+0,8
	5413	Dactylo	114	91	- 7,4
Comptabilité	4611	Comptable	90	92	+ 0,8
	5422	Employé qualifié de la comptabilité	163	157	- 1,3
	5423	Empl. non qual. de la comptabilité	31	27	- 5,2

Source : Enquêtes structure des emplois
Champ : Salariés des établissements de 10 salariés au moins, secteurs privé et semi-public

Horaires	Moins de 10 salariés	de 10 à 49	de 50 à 499	500 et plus	TOTAL
Pas d'horaire habituel	2,8	1,4	0,8	0	1,8
Moins de 35 heures	26,3	12,6	9,7	20,9	18,4
35 à 39 heures	56,6	68	77,4	69,3	65,3
40 heures ou plus	14,3	17,9	12,1	9,8	14,5
ENSEMBLE	100	100	100	100	100
Diplômes					
Aucun diplôme, CEP	13,5	12,2	10,2	11,3	12,3
CAP, BEP, BEPC	56	58,4	52	49,8	55,3
Baccalauréat, BP et plus	30,5	29,5	37,7	38,9	32,5
ENSEMBLE	100	100	100	100	100
Ancienneté					
Moins d'un an	19,6	16,2	15,7	11,1	17,2
1 à 4 ans	27,5	21,8	20,2	7,4	22,9
5 à 9 ans	24,9	24,7	27,6	21,2	25,2
10 ans et plus	28	37,3	36,5	60,2	34,7
ENSEMBLE	100	100	100	100	100
Effectifs par taille (%)	43,1	27,2	22	7,7	100

Source : enquête Emploi, 1988. Champ : actifs occupés

3.6 Horaires, diplômes et ancienneté des secrétaires du secteur privé et semi-public selon la taille de leur entreprise

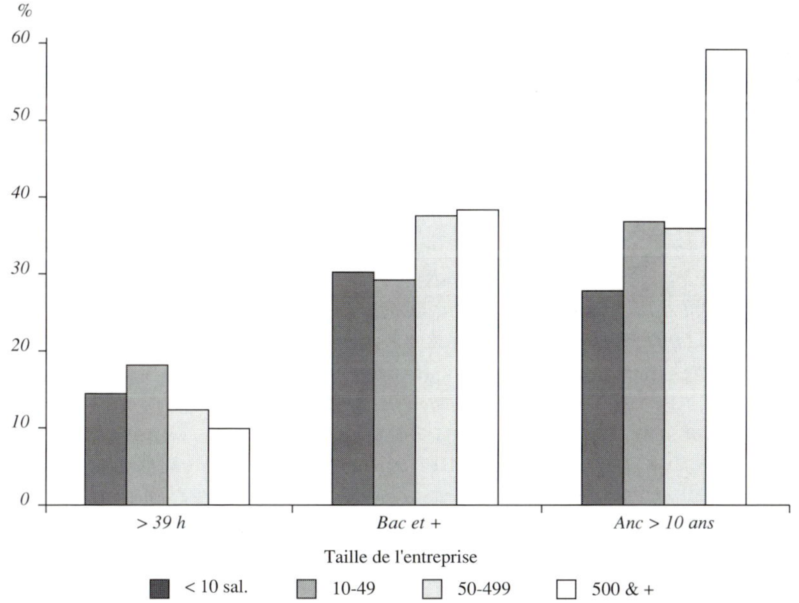

Source : enquête Emploi 1988.

3.4 Horaires, diplômes et ancienneté des secrétaires du secteur privé selon la taille de leur entreprise

3.3 SECRÉTAIRES OU ASSISTANTES DE GESTION ?

Le travail des secrétaires permanentes d'une entreprise pétrochimique de Fos-sur-mer de 250 salariés créée en 1987 a été étudié par Marcelle Duc [17]. Au nombre de 9, elles ont toutes une pratique courante de l'anglais, et cinq d'entre elles ont effectué de un à trois ans d'études supérieures. Elles gagnent de 8 000 à 10 500 F par mois. Quand elles décrivent leur rôle, elles insistent sur la marge d'initiative dont elles disposent :

« Je m'occupe, en plus du secrétariat, des relations extérieures. Ça veut dire qu'il y a beaucoup de choses à organiser. Toutes les visites des sociétés qui viennent, les fournisseurs. Dernièrement on a reçu un ministre, donc il fallait tout organiser, de son départ à Paris à son retour à Paris, le lunch, le taxi, l'hôtel. Ça prend pas mal de temps. Mais dans ces cas-là, j'ai carte blanche » (S1).

« J'ai à m'occuper de tout ce qui est relation avec le monde extérieur. On a énormément de demandes d'articles, de visites. On a des correspondants, directeurs de sociétés de la pétrochimie environnante, qui sont souvent intéressés. En mai 1988, nous avons fait une réception inaugurale de 400 personnes de la pétrochimie internationale. J'ai travaillé cinq mois dessus. Il faut savoir appréhender les problèmes avant qu'ils se posent » (S2).

« Il (le manager) vérifie rarement le travail. Il me dit de préparer telle chose, je fais ce que je veux. Avant de signer une lettre, évidemment, il relit, et encore, pas toujours. Il faut qu'il existe une confiance entre les deux personnes, autrement on ne peut pas faire du bon travail. Il dit que je suis son bouclier de défense car je filtre tous les appels et dès qu'il reçoit quelqu'un si ça ne l'intéresse pas c'est moi qui le reçois à sa place (...). Et puis je suis au courant de dossiers importants. Et vous savez, c'est normal cette confiance, je le vois presque plus que mon mari. On a de bons rapports, beaucoup de respect. Il connaît mon mari, je connais son épouse. De temps en temps on mange même ensemble. De toute façon s'il y a un mauvais climat pour n'importe quelle raison, je lui dis de suite et on s'explique » (S1).

« Pour nous, ici, tous les postes de secrétaires ont plus des postes de collaboratrices que d'exécutants. On attend de la secrétaire qu'elle soit l'adjointe de son patron, qu'elle prenne vraiment des initiatives, qu'elle le seconde au maximum » (S3).

« Il y a un côté décontracté entre les gens, on utilise les prénoms. Le fait qu'on parle souvent en anglais fait qu'on ne distingue plus le "tu" ou le "vous", il est éludé. Donc on garde un côté convivial sans tomber dans la familiarité » (S2).

« J'ai déjà des initiatives dans le fait que je m'organise comme je l'entends. Déjà c'est bien, car ce que je fais c'est pour moi-même. Quand je suis arrivée, je me suis dit, tout est nouveau, comment est-ce qu'ils font ici ? Alors je suis allée voir dans différents services. Là effectivement le contact avec les autres services a été de mon initiative. Bon, là où j'en ai pas, c'est quand mon manager me dit : Tu peux me taper ça, c'est urgent. Quand j'étais à X, c'était un monde différent, où tous les rouages étaient bien huilés, toutes

3.3 (Fin) SECRÉTAIRES OU ASSISTANTES DE GESTION ?

les procédures étaient définies depuis longtemps et on n'en démordait pas. Des fois même ça coinçait car rien n'était prévu dans la consigne » (S4).

« Quand j'étais à Y, pas question de m'organiser comme je l'entendais. On me donnait du travail, on me disait tout ce que j'avais à faire. On me demandait moins de tout planifier. Ici, on vous le demande, et de toute façon vous vous rendez compte très vite que c'est obligé, autrement vous êtes vite dépassé » (S5).

« Il faut montrer que vous êtes capable de faire autre chose que du secrétariat, parce que vous avez les capacités. Le secrétariat, ça n'intéresse personne. Moi, ce qui m'intéresse, c'est les relations extérieures et pour ça on n'a pas besoin d'être spécialisé dans la dactylo, il faut avoir d'autres connaissances, enfin un minimum, et bien sûr parler anglais. Mon manager veut que je m'intéresse à mon service, mais il attend aussi que je sorte un peu du cadre de mes fonctions. La différence avec une dactylo est là » (S1).

« On n'est pas ici pour faire seulement de la dactylo ou bien attendre qu'on nous donne du travail. Autant se servir de sa tête, de tout ce qu'on sait. D'ailleurs, c'est ce qu'ils veulent. Des dactylos, ils peuvent toujours en engager quand on est vraiment surchargées de travail » (S6).

entreprises industrielles, le rôle d'assistante de gestion tend à se trouver privilégié, quitte à ce qu'il soit fait appel à des intérimaires pour la frappe occasionnelle de documents volumineux (voir *l'encadré* 3.3).

LE TRAITEMENT DES PERSONNES

L'évolution des techniques de traitement de l'information a moins directement touché le travail des employés chez qui le contact avec les clients ou les consommateurs joue un rôle majeur que celui des employés de bureau. Les tendances de l'évolution du travail dans le commerce et les services sont très diverses selon les secteurs. Nous donnerons ici trois coups de projecteur sur le commerce, les services directs aux particuliers (notamment la coiffure), et un service collectif assuré par l'Etat, celui de la police.

Un aspect essentiel du travail des salariés qui rendent de manière répétitive des services personnels a été mis en relief et analysé par Maurice Halbwachs [31, 32, 33] : le traitement des personnes, la communication avec autrui peuvent faire l'objet d'une standardisation, ils peuvent être codifiés, et « mécanisés » en ce sens que ceux qui exercent ces fonctions acquièrent des automatismes semblables à ceux d'une machine (voir l'annexe de ce chapitre).

Le cas, étudié par Catherine Allegret, des employés d'un établissement de restauration rapide qui ont en face d'eux, au long de la chaîne où avancent les plateaux et les clients, des panneaux leur rappelant les consignes d'accueil (« Souriez », « Dites Bonjour », « Dites Bon appétit » ... [2]) illustre bien ce mode de traitement de « l'humanité matérialisée » : les employés qui effectuent en grande série des opérations nécessitant des contacts avec des clients ou des administrés se trouvent bien souvent dans la situation de *double bind* qui a été décrite par les psychiatres de Palo Alto, ils doivent assumer une mission impossible qui consiste à obéir en toute circonstance à la consigne « Soyez aimable et spontané ».

Cette caractéristique des employés en contact avec le public a été analysée par Cecil Wright Mills sous le titre « Le marché de la personnalité » : « Dans un grand magasin, un observateur disait d'une vendeuse : « Je la regarde depuis trois jours. Elle a un sourire figé sur son visage fardé, et il ne varie jamais, quelle que soit la personne à qui elle parle. Je ne l'ai jamais entendue rire de façon spontanée ou naturelle. Ou elle est renfrognée, ou son visage est sans expression. Quand un client s'approche, elle fait immédiatement son sourire dur et forcé ». (...) Le marché de la personnalité est soumis aux lois de l'offre et de la demande : quand ce marché est « favorable au vendeur » et qu'il est difficile d'acheter de la main-d'œuvre, l'agressivité accumulée par les vendeurs explose et compromet les bonnes relations avec la clientèle. Quand le marché est « favorable à l'acheteur », et qu'il est difficile de trouver du travail, les vendeurs sont obligés de redevenir polis » [70, p. 216]. « Quand les cols blancs obtiennent un emploi, ils ne vendent pas seulement leur temps et leur énergie, mais leur personnalité. Ils vendent, à la semaine et au mois, leurs sourires et leurs gestes aimables ; ils doivent refouler sur le champ toute colère ou agressivité. » [70, p. 13].

Le commerce

La part du commerce dans la population active occupée demeure stable depuis une vingtaine d'années, mais la composition socioprofessionnelle de ce secteur se transforme, essentiellement sous l'effet d'un processus de concentration des entreprises.

La part des indépendants et employeurs, qui était de 37 % en 1962, a diminué rapidement jusqu'en 1975, où elle était de 24 %, et plus lentement depuis (21 % en 1988). Celle des employés s'est accrue, de 30 % en 1962 à 39 % en 1982 selon l'ancienne nomenclature et de 31 % en 1982 à 33 % en 1988 selon la nouvelle (des salariés classés employés de commerce dans l'ancienne nomenclature se retrouvent membres des professions intermédiaires ou ouvriers dans la nouvelle).

Si on laisse de côté le commerce de gros, qui fait partie du secteur « tertiaire industriel » employant plus d'ouvriers que d'employés et qui nous intéresse moins directement ici puisque les fonctions de conditionnement et de transport y prennent le pas, en termes d'effectifs concernés, sur les opérations de vente, on peut indiquer que le commerce de détail a connu en France deux grandes vagues de concentration.

La première concerne surtout la distribution des produits non alimentaires ; elle débute au cours de la seconde moitié du XIXe siècle avec le développement, au centre des capitales nationales ou régionales, des « grands magasins ». Le cas du Bon Marché, qui a inspiré Zola dans le « Bonheur des dames », est aujourd'hui mieux connu grâce à un ouvrage d'un historien américain, Michael B. Miller [46] *(encadré* 3.4 *)*. Cette vague se prolonge dans les années 1930 avec la mise en place, au centre des grandes villes, des « magasins populaires » (avec les enseignes rivales Monoprix et Prisunic).

La seconde, d'origine nord-américaine et centrée sur les produits alimentaires, touche dans les années 1960 la France qui s'équipe en automobiles et en réfrigérateurs et prend la forme des supermarchés, puis des hypermarchés, localisés à la périphérie des grandes agglomérations, gros employeurs de salariés « flexibles » - caissières et gondolières (salariées mettant les produits en place dans les rayons) à temps partiel payées au SMIC ou un peu au-dessus [43]. Elle décime les petits épiciers : les patrons de commerces de détail en alimentation, qui étaient au nombre de 325 000 en 1954, ne sont plus que 93 000 en 1982. La loi dite Royer (1975) limite l'ampleur de ce processus de concentration et de réduction des marges des distributeurs, et vient mettre une fois de plus en relief l'importance du rôle de l'Etat dans la régulation de l'évolution des effectifs des professions. Mais l'informatisation des grandes surfaces (caisses connectées à des ordinateurs gérant la comptabilité et les réapprovisionnements, lecture optique des étiquettes, etc.) vient creuser l'écart technologique qui les sépare du petit commerce indépendant.

3.4 UN GRAND MAGASIN VERS 1900 : LE BON MARCHÉ

Le cas du Bon Marché, qui comptait environ 7 000 salariés en 1900, est riche d'enseignements quant à la nécessité d'éviter tout schématisme dans la référence au paradigme wéberien opposant organisation traditionnelle de type domestique et organisation bureaucratique moderne.

Avec son organisation hiérarchique lisible dans la codification des uniformes, sa rationalisation poussée du traitement des commandes, des stocks, des ventes, du conditionnement, des catalogues, avec ses réglements impersonnels, ses lignes téléphoniques intérieures et ses tapis roulants, l'entreprise d'Aristide et Marguerite Boucicaut présente, à la fin du siècle dernier, toutes les caractéristiques d'une bureaucratie moderne, et s'apparente à bien des égards à une grande usine.

Mais elle se veut aussi une Gemeinschaft, *une grande famille, dans laquelle la séparation entre vie de travail et vie privée est peu marquée (des licenciements frappent des salariés dont les comportements extra-professionnels sont jugés immoraux), dans laquelle les repas pris dans l'entreprise sont gratuits comme ceux pris à la maison, dans laquelle les œuvres sociales (assurances maladie, médecine du travail, retraites) et culturelles (fêtes, conférences, concerts) sont très développées. « Le Bon Marché a diffusé la culture bourgeoise parmi les travailleurs du secteur tertiaire en les guidant vers les rives de la classe moyenne » [46]. (Une autre étude historique remarquable de grand magasin est celle de Ralph M. Hower, sur Macy's à New York, « le plus grand bazar du monde » [34]. Voir aussi [18, 51]).*

Chaque chevelure a des caractéristiques singulières, et surtout la coiffure est valorisée comme un élément d'expression de la personnalité de celui qui la porte ; par suite la coupe de cheveux tend à être une opération unique, rebelle à la standardisation. C'est lorsque la fonction d'individualisation de la coiffure est gommée, comme dans le cas des soldats, que la coupe se prête le mieux à la mécanisation, avec le recours à la tondeuse - dans « Full metal jacket », Kubrick consacre une séquence à la tonte des futurs « marines », présentée comme une des étapes de la transformation des jeunes gens en rouages de l'appareil militaire. La dimension habituellement esthétique et individualisante de la coupe de cheveux fait du rapport coiffeur-client une relation personnalisée dans laquelle le client est attaché à un coiffeur donné. Ce lien constitue pour les salariés de la coiffure une arme face à leur employeur : un salarié peut partir avec sa clientèle. Des dispositions légales limitent la portée d'une telle arme : « ... Les patrons, pour imposer aux ouvrières de travailler à leur profit, utilisent avec la complicité de l'Etat des contraintes extra-économiques. C'est la clause de non-concurrence : une ouvrière qui quitte son patron ne peut s'installer à son compte dans un rayon inférieur à 500 m dans une petite ville et 2 km dans une grande ville » [5, p. 104]. Beaucoup des coiffeurs d'âge mûr sont des patrons, mais le passage au statut de patron est assez peu fréquent pour les jeunes salariés de la coiffure ; la pénibilité du travail debout, les horaires souvent lourds (selon l'enquête Emploi de 1988, 37 % des coiffeuses travaillent plus de 39 h par semaine), le bas niveau des rémunérations font que les employées de la coiffure, qui sont en moyenne très jeunes, sont nombreuses à quitter cette profession après quelques années d'exercice.

C'est au plan des stratégies de drainage de la clientèle, et non à celui du travail, que des pratiques nouvelles se sont développées : de vastes réseaux de salons « haut de gamme », généralement unis par des liens du type franchise, se sont constitués ; la mise en commun des dépenses de publicité leur permet d'accéder aux médias nationaux, d'accroître la visibilité des styles de coupe proposés, et de prendre des parts de marché aux coiffeurs indépendants. Mais la condition des salariés diffère peu dans ces chaînes et dans les établissements traditionnels.

Un exemple de « service public » : la police

Au fil d'une série d'études sur la police [48, 49, 50], Dominique Montjardet a élaboré un cadre d'analyse centré sur la thèse selon laquelle « la police, et peut-être toute administration (publique) de service ... [se caractérise par] la conjugaison permanente, concurrente et conflictuelle de trois principes d'action distincts, entre lesquels elle ... doit composer :

- la prescription hiérarchique, relais des prescriptions de l'autorité légitime, et in fine du pouvoir politique,

- la demande sociale, sous toutes les formes où s'expriment les sollicitations du public,

- les intérêts des professionnels, sous toutes leurs combinaisons, de la patrouille et de la brigade aux syndicats » [50, p. 197].

Les différenciations entre services de police peuvent s'analyser au travers de cette grille : « On peut ainsi poser en première analyse que la police urbaine (« tenue ») est dominée par les sollicitations de la demande sociale, que les Renseignements généraux et les CRS sont saturés par la prescription hiérarchique et qu'en police judiciaire ce sont, par défaut, les intérêts des professionnels eux-mêmes qui prennent le dessus (...) Cette accentuation différente des principes d'action est une explication beaucoup plus vraisemblable de la permanente « guerre des polices » que le sempiternel recours au machiavélisme supposé des responsables politiques » [50, p. 198].

A côté de cette analyse du sens et des formes de légitimation de l'action policière (et, au-delà, de tout corps de fonctionnaires), Montjardet décrit dans les termes suivants le contenu du travail policier : la caractéristique centrale de ce travail est « qu'il ne procède pas d'une addition ou combinaison de tâches élémentaires identifiables, codifiables, programmables et prescriptibles mais de la sélection, par les intéressés eux-mêmes dans une très large mesure, de leurs activités » [48, p. 392]. « Dès que le tissu réglementaire se resserre autour de l'action policière, la possibilité et la portée de toutes les formes de grève du zèle augmente dans des proportions très supérieures » [48, p. 398]. Le fait que les policiers doivent presque toujours demeurer disponibles vis-à-vis de l'événement « exclut une saturation programmée du temps de travail par des tâches prescrites » [48, p. 393]. Les policiers disposent donc d'une forte autonomie professionnelle [67]. Cette caractéristique en fait une catégorie à part parmi les employés appartenant à de grandes organisations ; elle se combine avec une composition très majoritairement masculine qui contribue aussi à faire des gardiens de la paix (et des gendarmes) les moins « employés » des employés (dans l'ancienne nomenclature des catégories socioprofessionnelles les policiers et militaires n'étaient pas inclus dans le groupe des employés).

LES EMPLOYÉS, L'ESPRIT DE « SERVICE PUBLIC » ET LES LOGIQUES MARCHANDES

Au-delà du seul cas des policiers, les employés de la fonction publique, qu'ils traitent des personnes ou de l'information, tendent à se caractériser, davantage que les employés du secteur privé et semi-public, par le poids de logiques non marchandes (logiques de service public, d'appareil, de corporation) dans la détermination des formes et du sens de leur travail. La notion de service public, ou de « demande sociale » selon la formulation de Montjardet, nécessite une explicitation critique : l'intérêt général ne se manifeste jamais autrement qu'au travers de processus de représentation, ce terme étant entendu simultanément selon les deux significations de représentation politique (des individus, généralement responsables d'organisations publiques ou privées, Etat, partis, syndicats, associations, s'affirment comme les porte-parole du public) et de représentation idéologique (des individus « mettent en valeur » l'action effective ou attendue des fonctionnaires et des citoyens, ils construisent et proposent une image de la légitimité de cette action). La définition des missions de l'Etat est une affaire plus complexe que celle des missions des entreprises du secteur concurrentiel, qui doivent faire de l'argent ou disparaître. Par suite, les fonctionnaires, y compris subalternes, jouent un rôle d'intellectuel, ils ont à construire et reconstruire sans cesse une définition du sens général de leur action, à réinterpréter leur rôle en fonction des conditions concrètes dans lesquelles se présente le travail qu'ils ont à effectuer. Un policier peut mettre plus ou moins de zèle à réprimer tel ou tel type d'infraction, un agent des impôts à exercer la pression fiscale sur telle ou telle catégorie de contribuables.

Au-delà même de l'appareil de l'Etat entendu au sens étroit, un employé du gaz peut disposer d'une marge personnelle d'appréciation quant à l'opportunité de couper le compteur d'une famille nécessiteuse, un serveur de bar peut servir un dernier verre à un consommateur déjà éthylisé qui s'apprête à prendre le volant, ou refuser la commande, au détriment du montant de son pourboire et du chiffre d'affaire immédiat de son employeur. Les logiques de service public ne concernent donc pas les seuls fonctionnaires, même si elles les concernent au premier chef. Elles peuvent entrer en contradiction avec les logiques centrées sur la productivité - les unes comme les autres pouvant entrer en contradiction avec les logiques corporatives.

Inversement la recherche de progrès de productivité, si elle est pour la plupart des entreprises privées une règle de survie, s'impose aussi, non sans débats quant au choix d'indicateurs d'efficacité, aux administrations publiques. L'image popularisée par Courteline [13] d'un sous-chef de bureau dont l'activité est comparée à « celle d'un gros hanneton tombé au fond d'une cuvette » ne correspond pas à la situation de la plupart des salariés de l'Etat, soumis à des contraintes peu différentes, en termes de charge de travail et de contrôle de l'usage des moyens qui leur sont affectés, de celles des autres salariés [63]. L'opposition public-privé contribue certes à l'hétérogénéité du monde des employés, mais la solution de continuité entre ces deux grands secteurs se lit dans les rapports au marché de l'emploi bien plus que dans les situations de travail.

CONCLUSION

L'analyse du travail des employés et de ses transformations implique le recours à des modèles explicatifs divers. La mise en œuvre de distinctions entre systèmes techniques artisanal, machinique et informatique, entre traitement de l'information et « traitement des personnes », entre organisation de type patrimonial et organisation bureaucratique moderne, entre la compétence des *professionals* et celle de leurs assistants, entre public et privé est nécessaire à la compréhension, dans leur hétérogénéité, des formes prises par ce travail. Le tableau qui en résulte est composite, mais il présente des lignes de force au travers desquelles se dessine une identité du travail des employés. En termes de position hiérarchique, les employés sont des salariés d'exécution. En termes de contenu du travail, ils se différencient des ouvriers par les objets (informations, personnes) auxquels s'applique leur travail. La portée de la séparation d'avec le monde ouvrier est cependant limitée du fait qu'à quelques décalages temporels près une même succession de grandes ruptures technologiques a affecté ces deux catégories de salariés : la mécanisation est intervenue plus tard dans les bureaux que dans les usines, l'informatisation a été dans l'ensemble plus précoce dans les premiers que dans les secondes. La dispersion des employés au long d'une gamme allant des utilisateurs des ordinateurs des plus modernes aux personnels de service travaillant manuellement selon des techniques séculaires est largement homologue de celle qui, parmi les emplois industriels, va des surveillants-opérateurs sur équipements automatisés jusqu'aux ouvriers de type artisanal munis d'outils manuels. L'automation, en accroissant la part du traitement de l'information dans le travail industriel, réduit l'écart entre les conditions et les méthodes de travail dans le monde de l'industrie et dans celui des bureaux.

RÉFÉRENCES BIBLIOGRAPHIQUES

[1] AFB (Association française des banques). **Rapport annuel de l'AFB sur les ressources humaines**. Paris, 1989.

[2] ALLEGRET Catherine. **Conditions de travail dans la restauration rapide et pouvoirs du sujet**. Aix-en-Provence, Université de Provence, 1986 (mémoire de maîtrise de sociologie).

[3] BABBAGE Charles. **Science économique des manufactures** (Londres, 1832). Paris, 1834.

[4] BACHRACH Susan. « La féminisation des PTT en France au tournant du siècle ». **Le mouvement social, n° 140, juil. 1987.**

[5] BAUDELOT Christian, ESTABLET Roger, MALEMORT Jacques. **La petite bourgeoisie en France**. Paris, Maspero, 1974.

[6] BECKER Howard. **Outsiders**. Paris, Métailié, 1985.

[7] BERTRAND Olivier, NOYELLE Thierry. **L'évolution des emplois tertiaires**. Paris, CEREQ-OCDE, 1985.

[8] BORKOWSKI Jean-Louis. « Les conditions de travail : contraintes d'horaires et pénibilité ». **Economie et statistique**, n° 174, févr. 1985.

[9] BRAVERMAN Harry. **Travail et capitalisme monopoliste. La dégradation du travail au XXe siècle** (1974). Paris, Maspero, 1976.

[10] CAHEN L. « Evolution de la population active en France depuis cent ans d'après les dénombrements quinquennaux ». **Etudes et conjonture**, mai-juin 1953.

[11] CHADEAU Ann, FOUQUET Annie. « Peut-on mesurer le travail domestique ? ». **Economie et statistique**, n° 136, sept. 1981.

[12] CHOFFEL Philippe, ECHARDOUR Annick, KRAMARZ Francis. « L'évolution récente des professions dans l'industrie, le commerce et les services ». **Economie et statistique**, n° 213, sept. 1988.

[13] COURTELINE Georges. **Messieurs les ronds de cuir**. Paris, 1893.

[14] CROZIER Michel. **Le monde des employés de bureau**. Paris, Seuil, 1965.

[15] DELAUNAY Jean-Claude, GADREY Jean. **Les enjeux de la société de service**. Paris, Presses de la FNSP, 1987.

[16] D'HUGUES Philippe, PESLIER Michel. **Les professions en France. Evolution et perspectives**. Paris, PUF, 1969 (« Travaux et documents », INED).

[17] DUC Marcelle. **Les secrétaires à « l'air » de la bureautique. Travail et recrutement dans une entreprise industrielle de Fos-sur-mer**. Aix-en-Provence, Université de Provence, 1989 (mémoire de maîtrise de sociologie).

[18] DUPUY M. « Le travail dans un grand magasin ». **Economie et humanisme**, n° 164, nov.-déc. 1965.

[19] FAYOL Henri. **Administration industrielle et générale**. Paris, Dunod, 1918.

[20] FOURASTIE Jean. **Le grand espoir du XXe siècle**. Paris, PUF, 1949.

[21] FOURQUET François. **Richesse et puissance. Une généalogie de la valeur**. Paris, La découverte, 1989.

[22] FREDERICK Christine. **Le taylorisme chez soi. Pratique de la direction de la maison**. Paris, Dunod, 1920.

[23] GIULIANO Vincent. « L'automatisation du travail de bureau ». **Pour la science**, n° 61, nov. 1982.

[24] GOLLAC Michel. « Techniques et organisation du travail ». **Premiers résultats**, n° 112, janv. 1988 (a).

[25] GOLLAC Michel. « La micro-informatique professionnelle : une révolution ? ». **Travail et emploi**, n° 35, mars 1988.

[26] GOLLAC Michel. « L'ordinateur dans l'entreprise reste un outil de luxe ». **Economie et statistique**, n° 224, sept. 1989.

[27] GOLLAC Michel. « Les dimensions de l'organisation du travail ». **Economie et statistique**, n° 224, sept. 1989 (b).

[28] GOLD Ray. « Janitors versus tenants : a status-income dilemma ». **American Journal of Sociology**, mars 1952.

[29] GOODY Jack. **La logique de l'écriture**. Paris, Armand Colin, 1986.

[30] HAGEGE Claude. **L'homme de parole**. Paris, Fayard, 1986.

[31] HALBWACHS Maurice. **La classe ouvrière et les niveaux de vie** (1912). Paris, Gordon and Breach, 1970.

[32] HALBWACHS Maurice. **Esquisse d'une psychologie des classes sociales**. Bruxelles, 1933 (rééd. Paris, Marcel Rivière, 1964).

[33] HALBWACHS Maurice. « Les caractéristiques des classes moyennes » (1939). In **Classes sociales et morphologie, Paris**, Minuit, 1972.

[34] HOWER Ralph M. **History of Macy's of New York**, 1859-1919. Cambridge, Harvard University Press, 1943.

[35] Insee. **Tableaux de l'économie française** 1989. Paris, Insee, 1989.

[36] JOHANSEN Aslaug. « Emploi, nouvelles technologies et évolution de la distribution dans l'assurance ». **Travail et emploi**, n° 36-37, juin 1988.

[37] KOCKA Jürgen. **Les employés en Allemagne, 1850-1980. Histoire d'un groupe social**. Paris, Editions de l'EHESS, 1989.

[38] LACROIX Michel. « **Les services aux ménages en 1988 : la croissance mais à quel prix ?** ». Insee première, n° 28, juin 1989.

[39] LEFFINGWELL William H. **Scientific office management**. New York, 1917.

[40] LIGONNIERE Robert. **Préhistoire et histoire des ordinateurs**. Paris, R. Laffont, 1987.

[41] LOCKWOOD David. **The black coated worker**. Londres, MacMillan, 1959.

[42] MARTIN Martine. « Ménagère : une profession ? Les dilemmes de l'entre-deux-guerres ». **Le mouvement social**, n° 140, juil.-sept. 1987.

[43] MARUANI Margaret, NICOLE Chantal. **Au carrefour de la flexibilité. Conditions d'emploi et politiques de gestion de la main-d'œuvre dans le commerce**. Paris, CNRS-CNAM, 1988.

[44] MARX Karl. **Le capital, critique de l'économie politique** (1867). Paris, Editions sociales, 1960 (vol. IV).

[45] MARX Karl. **Théories sur la plus-value** (livre IV du « Capital ») (1863). Paris, Editions sociales, 1974 (vol. I).

[46] MILLER Michael B. **Au Bon Marché, 1869-1920, le consommateur apprivoisé**. Paris, Armand Colin, 1987.

[47] MOLINIE Anne-Françoise, VOLKOFF Serge. « **Les conditions de travail des ouvriers ... et des ouvrières** ». Economie et statistique, n° 118, janv. 1980.

[48] MONTJARDET Dominique. « A la recherche du travail policier ». **Sociologie du travail**, Vol. 27, n° 4, 1985.

[49] MONTJARDET Dominique. « Compétence et qualification comme principes d'analyse de l'action policière ». **Sociologie du travail**, Vol. 29, n° 1, 1987.

[50] MONTJARDET Dominique. « Questionner les similitudes. A propos d'une étude sur la police ». **Sociologie du travail**, Vol. 31, n° 2, 1989.

[51] PARENT-LARDEUR F. **Les demoiselles de magasin**. Paris, Editions ouvrières, 1970.

[52] PASTRE Olivier. **L'informatisation et l'emploi**. Paris, La découverte, 1984.

[53] PINTO Josiane. « La secrétaire : attachée ou employée ? ». **Pénélope**, n° 10, 1984.

[54] PINTO Josiane. « Le secrétariat, un métier très féminin ». **Le mouvement social**, n° 140, 1987.

[55] PITROU Agnès et Al. **Trajectoires professionnelles et stratégies familiales. Le cas des employés de la Sécurité Sociale et des aides-soignantes**. Aix-en-Provence, CNRS-LEST, 1983.

[56] PITROU Agnès, GUELAUD Françoise. **Les relations entre les situations de travail et la vie hors-travail. Le cas des employés de la banque et des PTT**. Aix-en-Provence, CNRS-LEST, 1986.

[57] PONTHIERE Maurice. **Le bureau moteur**. Paris, Delmas, 1935.

[58] SABOURAUD Frédéric. « La reine de la frappe ». **Cahiers du cinéma**, n° 371-372, mai 1985.

[59] SAUSSURE (de) Ferdinand. **Cours de linguistique générale** (1915). Paris, Payot, 1966.

[60] STRAUSS Anselm et al. « The hospital and its negotiated order ». In FREIDSON Eliott (Ed.), **The hospital in modern society**, MacMillan, 1963.

[61] TAYLOR Frederick W. **Shop management**. New York, 1903 (rééd. française in VATIN F. (Ed.), Organisation du travail et économie des entreprises, Paris, Editions d'organisation, 1990).

[62] TAYLOR Frederick W. **Principles of scientific management**. New York, 1911 (rééd. française La direction scientifique des entreprises, Paris, Dunod, 1971).

[63] SINGLY François (de), THELOT Claude. **Gens du public, gens du privé. La grande différence**. Paris, Dunod, 1989.

[64] THEVENOT Laurent. « Les investissements de forme ». In **Conventions économiques**, Paris, PUF, 1985.

[65] THUILLIER Guy. **La vie quotidienne dans les ministères au XIXe** siècle. Paris, Hachette, 1976.

[66] THUILLIER Guy. **Les femmes dans l'administration**. Paris, PUF, 1988.

[67] TOURAINE Alain. « L'organisation professionnelle de l'entreprise ». In FRIEDMANN G., NAVILLE P., **Traité de sociologie du travail**, Paris, Armand Colin, 1962 (tome 1).

[68] VERRET Michel. **Le travail ouvrier**. Paris, Armand Colin, 1982.

[69] WEBER Max. **Economie et société** (1922). Tome I, Paris, Plon, 1971. T II, chap. 9, « La bureaucratie », traduction partielle in **Arguments**, Paris, UGE-10/18, 1974.

[70] WRIGHT MILLS Cecil. **Les cols blancs. Essai sur les classes moyennes américaines**. Paris, Maspero, 1970 (1951)

Annexe

BABBAGE, MARX, WEBER, HALBWACHS : QUATRE RÉFÉRENCES-CLÉS POUR L'ANALYSE DU TRAVAIL DES EMPLOYÉS

Charles Babbage, ou la passion de mécaniser les « opérations de l'esprit »

« ... La *division du travail* peut être appliquée avec le même succès aux opérations de l'esprit ; (...) dans ces opérations, comme dans celles dont la matière est l'objet, elle procure une économie de temps considérable. (...) L'économie intérieure des manufactures repose sur des principes d'une profondeur dont on se fait peu d'idée, et (...) ses enseignemens peuvent être d'un grand secours dans les plus hautes investigations de l'esprit humain.

(...) Dans les premiers temps de la révolution française (...), peu de temps après l'établissement du système décimal, on voulut avoir une série de tables mathématiques propres à en faciliter l'application (...).

Il fut aisé à M. de Prony [à qui avait été donnée la direction de cette grande entreprise] de s'assurer que, même en s'associant trois ou quatre habiles coopérateurs, la plus grande durée présumable de sa vie ne lui suffirait pas pour remplir ses engagemens. Il était rempli de cette fâcheuse pensée, lorsque, se trouvant devant la boutique d'un marchand de livres, il aperçut la belle édition anglaise de Smith, donnée à Londres en 1776. Il ouvrit le livre au hasard, et tomba sur le premier chapitre, qui traite de la *division du travail*, et où la fabrication des épingles est citée pour exemple. A peine avait-il parcouru les premières pages, que, par une espèce d'inspiration, il conçut l'expédient de mettre ses logarithmes en *manufacture* comme les épingles.

M. de Prony (...) réunit cinq ou six des plus célèbres mathématiciens de France, qui formèrent sa *première section*. (...) Sa mission était de rechercher parmi les différentes expressions analytiques applicables à une même fonction, celle qui pouvait être le plus facilement adaptée à un simple calcul numérique effectué par un grand nombre de personnes travaillant en même temps (...). [La] *seconde section* (...) se composait de sept ou huit personnes encore très versées dans les mathématiques. Elle était chargée de convertir en chiffres les formules données par la première section (...) [La] *troisième section* (...), dont la composition variait de soixante à quatre-vingts membres, prenait les nombres tels qu'ils étaient établis par la seconde, et ne s'occupait pas d'autre chose que de faire les additions et les soustractions, au moyen desquelles les tables se trouvaient complètement achevées. Il est remarquable que les neuf dixièmes de ces membres ne connaissaient de l'arithmétique que les deux premières règles qu'ils avaient à appliquer, et que leurs calculs étaient généralement reconnus plus exacts que ceux des personnes dont l'instruction en ce genre était plus étendue. (...)

Il faut croire que, lorsqu'on aura réalisé l'invention de la machine à calcul, et que l'on pourra ainsi obtenir par le simple mécanisme tout le travail qui fut fait à cette époque par la dernière section, les efforts de l'analyse réussiront à simplifier les opérations de ce mécanisme, en soumettant à une discussion nouvelle les moyens de convertir les formules en chiffres. » [3, pp. 117-123].

Babbage expose ensuite les principes mathématiques à l'œuvre dans la « machine à calculer aux différences finies » (*differential engine*) qu'il s'est efforcé de construire, à grands frais et sans parvenir à la terminer, de 1823 à 1843. A partir de 1834, il met au point les plans d'une autre machine, l'*analytical engine*, qui fait de lui « le grand-père des ordinateurs modernes » [40, p. 91]. Après la mort de Babbage en 1871, son fils Henry travaillera jusqu'en 1910 à la réalisation, en partie aboutie, d'un prototype de machine analytique.

« Les ordinateurs actuels possèdent une architecture qui repose sur cinq éléments de base :

1. - le processeur central (le "moulin" de Babbage)
2. - l'unité centrale de contrôle (les cylindres de la machine analytique)
3. - la mémoire (le "magasin" de Babbage)
4. - les unités d'entrée des données et des instructions [les cartes perforées de Babbage]
5. - et les unités de sortie des résultats (les tringleries à crémaillère, les "egress" et "ingress axis" de Babbage) associées à l'organe de restitution des résultats définitifs (dans la machine analytique : l'unité d'impression et le dispositif traçant envisagé).

Dès 1840, la machine analytique de Babbage constituait la première préfiguration d'un "calculateur contrôlé par programme", c'est-à-dire l'espèce immédiatement antérieure à l'ordinateur véritable qui est un "calculateur à programme interne" » [40, p 107].

Karl Marx : salariés productifs et improductifs dans la révolution industrielle

Pour Marx, les employés sont, comme les ouvriers, exploités par la classe capitaliste : obligés de vendre leur force de travail pour vivre, ils reçoivent un salaire qui tendanciellement leur permet tout juste de reproduire cette puissance de travail, tandis que leurs employeurs sont en position d'accumuler des richesses. A cet égard des intérêts communs les unissent aux ouvriers, des intérêts antagoniques les opposent aux capitalistes. Mais tous les employés n'ont pas la même position dans le « tableau économique » que brosse Marx dans le « Capital » et dans les textes préparatoires à cet ouvrage. Certains, tout comme les ouvriers, produisent de la plus-value, d'autres ne produisent aucune valeur et sont rémunérés par des prélèvements opérés sur des fonds (produits par d'autres) dont disposent les entrepreneurs, les particuliers ou l'Etat.

Marx donne comme exemples de salariés productifs de plus-value (c'est-à-dire productifs du point de vue des entrepreneurs) dans la production non matérielle les « nègres » exploités par des éditeurs d'encyclopédies, les enseignants qui travaillent dans ces « usines d'enseignement » que sont les écoles privées anglaises, les salariés des « établissements de distraction ». Mais « tous ces phénomènes de la production capitaliste dans ce domaine sont si insignifiants comparés à l'ensemble de la production, qu'on peut les laisser totalement de côté » [45 t.I, p. 480]. Moins insignifiants apparaît à ses yeux le cas des salariés dont le rôle est d'effectuer des opérations commerciales ou comptables. Ces opérations ne sont pas créatrices de produit ou de valeur. « Le capitaliste est obligé de retransformer sans cesse (...) une partie du produit-marchandise en comptables, employés et ainsi de suite. Cette fraction du capital est soustraite au procès de production et rentre dans les frais de circulation, lesquels viennent en déduction du rapport total de l'affaire » [44, t. IV, p. 124]. Quant aux salariés dont le travail s'échange contre du revenu (revenu des particuliers pour les domestiques, revenu centralisé par l'Etat pour les fonctionnaires), ils ont, du point de vue du capital, un statut de travailleurs improductifs parce que leurs employeurs ne peuvent pas s'enrichir en les exploitant - l'analyse de Marx se situe à cet égard dans la continuité de celle de l'économie politique anglaise depuis Adam Smith.

A côté de la détermination économique qui situe la plupart des employés parmi les travailleurs improductifs, il y a, selon une formule de Marx dans un des brouillons du « Capital », une « détermination secondaire » [45, t.I, p. 479], très importante en termes de manifestation des forces sociales sur la scène politique, qui distingue les employés des ouvriers : la production matérielle tend en régime capitaliste à se développer sous la forme du machinisme, dont l'extension est au cœur du processus de la « révolution industrielle ». Le machinisme soumet les ouvriers à une domination patronale plus complète que celle des employés et les vouent davantage que les employés (qui souvent travaillent dans les mêmes bureaux que leur patron, s'habillent différemment des ouvriers, etc.) à rompre les liens communautaires qui les unissaient à leurs employeurs et à s'engager en tant que classe dans une « lutte finale » avec ceux-ci. Marx récuse la mise en équivalence de certains services et de la production matérielle qu'opère par exemple Jean-Baptiste Say. Il s'efforce, avec sa « critique de l'économie politique », de penser d'un même mouvement l'économique (avec sa théorie de la valeur) et le social (avec son analyse des formes historiques de différenciation du travail des employés et des ouvriers). Selon Jean-Claude Delaunay et Jean Gadrey [15, p. 63], sa « conception de la matérialité du produit (...) est restrictive. En effet, les produits des services (...) sont également matériels. Ils existent dans le temps et dans l'espace. Ils utilisent des moyens de travail et de production. Ils sont souvent codifiables par un ensemble d'actes et de procédures reproductibles. Ils se traduisent par des résultats, ceux-ci fussent-ils aléatoires. Les moyens contemporains de traitement de l'information en permettent parfois la circulation spatiale, voire le stockage (...). Ce qu'on nomme couramment la « production matérielle » est l'ensemble des travaux dont la prestation aboutit à un résultat séparable du travailleur et du consommateur, durable dans le temps, le plus souvent transportable, effectué lui aussi à l'aide de moyens de travail et de production, reproductible (...). Mais au total, ce qui paraît exact est que cette production matérielle n'est qu'une forme de la matérialité des produits » (voir aussi [21]). Sous l'emprise de ses obsessions d'inventeur de machines à calculer, Babbage avait perçu, mieux que les économistes classiques anglais ou que Marx, qu'une même logique technico-économique, avec ses stades de la manufacture et du machinisme, était à l'œuvre dans le traitement de l'information et dans « ce qu'on nomme couramment la "production matérielle" ».

Weber : qu'est-ce qu'une bureaucratie ?

La diffusion de l'écriture est à la fois une conséquence et une condition du développement des « bureaucraties modernes » par opposition au « système patrimonial » ou « traditionnel » tels que les définit Max Weber. Weber définit la bureaucratie moderne par les traits suivants : l'autorité est réglée par des lois et règlements administratifs ; les activités régulières de l'organisation sont réparties sous forme de fonctions officielles ; l'autorité pour donner des ordres en vue de l'exécution de ces fonctions officielles est répartie de manière stable et soumise à des règles concernant les moyens de coercition ; une préfiguration méthodique est instituée pour permettre l'exécution régulière et continue des fonctions de la bureaucratie. L'organisation est hiérarchisée, et les attributions de chacun des niveaux hiérarchique sont définies « selon une procédure définitivement établie ». Ces caractères ne peuvent s'affirmer pleinement que si la gestion de l'organisation repose sur des documents écrits. « D'où la flopée de fonctionnaires subalternes et de gratte-papier de toute sorte » [69, p. 47] ; selon le dictionnaire étymologique de Bloch et Wartburg, c'est en 1578 que le mot « gratte-papier » fait son apparition. Le fonctionnement des bureaucraties modernes nécessite l'existence de personnels spécialisés, travaillant à temps plein, et respectant une stricte séparation entre leur vie privée ou domestique et leur activité professionnelle.

Une organisation de ce type est, estime Weber, « exactement dans le même rapport avec les autres types d'organisation qu'une machine avec des moyens non mécaniques de production. La précision, la rapidité, la non-ambiguïté, le maniement des documents, la continuité, la discrétion, l'unité, la subordination stricte, la réduction des conflits, les frais en personnel et en matériel, tout cela est nettement amélioré dans l'administration bureaucratique par des fonctionnaires individuellement instruits. Ceci par opposition à des formes collégiales fondées sur des charges honorifiques extérieures à l'Administration » [69, p. 50].

Même s'il s'intéresse avant tout à leurs formes d'organisation et aux principes de légitimation qui sous-tendent leur fonctionnement, Weber prend aussi en compte les aspects matériels de la vie des bureaucraties. « Parmi les facteurs d'ordre essentiellement technique, les moyens de communication spécifiquement modernes entrent dans le tableau comme des régulateurs de la bureaucratisation. Les terrains publics et les voies d'eau, les chemins de fer, le télégraphe, etc., doivent être, en partie, nécessairement administrés de manière publique et collective ; en partie, une telle administration est de l'ordre de l'intendance technique. A cet égard, les moyens contemporains de communication jouent fréquemment un rôle similaire à celui des canaux de Mésopotamie et de la régulation du Nil dans l'Orient antique. Le degré auquel les moyens de communication ont été développés est une condition d'importance décisive pour l'existence même d'une administration bureaucratique, même si ce n'est pas une condition suffisante » [69, chap. 9, traduction A.C. d'après le texte anglais].

Jack Goody dans « La logique de l'écriture » estime que chez Weber l'analyse des rapports entre le développement des bureaucraties modernes et celui de la communication écrite est allusive. « Dans son étude des Basoga de l'Afrique de l'Est intitulée Bantu Bureaucracy (1956), Fallers énonce très clairement la différence entre les rôles conflictuels des lignages soga, de l'Etat, et de la bureaucratie introduite par le régime colonial. Il rattache ces différences aux modes d'exercice de l'autorité : dans la situation traditionnelle, il existe une relation entre patron et client par opposition à l'autorité impersonnelle, liée à une fonction, qu'exerce le fonctionnaire salarié ; le premier cas nous offre un exemple d'une relation sociale de type « particulariste », le second de type « universaliste ». Bien que Fallers ait fait remarquer avec justesse certaines des différence intrinsèques existant entre les Etats africains modernes et traditionnels, dans son œuvre comme dans celle de Weber, les implications des divers modes de communication, et plus précisément de l'écriture, sont restées implicites » [29, p. 102].

Maurice Halbwachs : une analyse de l'activité des employés en tant qu'elle s'exerce sur « l'humanité matérialisée »

Pour Maurice Halbwachs, l'activité des employés s'exerce non pas sur une « matière inerte », comme c'est le cas selon lui pour les ouvriers, mais sur ce qu'il appelle « l'humanité matérialisée » [33, p. 106]. Ce faisant, il passe à côté de la fonction-clé des employés de bureau, celle qui consiste à traiter de l'information (fonction qui en elle-même n'implique pas plus de contacts avec des personnes que la fonction de transformation de la matière) ; mais la problématique qu'il met en place constitue une ressource majeure pour l'analyse du travail des autres catégories d'employés, et des employés de bureau dans la mesure où leur travail consiste en contacts interpersonnels.

« Si l'on considère les hommes et les groupes, on aperçoit qu'ils peuvent être envisagés aisément, de certains points de vue, comme des ensembles d'unités identiques, dont les parties semblables possèdent cette propriété qu'ont les choses matérielles et inertes d'être comptées, dénombrées, d'être mesurées, d'être réparties. Considérons maintenant l'activité des employés, des fonctionnaires, et nous verrons qu'elle s'inspire de l'idée que les groupes et les hommes sont bien cela, se ramènent bien par certains côtés aux conditions de mécanisme et d'inertie ou de matérialité des choses inertes, en d'autres termes de l'idée que l'humanité est une humanité matérialisée.

Il y a des guichets dans les bureaux, et le public se répartit mécaniquement entre un certain nombre de catégories. Pour la personne qui vous reçoit derrière le guichet, votre personnalité, vos origines, votre rang social ne comptent pas : vous êtes une unité dans l'ensemble de ces opérations ; vous êtes un acheteur, vous êtes quelqu'un qui veut qu'on fasse pour lui telle opération. Vous n'êtes pour lui qu'une chose » (p. 105). Un peu plus loin, sans relever l'aspect contradictoire (réification et subjectivation du rapport entre prestataire et bénéficiaire du service, qui se trouve à la fois dépersonnalisé et personnalisé) du phénomène qu'il analyse, Halbwachs indique que les opérations qu'effectuent les employés et les fonctionnaires se distinguent du travail ouvrier sur la matière : « L'employé lui-même s'aperçoit que ce ne sont pas tout à fait des choses sur lesquelles il opère, mais que ce sont des hommes : il peut être poli ou impoli ; il peut se mettre à la disposition des clients, leur rendre certains services, leur donner quelques conseils qui ne dépassent pas une petite compétence : il peut les aider à gagner du temps » (p. 107).

LE MARCHÉ DE L'EMPLOI

Au regard des indicateurs de précarité les plus usuels - risque de chômage, proportion de salariés sous contrat à durée limitée - le groupe socioprofessionnel des employés se caractérise d'abord par son hétérogénéité. Les fonctionnaires, les employés de la banque et des assurances bénéficient d'une relative protection, tandis que les femmes de ménage, certains employés de commerce, etc., vivent souvent dans une grande précarité.

Le travail à temps partiel, particulièrement répandu chez les employés et surtout les employées, s'est lui aussi étendu. Il est généralement synonyme de moindres possibilités de carrière.

Au cours des années cinquante et soixante, le salaire moyen des employés s'est rapproché de celui des ouvriers. Les écarts hommes-femmes se sont eux aussi réduits.

EMPLOYÉS ET OUVRIERS : DES TAUX DE CHÔMAGE VOISINS

Globalement, le chômage est à peu près aussi fréquent chez les ouvriers que chez les employés. Ces deux catégories s'opposent au reste des salariés, relativement protégés.

Cette similitude, toutefois, disparaît si l'on considère les hommes et les femmes séparément : les ouvrières chôment plus que les employées, les ouvriers que les employés. C'est parce que les employés sont un groupe plus féminisé que celui des ouvriers, et qu'au sein de chaque catégorie socioprofessionnelle les femmes chôment plus que les hommes, que les taux de chômage des employés et des ouvriers diffèrent peu.

Avant de présenter les chiffres qui témoignent de cet effet de composition, il est nécessaire de soulever un problème de convention statistique, lié au fait que dans les recensements et les enquêtes la proportion de personnes qui ne donnent que des indications floues sur leur situation professionnelle est plus élevée parmi les chômeurs que parmi les actifs occupés (voir l'encadré 4.1). Il serait souhaitable de ne déterminer les taux de chômage des employés et des ouvriers qu'après avoir mis hors champ, pour les recensements de 1954 à 1975 les personnes classées dans la « profession » 99 (« emplois mal désignés »), et pour le recensement de 1982 celles qui sont classées dans la « profession » 5499 (« salariés ne donnant aucune indication sur leur profession »). Ce redressement, impossible pour le recensement de 1954 (non informatisé) et difficile pour les recensements de 1962 à 1975 parce que le code des professions et celui des catégories socioprofessionnelles y sont distincts, ramène de 12 à 9 % le taux de chômage des employés (au sens de la nouvelle nomenclature) en 1982.

4.1 LA MESURE DU CHOMAGE DES EMPLOYÉS ET DES OUVRIERS : L'EFFET DES CONVENTIONS DE CLASSEMENT DES EMPLOIS MAL DÉSIGNÉS

Dans les recensements ou les enquêtes, certaines personnes fournissent sur leur emploi (s'il s'agit d'actifs occupés) ou sur leur dernier emploi (s'il s'agit de chômeurs, et ceux qui donnent peu de renseignements sur leur profession sont souvent des chômeurs) des indications imprécises ou inexistantes.

Selon le code des métiers en vigueur de 1954 à 1982, ces personnes étaient classées dans la rubrique 99, « emplois mal désignés ». Leur attribuer une catégorie socioprofessionnelle donnait lieu à des conventions qui ont varié dans le détail de 1954 à 1975 mais qui conduisaient dans la plupart des cas à ranger les chômeurs parmi les manoeuvres et les actifs occupés parmi les employés de bureau. Ces conventions majoraient donc le taux de chômage des manœuvres et minoraient celui des employés de bureau.

C'est la polysémie du mot « employé » qui était dans la majorité des cas à l'origine du classement des répondants dans le poste 99. Si une personne se déclare « employé », on peut comprendre le mot au sens large de « salarié » - cette interprétation prévalait dans le code« des métiers, où l'on se refusait à dissiper par convention le flou de telles réponses - ou faire comme si l'information était plus précise - c'est cette lecture qui prévalait dans le code des CSP, où l'on rangeait les « employés » tout court parmi les employés de bureau, ce qui constituait une double inférence (on les considérait comme des « employés » au sens du groupe socioprofessionnel 5, et comme des « employés de bureau » au sens de la CSP 51.

Selon la nomenclature des PCS en vigueur depuis 1982, les salariés ne fournissant aucune indication sur leur profession sont rangés dans la rubrique 5215 (« agents de bureau de la fonction publique ») si l'on sait qu'ils travaillent dans la fonction publique, et la rubrique 5499 (« salariés ne donnant aucune indication sur leur profession ») dans la plupart des autres cas. Il est spécifié que la déclaration « employé » est ambiguë car très souvent synonyme de « salarié » (...). On utilise la rubrique 5424 (« employés administratifs divers d'entreprise ») si l'on pense que l'appellation « employé » est prise dans un sens très vague (« Nomenclature des professions et catégories socioprofessionnelles », INSEE, 1983, p. XLII).

Les chômeurs ayant déjà travaillé mais ne renseignant pas leur profession sont donc rangés parmi les employés administratifs d'entreprise et non parmi les ouvriers comme c'était le cas avec l'ancienne nomenclature. Ces conventions, à l'inverse des précédentes, majorent le taux de chômage des employés et minorent celui des ouvriers.

Au recensement de 1982 (1/20), 384000 personnes sont classées dans la profession 5499. Leur répartition par sexe et statut est la suivante :

	Hommes	Femmes	Les 2 sexes
4 à 7. Salariés	104 440	61 560	16 600
9. Chômeurs	114 560	103 360	217 920
TOTAL	219 000	164 920	383 920

Contrairement au reste de la CS 54, cette profession est composée en majorité d'hommes et de chômeurs. Elle regroupe 1,6 % de la population active, et 10,6 % du total des chômeurs. L'effet de ces conventions sur la mesure des taux de chômage des employés est massif :

	Hommes	Femmes	Les 2 sexes
54. Employés administr. d'entreprise	22,0	18,5	19,4
54 sauf 5499. EAE, corrigé	6,3	14,3	12,7
5. Employés	10,5	12,5	12,0
5 sauf 5499. Employés, corrigé	4,4	10,6	9,0

A l'enquête Emploi, le questionnement sur la situation professionnelle est plus approfondi, et le classement sous la rubrique 5499 est plus rare qu'au recensement. A l'enquête de mars 1982, 69 000 personnes y sont classées. Toutes sont des actifs occupés, la profession n'étant généralement pas codée pour les chômeurs à l'enquête Emploi.

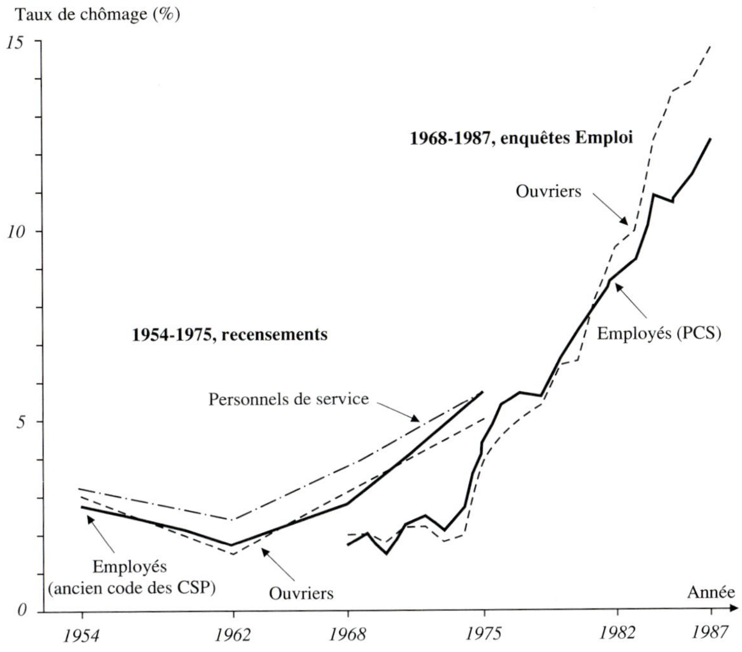

Sources : RP, Enquêtes Emploi.

4.1 Taux de chômage des employés et des ouvriers, 1954 - 1987

Des années cinquante à la fin des années quatre-vingt, on observe à quatre reprises un renversement de position dans le classement des ouvriers et des employés en fonction de leurs taux de chômage respectifs. Cette évolution, qui témoigne de la plus grande vulnérabilité des ouvriers aux mauvaises conjonctures économiques, peut être repérée de manière très discontinue au travers des recensements jusqu'en 1968, puis au-delà de cette date année par année au travers des enquêtes Emploi (*figure* 4.1). Tout au long de cette période, le groupe socioprofessionnel des employés se féminise (53 % de femmes en 1954, 65,5 % en 1982), tandis que la proportion de femmes parmi les ouvriers demeure assez stable (23 % en 1954, 24 % en 1982), de sorte que, puisque les femmes sont généralement plus exposées au chômage que les hommes, le taux de chômage des employés des deux sexes tend à évoluer plus dévaforablement que celui des ouvriers (*figure* 4.2).

De 1954 à 1962, la conjoncture économique s'améliore. En 1962 les employés chôment plus que les ouvriers, à l'inverse de ce qu'on pouvait observer en 1954 ; l'économie tourne à plein régime, les écarts intersectoriels entre les taux de chômage sont écrasés, subsiste principalement un écart structurel au détriment des femmes et donc des employés.

Le chômage ouvrier est plus sensible aux effets de conjoncture que celui des employés

Un second renversement intervient entre la haute conjoncture de 1962 et l'assez mauvaise conjoncture de 1968 : les ouvriers sont en première ligne pour subir les

4.2 Taux de chômage des employés et des ouvriers, selon le sexe, de 1968 à 1987

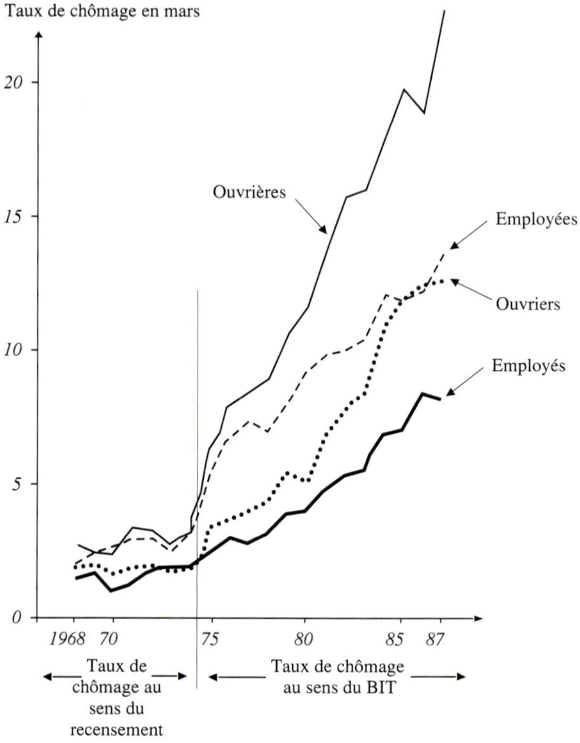

Source : Enquêtes Emploi.

conséquences de la crise économique et en mars 1968 ils connaissent un taux de chômage supérieur à celui des employés.

Vers 1971, le taux de chômage des employés dépasse celui des ouvriers. En mars 1974, chez les hommes d'une part et les femmes d'autre part la fréquence du chômage ouvrier égale, à l'enquête Emploi, celle du chômage employé. Cette évolution semble constituer avant tout le résultat de transformations structurelles : la vie professionnelle des femmes tend à devenir de plus en plus continue, il y a de moins en moins de femmes au foyer et de plus en plus de chômeuses.

Claude Thélot [7, p.74] analyse ainsi ces changements caractéristiques de la période 1968-1974 : « Le poids des jeunes générations et celui des femmes s'accroissent. Ces nouveaux actifs sont porteurs de nouvelles aspirations à l'égard de l'emploi ; aspirations qui trouvent leurs racines en particulier dans le développement de la formation, et que le marché du travail autorise à envisager de satisfaire : la proportion de démissionnaires augmente parmi les chômeurs, et les actifs qui cherchent un autre emploi parce que le leur ne leur convient pas sont de plus en plus nombreux ». C'est au cours de cette période que le taux de chômage des employés des deux sexes dépasse de nouveau celui des ouvriers.

Comme en 1968, la brutale augmentation des taux de chômage en 1975 touche davantage les ouvriers et les ouvrières que les employés : dans l'ensemble, l'emploi industriel est plus directement exposé aux effets de conjoncture que l'emploi tertiaire (ceci n'exclut pas que dans le détail certains secteurs du tertiaire, ceux qui sont liés au tourisme par exemple, puissent être très sensibles aux fluctuations conjoncturelles). De 1975 à 1980, l'écart relatif au détriment des ouvriers se maintient, dans un contexte de montée générale du chômage.

A partir de 1981, le recul de l'emploi industriel et en particulier de l'emploi ouvrier s'accélère, et le « sur-chômage » des ouvriers par rapport aux employés s'accentue pour chacun des deux sexes. Le taux de chômage de l'ensemble des ouvriers redevient supérieur à celui des employés : l'ampleur de la crise dans l'industrie est telle qu'elle annule, et au-delà, la tendance structurelle, issue de la féminisation de la catégorie des employés, à une détérioration de la situation des employés relativement à celle des ouvriers. Alors que vers 1973 parmi les hommes d'une part et les femmes d'autre part, les taux de chômage des employés et ceux des ouvriers étaient à peu près identiques, vers 1987 les employés de chaque sexe se trouvent approximativement à égale distance, de par leurs taux de chômage, des ouvriers et des membres des professions intermédiaires. Une fois de plus, la crise économique a accentué les inégalités sociales en étirant le peloton des groupes socioprofessionnels et en pénalisant les ouvriers plus que les employés.

Les employés administratifs sont relativement peu exposés à la perte éventuelle de leur emploi, tandis que les employés de commerce et les personnels de service ont des taux de chômage voisins de ceux des ouvriers. Chez les hommes, les taux de chômage des employés de commerce sont plus faibles que ceux des ouvriers (sauf en 1962, date à laquelle, comme on l'a déjà noté, une conjoncture de plein emploi tend à écraser les écarts intercatégoriels), qui sont eux-mêmes plus faibles que ceux des personnels de service. Chez les femmes à l'inverse, les employées de commerce chôment plus souvent que les ouvrières, qui chôment elles-mêmes plus souvent que les personnels de service. La position d'employé de commerce n'a pas le même sens chez les hommes et chez les femmes, chez ces dernières elle est plus proche de la condition ouvrière.

La nomenclature des professions et catégories socioprofessionnelles en usage depuis 1982 se prête mieux à la mise en évidence de la forte hétérogénéité interne du groupe des employés au regard des risques de chômage. En mars 1988, le chômage est trois fois plus répandu chez les employés de commerce que chez les employés civils de la fonction publique ; au sein même du secteur privé et semi-public, les employés administratifs d'entreprise sont nettement moins exposés au chômage (11,6 % de chômeurs au sens du BIT) que les employés de commerce (19,8 %) ou les personnels des services directs aux particuliers (17,7 %) (*figure* 4.3).

LE CHÔMAGE DES EMPLOYÉS : L'IMPORTANCE DES EFFETS D'ÂGE

Les employés les plus âgés chôment nettement moins que les ouvriers. Au-delà de 25 ans, chez les hommes comme chez les femmes les ouvriers sont deux fois plus exposés au chômage, en mars 1988, que ne le sont les employés. Parmi les

4.3 Le chômage des employés, 1982 - 1988

Chômage au sens du BIT

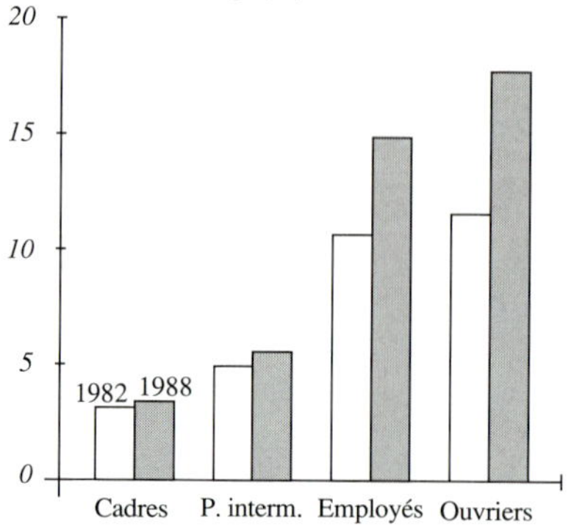

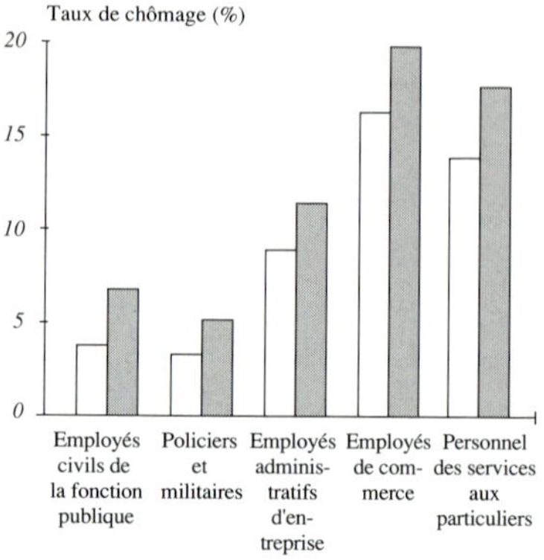

Source : Enquêtes Emploi.

moins de 25 ans en revanche, employés et ouvriers sont logés à la même enseigne, un sur cinq est au chômage (au sens du BIT). La sélectivité du chômage au détriment des jeunes est donc particulièrement accentuée parmi les employés. Le développement des stages d'insertion (Travaux d'Utilité Collective notamment) est en partie à l'origine de cette différenciation : l'offre de stages est plus importante pour des postes d'employé (dans le secteur public en particulier) que pour des postes d'ouvrier, et la probabilité pour que ces jeunes stagiaires se retrouvent ultérieurement au chômage est assez élevée.

Les employées mariées sont beaucoup plus souvent au chômage que leurs homologues du sexe masculin

Plus on est exposé au chômage, plus il est difficile de fonder une famille. Cette proposition concerne particulièrement les employés et les membres des professions intermédiaires du sexe masculin. Chez les hommes, les employés mariés, quel que soit leur âge, sont ceux qui chôment le moins, ceux qui cohabitent soit avec leurs parents soit avec des personnes non membres de leur famille sont ceux qui chôment le plus. En revanche, chez les jeunes employées mariées ou vivant maritalement, le taux de chômage est supérieur à la moyenne ; celles qui vivent seules sont, dans toutes les tranches d'âge, celles qui chôment le moins. Le statut marital prend donc des significations différentes chez les hommes et chez les femmes : pour ceux-là il tend à être associé à un engagement très continu dans la vie professionnelle, pour celles-ci à une relative marginalisation vis-à-vis de l'emploi et de la carrière (*figure* 4.4).

Enfin les employées mères célibataires sont, quel que soit leur âge mais surtout si elles sont jeunes, fortement exposées au chômage.

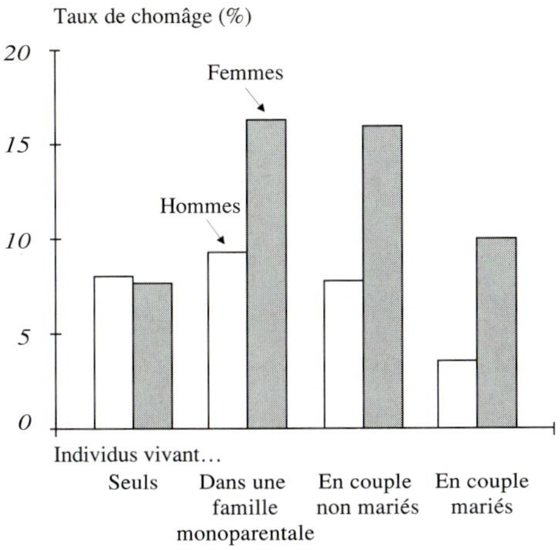

Source : Enquêtes Emploi de 1986 à 1988 (moyennes de trois années).

4.4 Taux de chômage des employés, selon le sexe et le mode de vie

Champ : Employés âgés de 25 à 49 ans.

DE LA PRÉCARITÉ AU FONCTIONNARIAT, L'HÉTÉROGÉNÉITÉ DES STATUTS DES EMPLOYÉS

Le groupe des employés se caractérise par une très forte proportion de salariés sous statut précaire - intérim, apprentissage, contrats à durée déterminée, stages (*figure* 4.5). La signification des taux de précarité est toutefois limitée : la protection conférée par un contrat à durée indéterminée varie d'un secteur d'activité à un autre. Les ouvriers qui en bénéficient sont en général beaucoup plus exposés que les employés à d'éventuels licenciements économiques.

Le groupe des employés se caractérise aussi par la forte diversité des risques de précarité auxquels sont exposées les différentes catégories qui le constituent. La part des précaires est assez faible chez les policiers et militaires et chez les employés administratifs d'entreprise, mais elle atteint 16 % chez les personnels des services aux particuliers et chez les employés civils de la fonction publique ; les employés de commerce occupent une position intermédiaire avec 12 % de précaires. La fonction publique n'emploie pas que des fonctionnaires : la part des « hors-statuts » y est plus forte que celle des salariés placés sous différents types de contrats à durée limitée dans les secteurs privé et semi-public.

Avec la montée du chômage et de la précarité de 1982 à 1988, la situation des employés s'est détériorée à peu près au même rythme que celle de l'ensemble des salariés. Mais cette évolution a surtout affecté les jeunes : parmi les employés de moins de 25 ans, la proportion des statuts précaires a fait un bond de 21,4 à 35,7 %, tandis qu'elle restait stable chez les employés de 25 ans ou plus (7,5 % en 1988 comme en 1982). Chez les ouvriers en revanche, la progression de la précarité a été forte dans toutes les tranches d'âge. Cette évolution différenciée est en partie le résultat du développement des différents « dispositifs » d'insertion des

4.5 Taux de précarité selon l'âge, le sexe et la catégorie socioprofessionnelle (détaillée pour les employés), 1982 - 1988

Les contrats de travail à durée limitée sont particulièrement fréquents chez les employés.

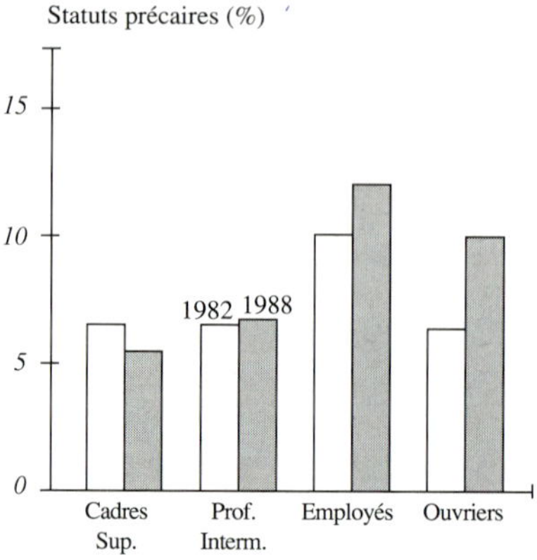

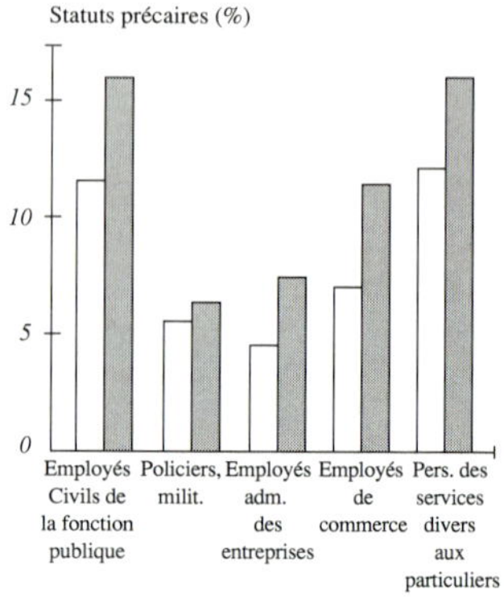

Source : Enquêtes Emploi.
(Intérimaires, apprentis, stagiaires en entreprise, salariés sous contrat à durée déterminée, non titulaires de l'Etat et des collectivités locales, en % des actifs occupés).

jeunes (TUC notamment) : beaucoup de jeunes stagiaires ont un statut d'employé, bien souvent dans la fonction publique, sans s'inscrire pour autant dans une filière d'embauche susceptible de les conduire à occuper le même type d'emploi dans des conditions moins précaires.

Dans la fonction publique en 1988, chez les moins de 25 ans, un employé civil sur deux est sous statut précaire contre un sur trois en 1982. Dans le même temps chez les plus âgés la part des statuts précaires a diminué, passant de 14,8 à 11,4 %. Michel Cézard et Daniel Rault [2, pp. 56-57] ont montré qu'en 1983 les flux annuels de sortie vers le chômage représentaient 1,1 % de la main-d'œuvre salariée masculine et 1, 5 % de la main-d'œuvre féminine du « tertiaire à statut » (administrations et télécommunications, santé, institutions financières, enseignement, autres services non marchands), alors que dans le « tertiaire mobile » les taux correspondant étaient de 6,0 et 7, 5 %.

LE DOUBLE SENS DE LA MONTÉE DU TRAVAIL À TEMPS PARTIEL

En mars 1988, sur les 2,6 millions d'actifs travaillant à temps partiel, 2,2 millions sont des femmes, et parmi ces femmes 1,2 million sont des employées. 5,5 % des employés de sexe masculin et 27,3 % des employées travaillent à temps partiel. Près de la moitié du total des actifs à temps partiel (49 %) sont des employés, soit une part double de celle que les employés occupent parmi les actifs à temps plein (24 %).

En mars 1982, le nombre des actifs à temps partiel était de deux millions, et la part des employés dans ce total était un peu plus faible qu'en 1988 (46 %). La proportion des employés à temps partiel est passée de 16,4 % en 1982 à 21,9 % (*figure* 4.6).

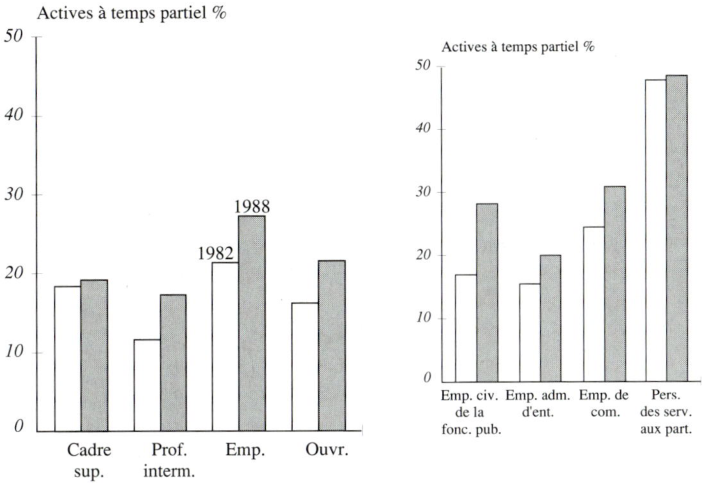

4.6 Les employées sont de plus en plus nombreuses à travailler à temps partiel

Actives à temps partiel selon la catégorie socioprofessionnelle, 1982-1988.

Source : Enquêtes Emploi.

Cette progression résulte pour une part du développement de formes d'emploi précaire, notamment chez les jeunes - ces salariés, le plus souvent, préféreraient travailler à temps plein ; pour une autre part, elle correspond à la montée (visible en particulier dans la fonction publique) d'une demande de travail à temps partiel qui émane surtout de jeunes mères de famille.

En 1988, parmi les employées âgées de 25 à 49 ans qui vivent en couple, la proportion de celles qui travaillent à temps partiel augmente régulièrement en fonction du nombre d'enfants (de 20 % chez les sans enfant à 48 % chez celles qui ont trois enfants ou plus ; voir la *figure* 4.7).

C'est parmi les personnels des services directs aux particuliers que la part des salariés à temps partiel est la plus élevée, elle s'est stabilisée à environ 40 % depuis 1982 ; le travail non déclaré étant fréquent dans cette catégorie, et concernant davantage les personnes à temps partiel, le taux effectif est probablement supérieur. La part des travailleurs à temps partiel progresse rapidement parmi les employés administratifs d'entreprise (de 10,5 à 15 % de 1982 à 1988) et surtout chez les employés civils de la fonction publique (de 11,6 à 21,7 %).

La proportion des personnels de service à temps partiel est forte y compris chez les femmes sans enfant : en 1988, 47,6 % des personnels de service vivant en couple, sans enfant, et âgées de 25 à 49 ans sont à temps partiel. Le pourcentage correspondant n'est que de 15,6 % parmi les employées civiles de la fonction publique, qui ont pourtant la possibilité juridique, sinon financière, de travailler à temps partiel si elles le désirent. Il y a probablement là l'indice de la fréquence, parmi les personnels de service, de situations dans lesquelles le travail à temps partiel ne répond pas aux désirs des femmes : il est plutôt synonyme de chômage

4.7 Fréquence du temps partiel chez les employées, selon le nombre d'enfants à charge et la catégorie socio-professionnelle, en 1988

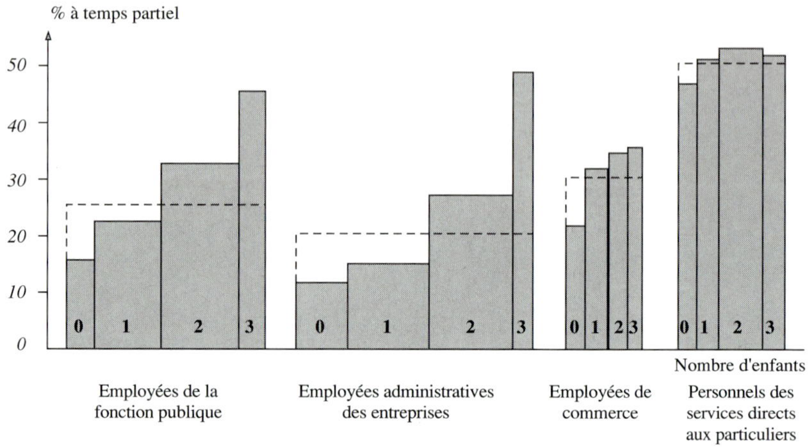

Source : Enquêtes Emploi.

Champ : Employées âgées de 25 à 49 ans, vivant en couple et ayant un emploi. Le nombre d'enfants est celui des enfants de moins de 18 ans vivant dans le ménage. Les largeurs des colonnes sont proportionnelles aux effectifs correspondants.

partiel. Dans cette catégorie - et, à un degré moindre, chez les employées de commerce - la fréquence du temps partiel ne dépend guère de la situation familiale des femmes, alors que cette dépendance est forte chez les employées de la fonction publique et chez les employées administratives des entreprises (voir en *encadré* 4.2 un aperçu d'une étude de cas sur le caractère contraint du travail à temps partiel parmi les employées de commerce).

Selon une enquête interrégionale réalisée en 1983 (A. Lehmann, 1985) dans des établissements de 10 salariés et plus des secteurs industriel, commercial et des services privés, un tiers des salariés à temps partiel sont affectés à ce type d'horaire à leur demande et deux tiers à l'initiative de leur employeur ; c'est dans le commerce que l'affectation à temps partiel se fait le plus souvent à l'initiative de l'employeur (dans 76 % des cas). Ce sont les salariés jeunes ou âgés qui ont le plus rarement le choix entre travail à temps partiel et travail à temps plein. Parmi les employés, l'affectation à temps partiel à la demande du salarié est beaucoup plus fréquente chez les qualifiés (48 %) que chez les non qualifiés (15,5 %).

Les professions au sein desquelles la proportion de salariés à temps partiel est élevée figurent parmi les moins qualifiées des professions d'employés. Parmi les hommes, selon l'enquête Emploi de 1987, ce sont les serveurs (13 %) et les agents de service hospitalier (10 %) qui sont le plus souvent à temps partiel. Chez les femmes on trouve, après les femmes de ménage (71 % de temps partiel), les assistantes maternelles (45,5 %), les agents de service de la fonction publique (43,5 %) et de l'enseignement (35 %), les employées de libre-service (31 %) et les vendeuses en alimentation (30 %).

Entre 1982 et 1988, le taux annuel moyen de croissance de l'effectif des employés à temps partiel est de 6 %. Il est intrinsèquement élevé, mais nettement plus faible que celui des professions intermédiaires (+9,3 %) et en particulier des professions intermédiaires administratives de la fonction publique (+12,2 %). Des femmes qualifiées, titulaires de la fonction publique, sont de plus en plus nombreuses à accéder, à leur demande, à un horaire de travail allégé - le plus souvent pour passer plus de temps auprès de leurs enfants.

Les promotions sont rares pour les actives à temps partiel

Pourtant ce type de choix a pour contrepartie de moindres possibilités de carrière. L'enquête Formation-Qualification professionnelle de 1985 permet d'évaluer, en termes de possibilités d'accès à des emplois qualifiés à partir d'un niveau de formation donné, le handicap que représente le travail à temps partiel.

On sait, depuis une étude de François de Singly parue en 1982 et réalisée sur la base de l'enquête FQP de 1970 [6], qu'à diplôme égal les femmes ont plus de chances d'accéder à des emplois qualifiés si elles sont célibataires, alors que les hommes mariés bénéficient d'une situation plus favorable que les hommes célibataires. En 1985, cette dissymétrie du rôle du mariage selon le sexe s'observe encore (voir ci-après le tableau 8.2). Il ne semble pas que la différenciation des rôles masculin et féminin se soit atténuée des années soixante-dix aux années quatre-vingt. Parmi les femmes mariées d'un niveau de formation donné, celles qui travaillent à temps partiel n'occupent pas les mêmes emplois que celles qui sont à temps plein (*tableau* 4.1). Les possibilités d'accès à des positions de cadre ou de membre des professions intermédiaires sont nettement plus élevées pour les femmes travaillant à temps plein. Ainsi, parmi les titulaires d'un CAP ou d'un BEP, 20,5 % des actives à temps plein sont cadres ou professions intermédiaires,

4.1 Appartenance socioprofessionnelle des femmes mariées, selon leur diplôme et selon qu'elles travaillent à temps plein ou à temps partiel

Groupe socioprofessionnel	Aucun diplôme		CEP		CAP		BEPC	
	T. plein	T.partiel	T. plein	T.partiel	T. plein	T.partiel	T. plein	T.partiel
1,2. Agric., patronne	20,2	20,6	25,5	24,2	21,5	24,7	11,4	29,6
3. Cadre supérieur	0,2	0,4	1,3	1,5	3,7	0,8	4,3	2,8
4. Prof. interméd.	1,8	0,7	10,0	5,7	16,8	9,4	29,7	24,5
5. Employée	**39,6**	**60,1**	**44,4**	**53,6**	**51,6**	**61,0**	**52,0**	**42,0**
6. Ouvrière	38,2	18,3	18,8	15,1	6,3	4,1	2,6	1,1
TOTAL	100,0	100,0	100,0	100,0	100,0	100,0	100,0	100,0

Groupe socioprofessionnel	Baccalauréat		Bac. plus 2		Licence et plus	
	T. plein	T.partiel	T. plein	T.partiel	T. plein	T.partiel
1,2. Agric., patronne	5,8	10,5	5,3	7,3	0,0	0,9
3. Cadre supérieur	9,5	7,8	14,6	10,1	75,4	71,8
4. Prof. interméd.	71,8	57,5	77,7	76,2	23,2	26,5
5. Employée	**12,2**	**24,1**	**2,5**	**4,6**	**0,7**	**0,9**
6. Ouvrière	0,7	0,0	0,0	1,8	0,7	0
TOTAL	100,0	100,0	100,0	100,0	100,0	100,0

Source : enquête FQP 1985. Champ : actives occupées âgées de 35 à 52 ans.

51,6 % employées et 6,3 % ouvrières (deux cadres pour une employée), alors que 10,4 % seulement des actives à temps partiel sont cadres, 61,0 % employées et 4,1 % ouvrières (un cadre pour six employées). Temps partiel est donc synonyme de moindres possibilités d'accès à des niveaux élevés de responsabilité ou de qualification. Mais les effets de l'offre d'emploi se font aussi sentir et ne jouent pas toujours dans le sens d'un avantage manifeste au profit des actives à temps plein : les emplois d'ouvrière (auxquels correspondent des salaires plus faibles qu'à ceux d'employée) sont plus fréquemment occupés par les actives à temps plein (le travail à temps partiel est peu pratiqué dans l'industrie).

4.2 TEMPS PARTIEL ET MOBILITÉ DE L'EMPLOI DANS UN HYPERMARCHÉ

Une étude de cas réalisée par Margaret Maruani et Chantal Nicole [3] auprès d'un hypermarché apporte sur la signification du travail à temps partiel chez les caissières un éclairage qu'il serait difficile de produire au travers d'enquêtes statistiques extensives.

« Un chef de service, secondé par deux adjointes, et une caisse centrale composée de 3 personnes supervisent les 44 caisses où se relayent 100 caissier(e)s » (p. 90), parmi lesquels 82 travaillent à temps partiel. Titulaires de contrats à durée indéterminée, les caissiers et caissières connaissent un turnover de 55 % par an, qui affecte surtout les temps partiels. Le chef de service déclare à l'enquêtrice : « Il y a une catégorie de temps complet qui ont donc une stabilité d'emploi et un certain salaire stable. Et puis il y a les temps partiel qui ne désirent qu'une chose, c'est trouver un emploi stable plus rémunérateur, autrement dit une quantité d'heures supérieure - chose que je ne peux pas leur offrir. Donc à terme, si vous voulez, elles s'en vont. C'est un temps d'attente, c'est une position d'attente qu'elles ont. » (p. 92). L'accès au travail à temps plein prend le sens d'une promotion, même s'il n'entraîne aucune augmentation du taux horaire de rémunération.

La mobilité de la grande majorité des salariés est recherchée par la firme. Pour le chef du secteur « Bazar », « On a ce qu'on appelle ici le club des 12. Le club des 12, c'est le club des 12 %. Tremplin [pseudonyme de l'hypermarché dans l'étude citée] donne 3, 6, 9, 12 % de prime en fonction de l'ancienneté. Trois ans c'est 3 % ; 6 ans c'est 6 % ; 9 ans c'est 9 % et ça s'arrête à 12. Alors vous avez une quantité de gens comme ça à 12 %. Donc ces gens-là, ils ne sont pas motivés, ils font leur boulot, OK. Mais ces gens-là qui sont depuis 12 ans dans le magasin, on ne peut pas leur demander plus. Ils ont leurs habitudes, leurs enfants, leurs machins, leurs horaires et tout, leur mercredi, leur samedi... Bref, ces gens-là ils sont néfastes à la société, à l'évolution du magasin. Comment s'en débarrasser ? Il faut les suivre régulièrement et puis au moindre problème, au moindre écart, s'en débarrasser, ce qui n'est pas évident » (p. 101).

LES SALAIRES DES EMPLOYÉS : UNE TENDANCE AU RAPPROCHEMENT AVEC LES OUVRIERS

Comme par leurs taux de chômage, les employés, par leurs niveaux de salaire, ressemblent beaucoup plus aux ouvriers qu'aux membres des professions intermédiaires. En 1988, leur salaire net médian est de 5613 F par mois, soit 6,4 % de plus que celui des ouvriers, mais 28,8 % de moins que celui des membres des professions intermédiaires. La dispersion des salaires des employés travaillant à temps complet est un peu plus forte que celle des ouvriers.

Là encore comme pour les taux de chômage, cette proximité entre employés et ouvriers est moins nette si l'on considère séparément les hommes et les femmes : le groupe socioprofessionnel des employés est plus féminisé que celui des ouvriers et les salaires des femmes sont inférieurs à ceux des hommes. Toujours en 1988, le salaire médian des employés de sexe masculin est de 15 % supérieur à celui des ouvriers, celui des employées de 21 % supérieur à celui des ouvrières.

Comment les niveaux de salaire relatifs des employés et des ouvriers ont-ils évolué dans le temps ? Les sources qui permettent de répondre à une telle question en couvrant une longue période sont les déclarations annuelles de salaires (auparavant « états 1024 », puis « états 2460 ») que remplissent les employeurs. Elles ne concernent que les salariés des secteurs privé et semi-public - la comparaison public-privé sera effectuée plus loin.

Au début des années cinquante, le salaire moyen des employés (au sens de l'ancien code des catégories socioprofessionnelles) était supérieur de 20 % environ à celui des ouvriers. L'écart n'était plus que de 3 % en 1982 (*figure* 4.8).

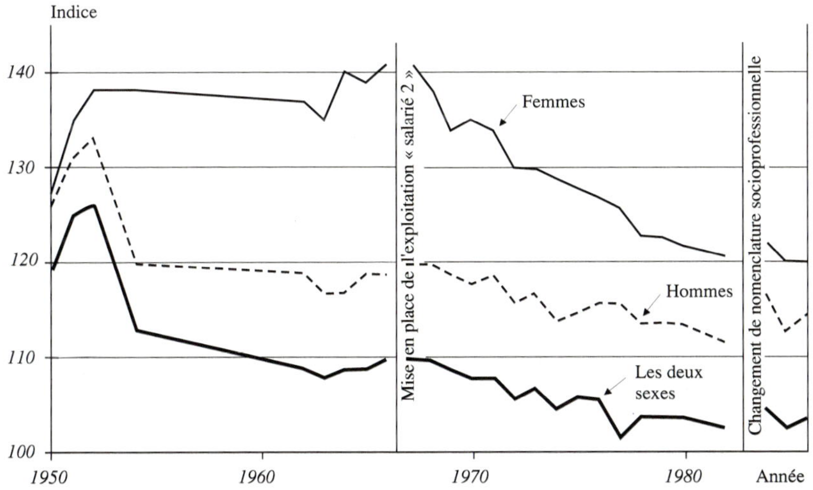

4.8 Rapport des salaires des employés à ceux des ouvriers

La condition des employés et celle des ouvriers se sont donc sensiblement rapprochées l'une de l'autre. L'écart est demeuré plus fort chez les femmes que chez les hommes, mais il a diminué plus vite chez les femmes : au milieu des années soixante, les salaires moyens des employées travaillant à temps complet étaient supérieurs de 40 % environ à ceux des ouvrières, en 1982 l'avantage des employées sur les ouvrières n'est plus que de 21 %. Il y a probablement là un effet du relèvement du salaire minimum légal, qui a concerné massivement les ouvrières. Chez les hommes l'avantage des employés passe de 30 % environ au début des années cinquante à 12 % en 1982 (la remontée qui s'observe en 1984 tient au changement de nomenclature socioprofessionnelle : les contremaîtres, dont les salaires sont relativement élevés, ne sont plus pris en compte parmi les ouvriers).

La supériorité des salaires masculins (que ce soit parmi les employés, les ouvriers ou d'autres groupes socioprofessionnels) diminue lentement. En 1967, les salaires moyens des employés de sexe masculin travaillant à temps complet étaient de 31 % supérieurs à ceux des employées ; en 1982, l'écart est de 23 % (*figure* 4.9). A ce rythme, l'égalité serait acquise vers l'an 2030. Mais il est improbable qu'elle le soit : l'écart tient surtout au fait que les employés occupent des emplois plus qualifiés que les employées. En 1986, selon l'enquête sur la structure des salaires qui concerne les établissements de 10 salariés ou plus du secteur privé et semi-public), les salaires masculins sont supérieurs de 9 % aux salaires féminins parmi les employés très qualifiés, de 8 % parmi les employés qualifiés, et de 7 % parmi les employés non qualifiés [5, p. 2], ils sont nettement plus faibles, à un niveau de qualification donné, qu'à l'échelon du groupe socioprofessionnel des employés. Les écarts par profession apparaissent au *tableau* 4.2 ; à cet échelon,

4.9 Rapport des salaires des employés à ceux des ouvriers

Source : Etats 2460, puis Déclaration Annuelles de salaires.
Salaires nets mensuels moyens des employés et des ouvriers travaillant à temps complet.
Références : [1] et série « Archives et documents ».

4.2 Salaires des employés des secteurs privé et semi-public en 1986, selon le sexe et la profession

Hommes		Femmes		Indice
Profession	Salaire	Profession	Salaire	H/F
5425. Employé qualifié services du personnel	9 708	5432. Guichetière de banque	8 733	105
5432. Guichetier de banque	9 191	5425. Employée qualifiée services du personnel	8 450	115
5433. Employé des services techniques banque	8 991	5433. Employée des services techniques banque	8 433	107
5416. Saisie informatique	8 808	5434. Employée des services techniques assurance	8 133	99
5422. Employé qualifié des services comptables	8 800	5411. Secrétaire	8 058	100
5417. Standardiste	8 608	5422. Employée qualifiée des services comptables	7 866	112
5426. Employé qualifié des autres services	8 575	5416. Saisie informatique	7 858	112
5415. Saisie informatique	8 400	5444. Hôtesse d'accueil	7 825	105
5414. Opérateur traitement de texte	8 358	5426. Employée qualifiée des autres services	7 633	112
5443. Agent administratif transports	8 333	5428. Dessinatrice d'exécution	7 466	107
5444. « Hôte » « d'accueil »	8 208	5414. Opératrice traitement de texte	7 333	114
5434. Employé des services techniques assurance	8 083	5415. Saisie informatique	7 233	116
5411. Secrétaire	8 058	5516. Vendeuse en articles de luxe	7 200	101
5511. Vendeur en gros, biens d'équipement	7 975	5511. Vendeuse en gros, biens d'équipement	7 166	111
5413. Dactylo, sténodactylo	7 958	5413. Dactylo, sténodactylo	7 133	112
5428. Dessinateur d'exécution	7 958	5443. Agent administratif transports	7 000	119
5513. Vendeur en ameublement	7 775	5417. Standardiste	6 975	123
5423. Employé non qual. des serv. comptables	7 758	5423. Employée non qual. des serv. comptables	6 783	114
5427. Employé administratif non qualifié	7 758	5513. Vendeuse en ameublement	6 675	116
5517. Vendeur en photo, disque, librairie	7 341	5427. Employée administrative non qualifiée	6 625	117
5512. Vendeur en alimentation	7 291	5517. Vendeuse en photo, disque, librairie	6 208	118
5516. Vendeur en articles de luxe	7 275	5515. Vendeuse en quincaillerie	5 983	111
5519. Caissier de magasin	6 991	5519. Caissière de magasin	5 758	121
5514. Vendeur en habillement	6 708	5514. Vendeuse en habillement	5 658	119
5515. Vendeur en quincaillerie	6 666	5512. Vendeuse en alimentation	5 541	132
5518. Employé de libre service	5 875	5518. Employée de libre service	5 416	108

Source : enquête sur la structure des salaires.
Champ : salariés des établissements de 10 salariés ou plus.
Référence : G. Rotbart, 1988.
Salaires offerts bruts en Francs par mois

les salaires masculins des employés sont en moyenne supérieurs de 12 % à ceux des femmes. Les inégalités de salaires, même au sein d'un groupe socio-professionnel donné, tiennent en grande partie au fait qu'hommes et femmes n'occupent pas les mêmes emplois, et les distributions des hommes et des femmes par profession ou par niveau de qualification ne se rapprochent que très lentement l'une de l'autre.

Des écarts entre hommes et femmes plus faibles dans la fonction publique

Par comparaison aux secteurs privé et semi-public, la fonction publique se caractérise par une moindre dispersion intercatégorielle des salaires (les salaires des employés et des ouvriers sont presque égaux), et par des écarts selon le sexe moindres également ([4] et *figure* 4.10).

4.10 Salaires des employés du public et du privé, par sexe (1981)

Source : DAS et recensement des agents de l'Etat.

Champ : Salariés à temps plein. « Employés » au sens de l'ancienne nomenclature.

Référence : [4]

Les effets de l'ancienneté sont plus forts chez les employés que chez les ouvriers

Le rapport entre salaire et ancienneté paraît plus étroit chez les employés que chez les ouvriers : en 1988, les salaires médians des employés qui ont au moins dix ans d'ancienneté sont de 28 % plus élevés que ceux des employés ayant moins d'un an d'ancienneté, alors que chez les ouvriers l'écart correspondant n'est que de 20 %. Chez les employés comme chez les ouvriers, le lien salaire-ancienneté est nettement plus fort chez les hommes que chez les femmes (*figure* 4.11).

Ce lien est observé ici de manière instantanée, et seul un suivi longitudinal permettrait d'affirmer que l'ancienneté détermine une plus forte progression salariale chez les hommes que chez les femmes. Mais il paraît certain que ce n'est donc pas seulement la discontinuité des vies professionnelles féminines qui est à l'origine des différences de salaires entre hommes et femmes : à tous les niveaux d'ancienneté, les hommes d'un groupe socioprofessionnel donné gagnent plus que leurs homologues du sexe féminin.

De forts écarts de salaires d'une catégorie socioprofessionnelle à une autre et d'une profession à une autre

D'une catégorie socioprofessionnelle détaillée à l'autre, les salaires médians des employés varient assez fortement (*figure* 4.12). Ce sont les policiers et militaires - catégorie la plus masculine, et aussi la moins typique des employés - qui sont les mieux rémunérés. Viennent ensuite les employés administratifs des entreprises, puis les employés civils et agents de service de la fonction publique.

4.11 Salaire des employés et des ouvriers, selon le sexe et l'ancienneté

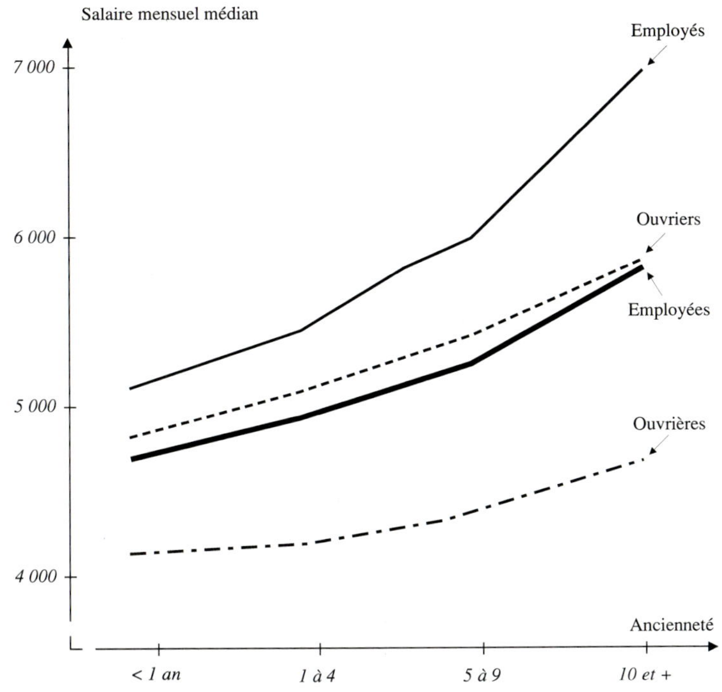

Source : Enquête Emploi 1988.
Champ : Salariés à temps plein.

4.12 Les salaires des employés en 1988

Salaires mensuels net, et dispersion des salaires, par sexe et catégorie socioprofessionnelle

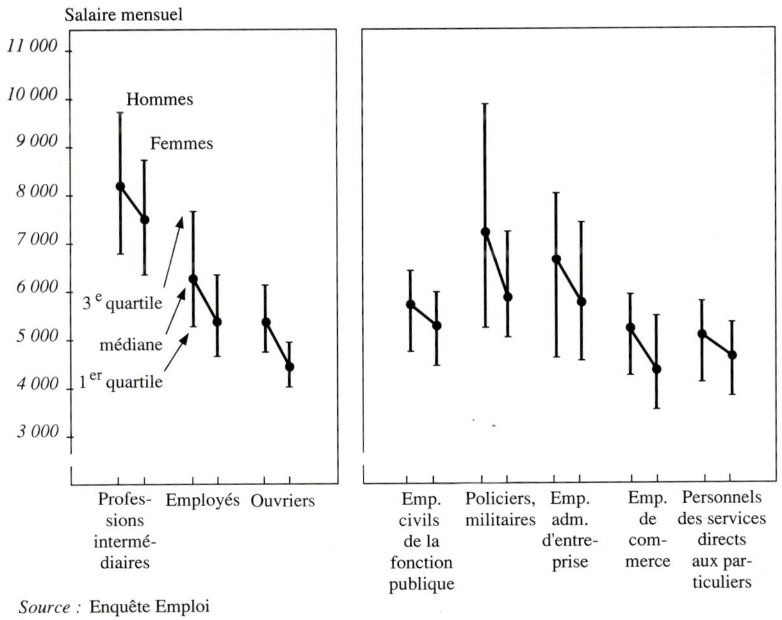

Source : Enquête Emploi

Les employés de commerce et les personnels des services aux particuliers ont les salaires les plus bas, au sein de chacun des deux sexes ils se situent à peu près au même niveau que l'ensemble des ouvriers.

Lorsqu'on descend à l'échelon des professions, on observe des écarts allant de 2,7 à 1 entre les gendarmes (8 531 F par mois en moyenne en 1987) et les assistantes maternelles (3 179 F) (la source utilisée - moyenne des enquêtes Emploi de 1985 à 1987 - ne permet pas de traiter les professions à faible effectif). Parmi les hommes, ce sont les serveurs qui sont les plus mal lotis (mais les salaires réels sont difficiles à cerner pour cette profession). La catégorie socioprofessionnelle des policiers, militaires et assimilés apparaît comme hétérogène : si les agents de police et les gendarmes sont au-dessus de 8 000 F par mois, les agents de sécurité ne gagnent, eux, que 5 780 F en moyenne. Chez les femmes, les salaires moyens sont nettement au-dessous de 4 000 F par mois dans les professions suivantes : vendeuse en alimentation, coiffeuse, assistante maternelle, femme de ménage, concierge. Les plus « riches » sont les employées de la banque (6 821 F par mois en moyenne), puis, assez loin derrière, les agents des impôts, les employées des assurances, les aides-comptables, les secrétaires, les commis, les aides-soignantes, les agents d'exploitation des PTT (de 6 106 à 5 691 F).

L'enquête sur la Structure des Salaires qui porte sur le mois d'octobre 1986 (effectuée auprès des employeurs) permet de situer les niveaux de salaires d'un plus grand nombre de professions, mais seulement dans le champ des établissements de 10 salariés ou plus des secteurs privé et semi-public [5]. Elle fait apparaître, parmi les employés à gains relativement élevés, les employés qualifiés des services du personnel (à peu près au même niveau que les employés de la banque). Chez les hommes comme chez les femmes, les salaires moyens des professions d'employés de commerce se situent presque toujours au-dessous de ceux des professions d'employés administratifs d'entreprise. La hiérarchie des salaires parmi les professions commerciales est assez différente chez les hommes et chez les femmes. Dans les deux cas, ce sont les employés de libre service qui sont les plus mal lotis, les vendeurs en gros et en biens d'équipement qui sont parmi les mieux rémunérés ; les vendeurs en habillement et les caissiers de magasin sont assez mal placés. Mais les vendeurs en alimentation sont nettement mieux rémunérés chez les hommes que chez les femmes, de même que ceux en photo, disque, librairie ; inversement la vente d'articles de luxe donne lieu à des salaires relativement élevés chez les femmes, et seulement moyens chez les hommes.

En conclusion, le monde des employés pris dans sa globalité apparaît comme très proche de celui des ouvriers au regard des risques de chômage et de précarisation encourus, ainsi que sous l'angle des salaires perçus. Toutefois la crise économique qui s'est développée depuis le début des années soixante-dix a frappé plus durement les ouvriers que les employés. Mais la distinction, parmi les employés, de différentes catégories d'âge, de sexe, de secteur d'activité, de profession met en relief la très grande hétérogénéité interne de ce groupe socioprofessionnel en termes d'insertion ou de marginalisation sur les marchés de l'emploi.

RÉFÉRENCES BIBLIOGRAPHIQUES

[1] BAUDELOT Christian, LEBEAUPIN Anne. **L'évolution des salaires depuis 1950**. Paris, Insee, 1979 (« Documents Rectangle »).

[2] CEZARD Michel, RAULT Daniel. « La crise a freiné la mobilité sectorielle ». **Economie et statistique**, n° 1984, janv. 1986.

[3] MARUANI Margaret, NICOLE Chantal. **Au carrefour de la flexibilité**. Conditions d'emploi et politiques de gestion de la main-d'œuvre dans le commerce. AIRESSE-CNAM, Paris, 1988.

[4] MINCZELES Alain, QUARRE Dominique. « Les agents de l'Etat ». **Economie et statistique**, n° 146, juil-août 1982.

[5] ROTBART Gilbert. « Salaire brut annuel par profession en 1986 ». **Note Insee**, n° 1179/442, 1988.

[6] SINGLY François de. « Mariage, dot scolaire et position sociale ». **Economie et statistique**, n° 142, mars 1982.

[7] THELOT Claude. « La croissance du chômage depuis vingt ans : interprétations macroéconomiques ». **Economie et statistique**, n° 183, déc. 1985.

LA FORMATION DES EMPLOYÉS

Alors qu'ils sont très proches des ouvriers par leurs salaires et leur exposition au chômage, les employés se placent, par leur niveau de formation, à peu près à égale distance entre les ouvriers et les cadres moyens.

Aujourd'hui, même dans le cas, peu fréquent, où ils sont issus de filières préparant typiquement à des emplois tertiaires d'exécution, les hommes se retrouvent assez rarement employés : soit ils deviennent ouvriers, soit, cas plus probable, ils accèdent à des emplois tertiaires plus qualifiés. Les femmes au contraire accèdent majoritairement à des professions d'employées quelle que soit leur filière d'origine, les titulaires d'un diplôme supérieur au baccalauréat faisant seules exception.

De génération en génération, le niveau de qualification des emplois accessibles à partir d'un même niveau de formation a connu une dégradation qui s'est accélérée au cours de la dernière décennie. La part des titulaires de CAP et de BEP s'accroît fortement parmi les jeunes employés de commerce et les personnels de service, celle des bacheliers et des diplômés de l'enseignement supérieur parmi les employés administratifs. Toutefois cette dévalorisation des diplômes va de pair avec une exposition de plus en plus grande au chômage des moins titrés. Ainsi le chômage progresse surtout parmi les jeunes employés ayant suivi des études courtes.

QUATRE TYPES DE FORMATIONS PRÉDOMINENT PARMI LES DIFFÉRENTES COMPOSANTES DU GROUPE DES EMPLOYÉS

Les différentes professions d'employés se distribuent dans un espace à quatre pôles : les métiers à dominante de « sans diplômes » (niveau VI de la nomenclature des formations du Plan), les métiers souvent exercés par des titulaires de diplômes techniques ou professionnels du type CAP ou BEP (niveau V), les métiers à forte composante de titulaires du BEPC (niveau VI bis) et les métiers comptant une forte minorité de bacheliers (niveaux IV, III, II, I) *(figure 5.1)*.

Aux employés les moins formés - titulaires du seul certificat d'études, sans diplômes ayant fréquenté au plus le premier cycle de l'enseignement secondaire (niveau VI de la nomenclature du Plan) - s'opposent d'abord les professions les plus titrées (niveaux IV, III, II et I de la nomenclature du Plan : bacheliers ou titulaires d'un diplôme technique de même niveau, formations supérieures). Mais les employés d'un niveau de formation moyen ou élevé se répartissent en quatre catégories les diplômes techniques ou professionnels du niveau V (CAP et BEP) qui prédominent, tantôt ce sont les formations générales (niveau VI bis : dominante de formation secondaire générale).

5.1 L'espace quadripôlaire des formations d'employés

Lecture :

Pour une même spécialité, hommes et femmes sont considérés comme appartenant à des professions distinctes. Le tableau croisant les niveaux de diplôme et 75 professions (54 professions d'employés et 21 professions intermédiaires administratives ou commerciales) dont l'effectif est supérieur à 20 000 au recensement de 1982 a fait l'objet d'une analyse factorielle des correspondances.
Un premier axe (66 % de la variance) oppose les sans diplômes ou titulaires du seul CEP aux titulaires du bac et, avec une contribution moindre, du BEPC.
Un second axe (16 % de la variance) oppose les BEPC à tous les autres, et un troisième (15 % de la variance) les CAP-BEP à tous les autres.
La figure 5.1 est une simplification de la projection sur un plan du tétraèdre dans lequel s'inscrit le nuage des professions positionné par rapport à ces trois axes.

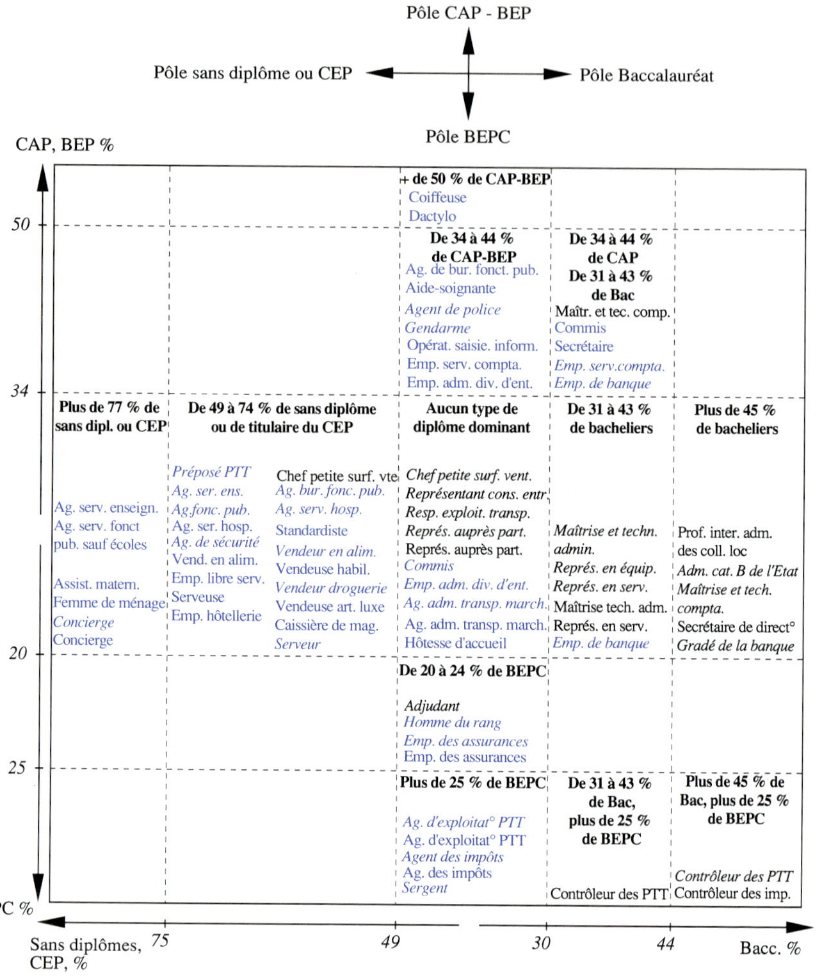

Source : RP 1/20.

Champ : professions d'employés et professions intermédiaires administratives ou commerciales comptant au moins 20 000 personnes (1000 observations).

Les professions masculines figurent en italiques, les professions d'employés en bleu et les intermédiaires en noir.

Le pôle des moins diplômés (trois quarts au moins de sans diplômes ou de titulaires du certificat d'études) est occupé exclusivement par des professions correspondant à des fonctions de type domestique (une partie des agents de service de la fonction publique, les concierges et les femmes de ménage). A un niveau de formation un peu supérieur, on trouve les autres agents de service de la fonction publique, les serveurs et employés de l'hôtellerie, les employés de commerce, les préposés des PTT, les agents de bureau de la fonction publique de sexe masculin, et enfin les chefs de petite surface de vente qui sont, avec leur niveau primaire dominant, la lanterne rouge des professions intermédiaires administratives et commerciales.

Au pôle des CAP et BEP figurent les coiffeuses et les dactylos, puis des employées de bureau peu qualifiées, les aides soignantes (beaucoup d'entre elles sont des agents de service hospitaliers qui ont acquis une formation professionnelle en cours de vie active), et les agents de police et gendarmes (souvent titulaires de CAP industriels sans grand rapport avec leurs fonctions professionnelles).

Le pôle des BEPC regroupe exclusivement des employés de la fonction publique : agents d'exploitation des PTT et agents des impôts des deux sexes (les concours de recrutement externe sur ces emplois ne sont ouverts, en général, qu'aux titulaires du BEPC), sergents. Chez les employés d'assurances des deux sexes, les hommes du rang et les adjudants et majors, la dominante de BEPC est un peu moins marquée.

Au pôle baccalauréat figurent les professions intermédiaires administratives, ainsi que l'élite scolaire des employés de bureau (employés de banque des deux sexes) et des professions intermédiaires commerciales. Les membres des professions intermédiaires administratives détiennent souvent des diplômes supérieurs au baccalauréat. Certaines des professions intermédiaires de la fonction publique (contrôleurs des PTT et des impôts) sont en position médiane entre le pôle du baccalauréat et celui du BEPC. Les employées de bureau qualifiées, les hommes employés des services comptables et les femmes des professions intermédiaires de la comptabilité figurent en position médiane entre le pôle du bac et celui des CAP et BEP.

Enfin certaines professions n'ont pas de diplôme dominant : employés de bureau moyennement qualifiés, professions intermédiaires commerciales.

Hommes et femmes exercent une même profession avec des diplômes différents

Les femmes sont plus titrées que les hommes dans les emplois qualifiés de la fonction publique (commis, agents d'exploitation des PTT et des impôts). En revanche dans les professions les moins qualifiées (agent de service, concierge) on observe un écart inverse, qui est pour l'essentiel un effet d'âge : les femmes qui occupent ces emplois sont souvent plus âgées que leurs homologues masculins, elles appartiennent à des générations moins diplômées.

Les professions d'employées se répartissent schématiquement en deux grands niveaux de formation. Les employées administratives, qu'elles relèvent du secteur public ou du secteur privé, sont les plus titrées. Chez les autres employées (personnels des services directs aux particuliers, agents de service de la fonction publique et employées de commerce) prédominent les « sans diplômes », les titulaires du certificat d'études, de CAP ou de BEP industriels. Les destinées des diplômées des spécialités industrielles du niveau V (repérées à l'enquête FQP de 1985) diffèrent peu de celles des non diplômées ou des titulaires du seul certificat d'études.

Chez les hommes, les employés administratifs d'entreprise se distinguent par leur niveau élevé de formation. Toutes les autres professions ne diffèrent les unes des autres que par des spécificités secondaires : forte proportion de CAP et BEP industriels (25 % en 1985) chez les policiers et militaires, de CAP et BEP du tertiaire non administratif (hôtellerie notamment) chez les personnels des services directs aux particuliers, de BEPC chez les employés administratifs de la fonction publique et chez les policiers et militaires.

Les correspondances entre formations et emplois sont plus étroites pour les femmes que pour les hommes

Les employés de sexe masculin détiennent rarement des diplômes qui les prédestinaient à ce type d'emploi. Inversement, les diplômés de l'enseignement technique ou professionnel dans les spécialités tertiaires sont rarement employés, ils sont plutôt cadres. Ainsi, en 1985, 27 employés de sexe masculin sur 100 sont titulaires d'un diplôme technique ou professionnel du niveau V (CAP ou BEP le plus souvent) ; mais plus des deux tiers de ces CAP ou BEP relèvent des spécialités industrielles. Les titulaires de diplômes du niveau V dans les spécialités administratives (formations aux techniques comptables, notamment) sont en fait plus nombreux à exercer des professions de cadres ou intermédiaires que des professions d'employés (41 et 38 % respectivement). Ceux qui sont issus des autres formations tertiaires (commerciales notamment) sont plus souvent ouvriers qu'employés.

Chez les femmes, les emplois occupés sont en rapport plus direct, dans l'ensemble, avec les formations suivies. Parmi les actives, près des trois quarts des titulaires de CAP ou de BEP de secrétariat ou de comptabilité sont employées.

A une même date, les jeunes occupent des emplois beaucoup moins qualifiés que leurs aînés de même niveau de formation

A diplôme égal, les jeunes générations occupent des emplois moins valorisés que les anciennes. D'une part, la plupart des diplômes ne permettent pas aujourd'hui d'atteindre à un âge donné les mêmes postes qu'autrefois (effet de génération). D'autre part les trajectoires professionnelles en cours de vie active sont plutôt « ascendantes » (effet d'âge). La forte différenciation, en fonction de l'âge, des positions sociales des titulaires d'un même diplôme exprime le cumul de ces deux effets.

En 1985, sur huit femmes actives de moins de 25 ans titulaires de CAP ou de BEP des spécialités du commerce, six sont employées, une est ouvrière, une cadre ou non salariée ; parmi les 45 ans et plus, trois seulement sont employées, aucune n'est ouvrière, sept sont cadres ou non salariées (*figure* 5.2). Les titulaires de CAP ou de BEP de secrétariat ou de comptabilité atteignent moins d'une fois sur dix le niveau des cadres et des professions intermédiaires si elles ont moins de 35 ans, et plus de trois fois sur dix si elles ont 45 ans ou plus. Les jeunes titulaires du BEPC

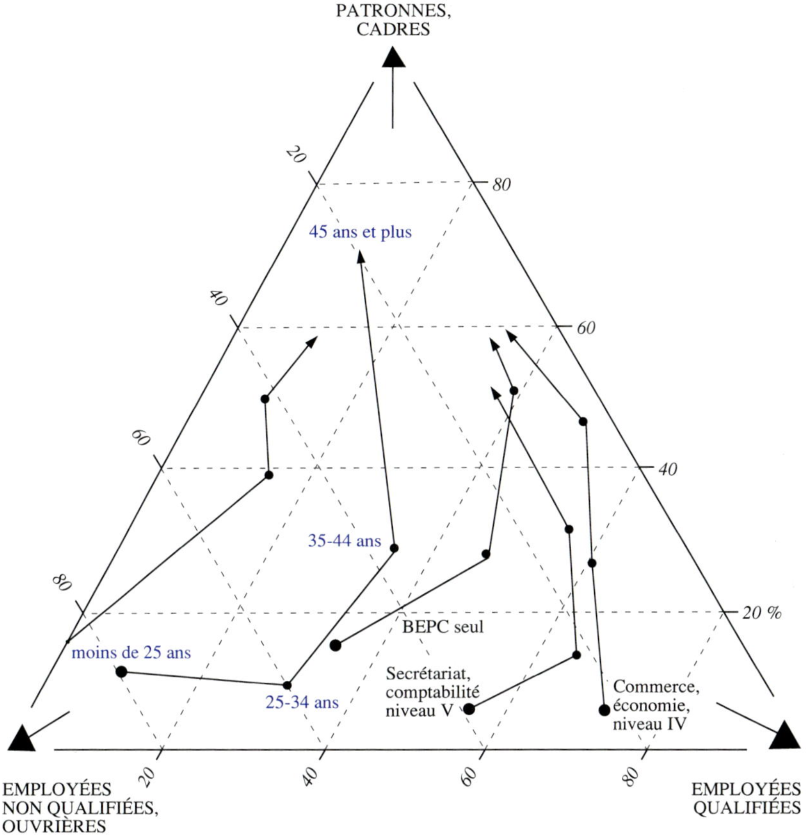

5.2 Situation socio-professionnelle des actives titulaires de 5 types de diplômes de formation initiale, selon leur age (1985)

Lecture :
chaque point représente la répartition en trois grands groupes socioprofessionnels, pour un groupe d'âge, des titulaires d'un diplôme donné. Plus un point est proche d'un sommet du triangle, plus la part du groupe socioprofessionnel correspondant à ce sommet se rapproche de 100 %. Ainsi, parmi les diplômés des spécialités de secrétariat ou de comptabilité du niveau V âgées de moins de 25 ans, 5 % environ sont patronnes, cadres supérieurs ou membres des professions intermédiaires, 55 % sont employées qualifiées et 40 % employées non qualifiées ou ouvrières.

sont plus souvent employées peu qualifiées ou ouvrières que les diplômées de comptabilité ou de secrétariat du niveau V, mais quatre sur dix des plus âgées sont cadres ou membres des professions intermédiaires. Les titulaires d'un CAP de coiffure sont employées trois fois sur quatre si elles ont moins de 25 ans, et deux fois sur cinq seulement si elles ont 45 ans ou plus.

Des écarts entre niveaux de diplômes d'ampleur comparable à ceux qui existent entre les catégories socioprofessionnelles d'employés s'observent, au sein d'une même catégorie, entre différents groupes d'âge. Certains écarts d'âge annulent certaines différences socio-professionnelles. Ainsi, par les caractéristiques de leurs diplômes, les employées de commerce âgées de 25 à 34 ans ressemblent beaucoup aux personnels de service de moins de 25 ans ans, ainsi qu'aux employées administratives d'entreprise de 45 ans et plus ; les agents de service de moins de 25 ans ont des diplômes assez semblables à ceux des employées administratives d'entreprise âgées de 35 à 44 ans. D'une tranche d'âge à une autre, les écarts sont particulièrement forts, dans toutes les catégories socioprofession nelles, entre les 35-44 ans et les 25-34 ans : l'écart, en termes de niveau de formation, entre les employées nées dans les années quarante et celles nées dans les années cinquante est un peu plus marqué que celui qui sépare les générations d'avant-guerre de celles des années quarante.

Les années cinquante et soixante ont été marquées par le développement d'un ensemble de formations techniques débouchant sur des emplois d'employés, ainsi que par l'élévation du niveau de formation générale des employés. Les générations nées pendant la guerre ou immédiatement après se distinguent donc de celles de l'entre-deux-guerres par un niveau moyen de formation nettement plus élevé ; mais à partir d'un même niveau de formation initiale les membres de ces deux groupes de générations ont occupé, au même âge, des emplois de rang social à peu près similaire, même si une légère dévalorisation des diplômes s'est produite.

Dans les années soixante-dix et quatre-vingt, l'élévation du niveau de formation générale s'est accélérée, dans un contexte où les difficultés d'insertion allaient croissant dans presque toutes les filières, mais notamment à l'issue des formations techniques du type CAP ou BEP tertiaires. Les générations qui se sont insérées récemment sur le marché du travail occupent, à partir d'une même formation initiale, des emplois de rang inférieur à ceux auxquels les générations antérieures étaient parvenues au même âge. La dévalorisation des diplômes, appréciée en termes de niveau moyen de qualification des emplois atteints, a pris une ampleur sans précédent.

ANNÉES CINQUANTE ET SOIXANTE : DÉVELOPPEMENT DES FORMATIONS TECHNIQUES TERTIAIRES ET ÉLÉVATION DU NIVEAU DE FORMATION GÉNÉRALE DES EMPLOYÉS

L'exercice d'une profession d'employé de bureau ou de commerce requiert des compétences en matière d'écriture et de calcul qui sont aujourd'hui largement répandues. Il n'en a pas toujours été ainsi. Les illettrés étaient majoritaires parmi les conscrits jusque vers 1835 [4, p. 96]. Jusque vers 1940, plus d'un enfant sur deux n'obtenait pas le certificat d'études primaires [1, p. 48].

Au début des années soixante, les employés de bureau et de commerce formaient encore un groupe assez lettré dans une société majoritairement dépourvue de titres scolaires *(figure* 5.3). un employé sur trois n'avait aucun diplôme d'enseignement général, près d'un sur deux était titulaire du certificat d'études, un sur sept du BEPC. Les actifs agricoles, les ouvriers, les personnels de service se situaient dans leur grande majorité au-dessous du niveau du certificat d'études. Parmi les titulaires du certificat d'études, la proportion d'employés était deux fois plus forte que parmi les sans diplôme.

5.3 Indices de formation générale par catégorie socio-professionnelle, 1962-1975

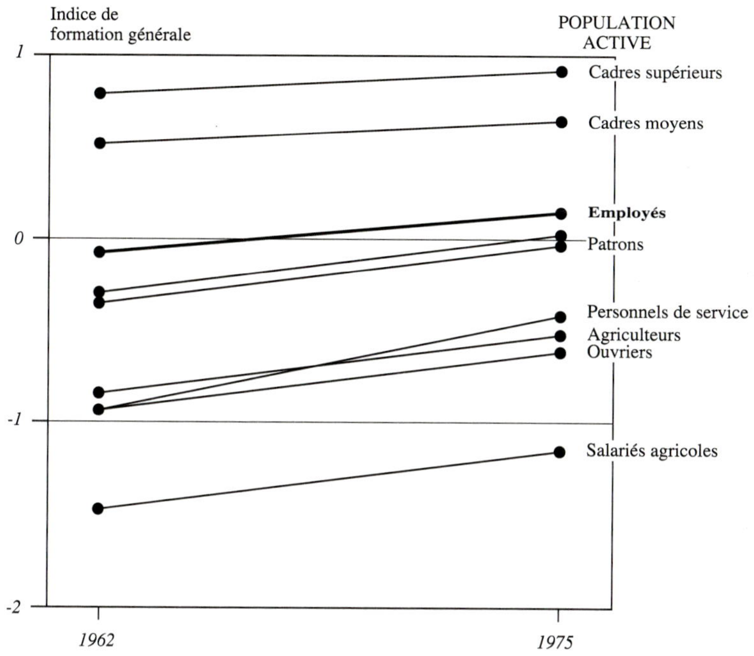

L'indice de formation générale est défini par la formule $\text{Log}(P_{CEP} + 2(P_{CAP} + P_{BEPC}) + 3P_{BAC})$ où P_{CEP} est la proportion de titulaires du certificat d'études primaires, P_{CAP} celle de titulaires du CAP ou du BEP, P_{BEPC} celle des titulaires du BEPC et P_{BAC} celle des titulaires du baccalauréat ou d'un diplôme supérieur.

Treize ans plus tard, en 1975, la supériorité relative des employés, en termes de niveau moyen de formation générale, s'était réduite. Les compétences générales auparavant requises chez les employés s'étaient diffusées dans l'ensemble de la population.

Dans le même temps la proportion parmi les employés des titulaires d'un diplôme d'enseignement général de niveau supérieur au certificat d'études était pourtant passée de 11 à 22 %. La part des titulaires du BEPC ou d'un diplôme supérieur s'élevait notamment chez les jeunes employées (elle atteignait 40 % chez les moins de 35 ans en 1975).

Les perspectives de carrière ouvertes aux titulaires du BEPC des générations nées avant les années soixante sont fortement différenciées selon le sexe : les femmes deviennent fréquemment employées d'administration, notamment dans la fonction publique. Les hommes, à partir du même niveau de formation, sont beaucoup plus nombreux à occuper des emplois de cadre ou de membre des professions intermédiaires. Pour les femmes comme pour les hommes, cette formation générale laisse ouvertes, au cours de la vie active, des possibilités de promotion plus importantes que celles qui se présentent à partir d'une formation technique ou professionnelle (CAP ou BEP) correspondant à une durée de scolarisation initiale à peu près équivalente.

Essor des formations techniques tertiaires conduisant à des emplois d'employés

Le développement de formations techniques et professionnelles préparant à des emplois d'employés est, pour l'essentiel, postérieur à la seconde guerre mondiale. En 1962, 6 % seulement des employés âgés de 45 ans ou plus détenaient un diplôme technique ou professionnel. De 1962 à 1975, la proportion de titulaires de diplômes techniques ou professionnels parmi les employés double presque (elle passe de 18 à 34 % ; source : RP 1/20).

La spécialité du secrétariat, qui correspond à la plus typique et à la plus importante par son effectif des professions d'employé de bureau, a d'abord été enseignée dans le cadre d'organismes privés. Des diplômes nationaux sont créés, en 1946 pour le CAP de secrétariat, en 1949 pour le BP. « L'enseignement technique court public de secrétariat ne sera véritablement mise en place qu'avec la réforme Fouchet de 1962 qui organise des sections préparatoires au CAP en deux ans et des formations de CAP en trois ans après la classe de cinquième. Quant aux classes préparant au BEP destinées à remplacer progressivement les CAP en deux ans, elles datent de 1969 » [2, p. 35)]

La comparaison de deux générations de femmes, nées les unes vers 1930 (formées avant 1950), les autres vers 1945 (ayant terminé leurs études au début des années soixante en moyenne), permet d'évaluer l'ampleur des changements qui ont affecté l'appareil de formation et les rapports entre formations et emplois au cours des années cinquante et soixante. Elle est effectuée ici sur la base des enquêtes FQP, selon la technique des pseudo-panels, qui permet de distinguer, grâce à un suivi longitudinal des mêmes cohortes, effets d'âge et effets de génération (encadré 5.1) ; les effectifs observés dans les enquêtes FQP sont trop faibles pour qu'on puisse effectuer valablement le même suivi chez les hommes dans le champ des professions d'employés).

En 15 ans, de la génération des femmes nées de 1926 à 1935 à la génération de celles nées de 1940 à 1949, la proportion des titulaires d'un diplôme technique ou professionnel du niveau V double presque, celle des niveaux IV et au-delà est multipliée par plus de deux.

Dans la génération de l'entre-deux-guerres, les formations initiales primaires sont très nettement prédominantes. La proportion des titulaires du seul BEPC, telle qu'on peut l'estimer en faisant la moyenne des trois enquêtes FQP de 1970, 1977 et 1985, est de 7 %, celle des titulaires d'un CAP ou d'un diplôme technique ou professionnel équivalent de 11 %, celle des bachelières ou des titulaires d'un diplôme plus élevé de 9 %. Dans la génération des années quarante, les sans diplôme et les titulaires du CEP sont minoritaires (45 %), 10 % des femmes détiennent le BEPC, 21 % un CAP ou un BEP, 24 % ont un diplôme d'un niveau égal ou supérieur au baccalauréat.

Les femmes titulaires d'un BEPC ou formées au secrétariat ou à la comptabilité sont de plus en plus nombreuses à exercer une activité professionnelle

Les femmes, on le sait, sont de plus en plus nombreuses à exercer une activité professionnelle. 55 % des femmes nées dans l'entre-deux-guerres étaient actives en 1970 - elles avaient alors en moyenne quarante ans. Quinze ans plus tard, en 1985, 75 % de celles nées dans les années quarante - à quarante ans également - étaient

5.1 EFFETS D'AGE ET EFFETS DE GÉNÉRATION : UNE APPROCHE PAR OBSERVATION DE PSEUDO-PANELS

La méthode dite des « pseudo-panels », appliquée aux enquêtes FQP, permet d'observer les « carrières » suivies à partir de différentes types de formations en distinguant effets d'âge et effets de génération.

Dans un panel vrai, on réinterroge les mêmes personnes pour observer les changements intervenus dans leur situation. Mais, à l'exception du panel démographique récemment constitué à l'INSEE à partir des derniers recensements de population [5], qui donne peu de détail sur les diplômes, on ne dispose pas, pour le cas de la France, de telles observations. Dans un pseudo-panel, on ne réinterroge pas les mêmes personnes mais on observe successivement des échantillons représentatifs des mêmes groupes de personnes.

Les groupes que nous avons suivis sur une période de quinze années (de l'enquête FQP de 1970 à celle de 1985, avec une observation intermédiaire en 1977) sont définis par leur date de naissance et leur formation initiale. Seules sont retenues les personnes de nationalité française entrées en France avant 1970 (ou ayant toujours résidé en France) : on écarte ainsi les catégories géographiquement les plus mobiles, de manière à ce que le champ pris en compte soit le plus constant possible.

La nomenclature de formation retenue privilégie les diplômes les plus représentés parmi les employés : au niveau CAP et BEP, les spécialités du traitement de l'information (secrétariat et comptabilité principalement) sont distinguées des autres filières. Elle doit comporter un petit nombre de postes de manière à ce que les effectifs observés ne soient pas soumis à de trop fortes variations aléatoires ; ces exigences de représentativité conduisent à ne traiter ici que des femmes : chez les hommes, à tous les niveaux de diplôme la probabilité de devenir employé est trop faible pour que la technique des pseudo-panels donne de bons résultats.

L'espacement de quinze années entre les deux générations étudiées correspond à l'intervalle entre l'enquête FQP de 1970 et celle de 1985 : ainsi les enquêtées nées de 1940 à 1949 ont en 1985 l'âge qu'avaient en 1970 celles nées de 1926 à 1935.

Le diplôme initial constitue-t-il un bon « identifiant » ? Si la mémoire des individus était parfaitement fidèle et leurs déclarations parfaitement sincères, si les pratiques de codage étaient parfaitement stables et les échantillons parfaitement représentatifs, la répartition par niveau de diplôme des membres d'une même génération serait identique en 1970, en 1977 et en 1985. Claude Thélot avait montré, en appliquant la méthode des pseudo-panels à partir d'un autre identifiant, l'origine sociale, qu'« à mesure qu'ils vieillissent, les hommes ne déclarent pas toujours la même origine sociale : selon leurs dires, ils seraient à 40 ans moins souvent issus de la paysannerie et de la classe ouvrière qu'à 20 ans, et plus souvent fils de cadres ou de techniciens » [6, p. 3]. Les déclarations des femmes des deux générations à propos du diplôme atteint au terme de leur formation initiale ne sont pas très stables de 1970 à 1985 : dans une génération comme dans l'autre, la part des CAP et BEP tertiaires s'accroît sensiblement ; dans la génération de l'entre-deux-guerres la part des formations supérieures diminue de 1970 à 1977, dans la génération des années quarante la proportion de femmes déclarant avoir au plus le certificat d'études diminue de 1970 à 1985. A l'exception d'une surprenante progression de la part des formations supérieures de 1970 à 1977 dans la génération la plus ancienne, ces mouvements s'inscrivent dans un tableau d'ensemble assez cohérent, conforme dans ses grandes lignes aux observations effectuées par Olivier Sautory [5] sur la base du panel démographique pour la période 1975-1982 : la répartition par grands niveaux de diplômes est assez stable, à ceci près qu'une petite proportion des personnes qui déclaraient avoir au plus le certificat d'études se découvrent, au fil du temps, des diplômes du niveau CAP-BEP ; les fluctuations relatives sont assez fortes pour les diplômes techniques ou professionnels.

actives (voir le *tableau* 5.1) en annexe de ce chapitre. Cet effet de génération concerne tous les niveaux de diplôme, mais il est particulièrement marqué chez les titulaires de BEPC et de CAP ou BEP de secrétariat ou de comptabilité. En revanche l'activité est restée à peu près stable chez les femmes titulaires au plus du certificat d'études et chez celles qui ont un CAP ou un BEP de coiffure, d'enseignement ménager ou d'une spécialité commerciale.

Parmi les femmes qui ont obtenu un diplôme initial du niveau V (CAP ou BEP), celles qui se sont orientées ou ont été orientées vers les spécialités de l'administration et du traitement de l'information (secrétariat, comptabilité ...) sont beaucoup plus souvent actives - surtout dans les jeunes générations - que celles qui ont acquis une formation industrielle ou une formation tertiaire autre qu'administrative. Ces dernières se rapprochent, par leurs comportements d'activité, des femmes qui ont au plus le certificat d'études, tandis que leurs homologues issues des spécialités de type administratif sont aussi souvent actives que les femmes qui ont suivi une formation plus longue. L'évolution du marché de l'emploi, avec le développement des fonctions administratives, le recul de l'industrie et la stagnation du commerce et des services personnels, a favorisé l'entrée et le maintien en activité des titulaires de diplômes techniques de secrétariat et de comptabilité. Mais on peut aussi supposer que l'orientation, au cours des études initiales, vers une spécialité de type administratif était l'expression précoce d'un projet d'activité professionnelle plus affirmé que celui des jeunes filles qui se tournaient vers la coiffure, l'hôtellerie ou d'autres spécialités tertiaires peu démarquées des fonctions domestiques féminines traditionnelles.

Les effets d'âge (l'augmentation des taux d'activité des femmes au sein d'une même génération à mesure de son vieillissement) sont moins marqués que les effets de génération (l'augmentation des taux d'activité de génération en génération à un âge donné) . De 1970 à 1985, la part des actives parmi les femmes nées dans l'entre-deux-guerres est globalement stable. Parmi les femmes nées dans les années quarante, l'activité progresse à tous les niveaux de diplôme, globalement elle passe de 63 à 75 %. Cette progression de 12 points est nettement plus faible que l'écart de 20 points qui sépare les deux générations à l'âge de 35-44 ans (*figure* 5.4).

Vers quarante ans, les femmes nées vers 1945 sont plus souvent employées que celles nées vers 1930, mais la part des cadres n'a pas diminué

D'une génération à l'autre, la part des salariées, et en particulier des employées, dans l'ensemble des actives a augmenté.

Près de deux sur cinq des femmes qui sont nées vers 1930 et qui sont actives en 1970 sont des non salariées, alors qu'une sur sept seulement de celles qui sont nées vers 1945 sont non salariées en 1985.

Les femmes non diplômées ou très peu diplômées nées dans l'entre-deux-guerres devenaient souvent agricultrices ou commerçantes, celles qui sont nées pendant ou après la dernière guerre se dirigent plus souvent vers des emplois salariés peu

5.4 Situations socio-professionnelles en 1970, 1977 et 1985 des femmes nées vers 1930 et vers 1945, selon trois types de formation initiale

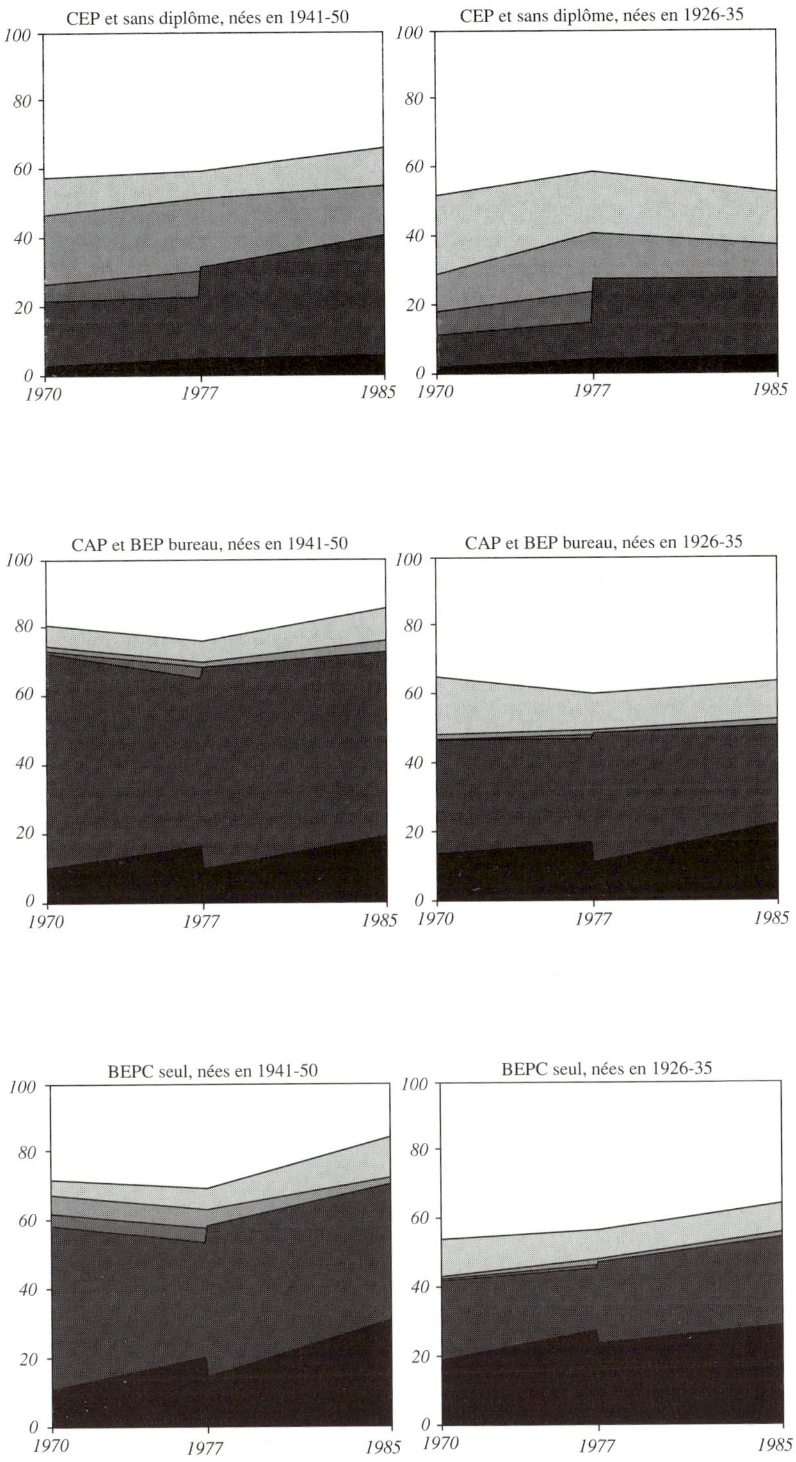

qualifiés. Le destin d'employée est devenu plus fréquent, la probabilité de devenir cadre moyen ou supérieur à partir d'un diplôme donné est restée stable.

En 1970, une sur cinq des actives nées vers 1930 était employée, une sur dix personnel de service. En 1985, 44 % des actives nées vers 1945 sont employées au sens de la nouvelle nomenclature. Les probabilités d'accès à des emplois salariés de niveau moyen ou supérieur passent de 34 % (pour la génération de l'entre-deux-guerres observée en 1970) à 36 % (pour la génération des années quarante observée en 1985) chez les titulaires du seul BEPC âgées de quarante ans environ, de 20 à 21 % chez les titulaires de CAP ou de BEP administratifs, de 71 à 63 % chez les bachelières.

On peut construire un indicateur de qualité des emplois salariés atteints à partir d'un niveau de diplôme donné en rapportant l'effectif des cadres au total des employées, des ouvrières et des personnels de service (*figure* 5.5). La comparaison de la qualité des emplois obtenus vers quarante ans par la génération d'avant guerre et par celle des années quarante montre que les diplômes du niveau baccalauréat et plus sont ceux qui se sont le plus « dévalorisés ». Ils ne garantissent plus l'accès aux professions de cadres moyens ou supérieurs. Le « rendement » du BEPC, en revanche, s'est presque intégralement maintenu. Les titulaires de diplômes de secrétariat ou de comptabilité du niveau V ont subi une légère déqua-

5.5 Qualification des emplois salariés atteints par les femmes de 40 ans environ, selon leur formation initiale, en 1970 et en 1985

L'indice de valeur du diplôme qui figure en ordonnées est le logarithme du rapport, multiplié par 100, des emplois de cadres aux emplois d'ouvrières et d'employées. Il est observé en 1970 pour la génération G1 (femmes nées de 1926 à 1935) et en 1985 pour G2 (nées en 1941-1950). Il augmente chez les non diplômées et les titulaires du certificat d'études, demeure pratiquement stable chez les titulaires du BEPC et diminue aux autres niveaux.

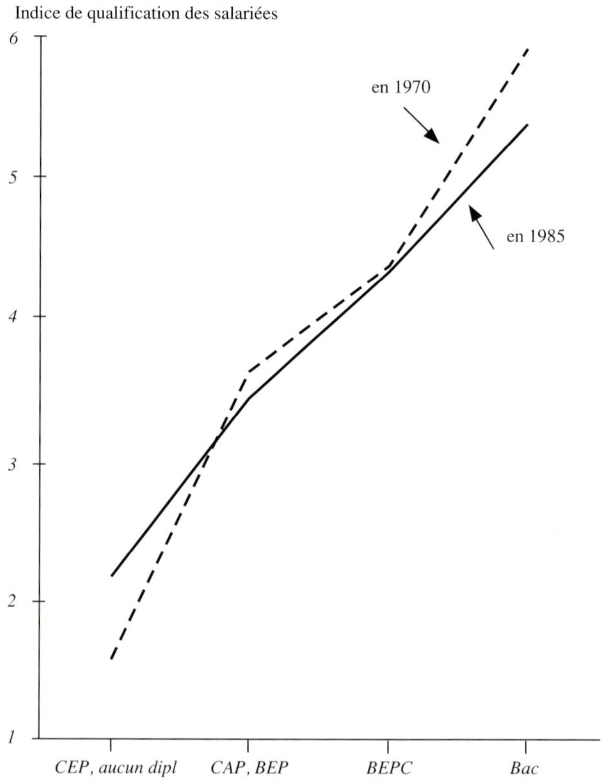

lification - que l'on peut mettre en rapport avec l'évolution de leurs origines sociales : d'une génération à l'autre, elles sont de plus en plus souvent d'origine ouvrière (*figure* 5.6).

Cela dit, tous diplômes confondus, les femmes nées vers 1945 accèdent, vers quarante ans, à des emplois nettement plus qualifiés que ceux auxquels parvenaient au même âge celles qui étaient nées vers 1930. L'impact de l'élévation du niveau moyen de formation sur le niveau des emplois atteints n'a été que très partiellement amoindri par les phénomènes de dévalorisation qui ont affecté tel ou tel diplôme.

Les titulaires du BEPC ont de meilleures perspectives de promotion que les femmes qui détiennent un CAP administratif

Le suivi longitudinal, au travers des enquêtes FQP de 1970, 1977 et 1985, des générations féminines nées vers 1930 et vers 1945 fait apparaître qu'une formation initiale aboutissant à un diplôme d'enseignement général ouvre de meilleures possibilités de promotion en cours de vie active qu'une formation technique ou professionnelle d'une durée à peu près équivalente.

Ainsi dans la génération des années quarante, en 1970, la proportion de cadres moyens ou supérieurs parmi les actives titulaires du BEPC est à peine supérieure à la proportion correspondante parmi les titulaires d'un CAP ou d'un BEP administratifs (14,8 contre 12,2 %). En 1985 l'écart s'est creusé entre ces deux types de diplôme (35,8 % de cadres supérieurs et de membres des professions intermé-

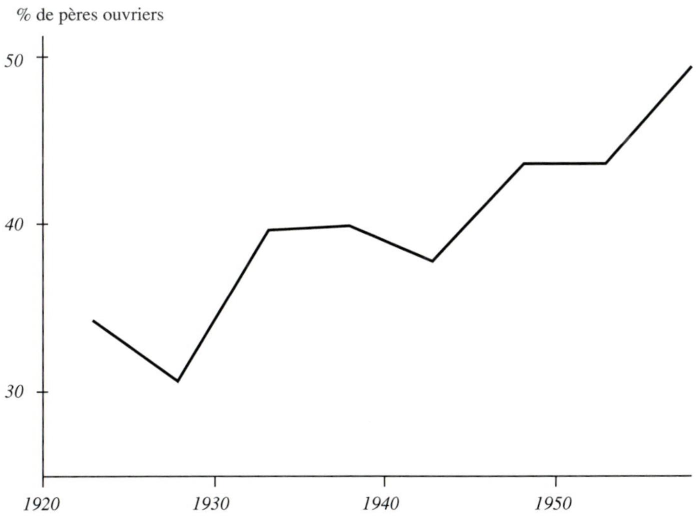

5.6 Les femmes titulaires de CAP ou de BEP de secrétariat ou de comptabilité sont de plus en plus souvent d'origine ouvrière

La proportion de pères ouvriers passe de 34 % dans la génération 1921-1925 à près de 50% dans la génération. 1956-1960 diaires pour les BEPC, 21,3 % seulement parmi les diplômées des spécialités administratives du niveau V). A 40 ans environ les titulaires du BEPC nées vers 1930 sont bien plus souvent cadres moyens ou supérieurs que les titulaires de CAP administratifs ; en 1985 (à 55 ans environ) l'écart entre ces deux types de formations s'est un peu réduit (*figure* 5.4).

LA DÉVALORISATION DES TITRES SCOLAIRES ET LA MONTÉE DU CHOMAGE DANS LES ANNÉES SOIXANTE-DIX ET QUATRE-VINGT

Dans les années soixante-dix et quatre-vingt, c'est-à-dire dans un contexte de montée du chômage et de ralentissement de la croissance du nombre des employés, la concurrence devient plus vive entre les débutants diplômés et les actifs expérimentés. Des jeunes très diplômés se rabattent vers des postes d'employés. Les formations techniques tertiaires de niveau V - surtout les CAP - débouchent de plus en plus massivement sur le chômage et la précarité. De promotion en promotion, le « rendement » (en termes de niveau de l'emploi susceptible d'être atteint) d'un même diplôme diminue, et l'exposition au chômage des moins titrés s'accroît.

Au cours des années quatre-vingt, le chômage s'étend parmi les employés, surtout au détriment des non-diplômés

De 1982 à 1989, la part des jeunes au chômage de 5 à 9 ans après la fin de leurs études augmente fortement. Elle passe de 9 à 13 % pour l'ensemble des actifs, de 10,5 à 16 % pour les seuls employés. Elle est particulièrement massive chez les jeunes femmes (de 12 à 17 % pour les actives, de 12 à 18 % pour les employées).

On observe ici, sur la base des Enquêtes Emploi, l'évolution de la situation socioprofessionnelle des jeunes repérée de cinq à neuf ans après la fin de leurs études initiales (Voir le tableau 5.2 *en annexe de ce chapitre). Les deux générations comparées sont définies par la date de sortie de l'appareil scolaire (1973-1977 pour la plus ancienne et 1980-1984 pour la plus récente). Chez les jeunes, l'ancienneté sur le marché du travail paraît en effet plus pertinente, dans l'analyse des processus d'insertion professionnelle, que l'âge à l'état civil, par lequel les générations nées vers 1930 et vers 1945 étaient définies. On compare la situation en 1982 des jeunes ayant terminé leurs études vers 1975 à celle en 1989 des jeunes sortis de l'appareil scolaire vers 1982. La source utilisée ne permet pas de distinguer les formations techniques ou professionnelles tertiaires des autres formations ; en revanche, les BEP et les CAP sont traités séparément (ce qui n'était pas justifié pour les générations plus anciennes, les BEP étant inexistants parmi les femmes nées vers 1930 et très rares chez celles nées vers 1945).*

L'augmentation des taux de chômage au long des années quatre-vingt est plus faible chez les titulaires de BEP ou de diplômes des niveaux baccalauréat ou plus que chez les sans diplôme, où elle est massive, et chez les titulaires d'un CAP ou du BEPC. La variation des taux de chômage en fonction du niveau de formation est plus ample en 1989 qu'en 1982. La valeur des diplômes comme protection relative à l'égard du chômage s'est donc nettement accrue (*figure* 5.7).

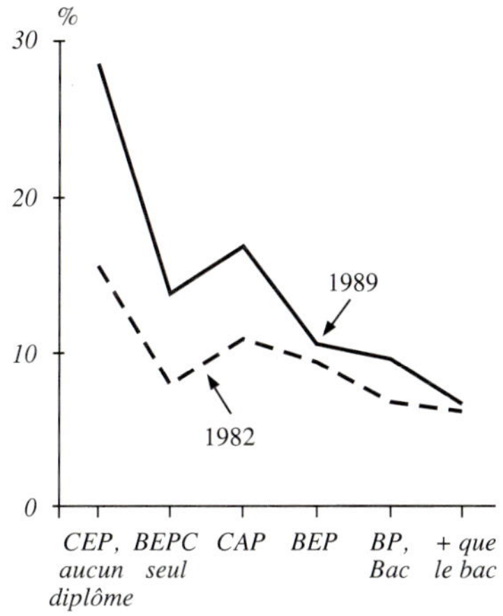

Employés

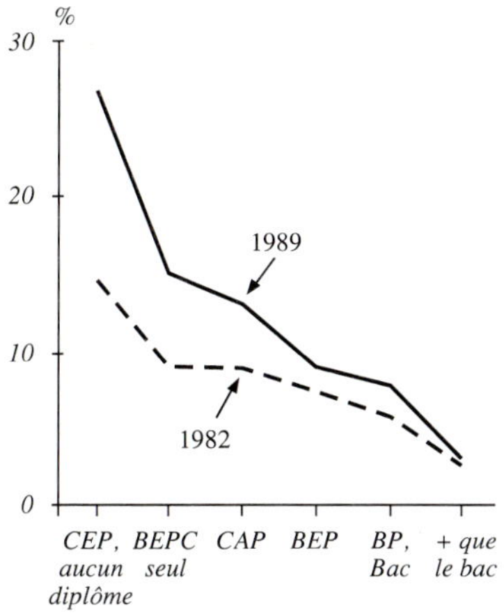

Ensemble de la population active

5.7 Le développement du chômage dans les années quatre-vingt affecte surtout les jeunes peu ou pas diplômés

Les taux de chômage sont observés en 1982 pour les jeunes ayant terminé leurs études initiales de 1973 à 1977 et en 1989 pour ceux qui ont terminé leurs études de 1980 à 1984.

Françoise Bruand a mis en évidence des phénomènes du même ordre sur la base d'enquêtes réalisées par le Centre d'Etudes et de Recherches sur les Qualifications (CEREQ). La situation des jeunes filles sortant des formations de secrétariat de niveau V (observées neuf mois après l'obtention de leur diplôme) s'est fortement dégradée entre les enquêtes de 1976-1978 et celles de 1980-1981 : la proportion de celles qui sont au chômage est passée de 24 à 39 %. Une évolution similaire a affecté les spécialités de la comptabilité [3, p. 74]. Les titulaires de baccalauréats techniques des sections G ont vu aussi leurs conditions d'insertion sur le marché du travail se détériorer rapidement au cours de la même période.

La dévalorisation des diplômes

La valeur d'un diplôme peut être estimée par un indice exprimant la qualité moyenne des emplois salariés atteints (rapport des emplois de cadres et professions intermédiaires aux emplois d'employés et d'ouvriers).

De 1982 à 1989, la détérioration du niveau des emplois atteints est particulièrement nette chez les jeunes titulaires de BEP et chez les bachelières (*figure* 5.8).

Seuls les non diplômés ont vu leurs probabilités d'accéder à des emplois de cadres ou de professions intermédiaires augmenter légèrement - mais ces probabilités sont de toute manière très faibles ; il est vraisemblable que pour eux, l'accès éventuel à un emploi dépend de plus en plus souvent du recours à une recommandation particulière (familiale ou autre) et de l'activation d'un capital de relations suppléant le handicap scolaire.

L'augmentation massive de la part des titulaires d'un BEP parmi les employés les moins qualifiés atteste de la dévalorisation de ce diplôme (*figure* 5.9). Les titulaires de titres d'un niveau supérieur au baccalauréat (BTS et DUT le plus souvent) sont aussi de plus en plus nombreux parmi les employés administratifs. Dans ces deux cas, les années quatre-vingt ont vu des diplômés se rabattre en

5.8 Qualification des emplois salariés atteinte de 5 à 9 ans après la fin des études selon le diplôme et le sexe, en 1982 et en 1989

L'indice de valeur du diplôme est égal au logarithme du rapport, multiplié par 100, des emplois de cadres aux emplois d'ouvrières et d'employées.

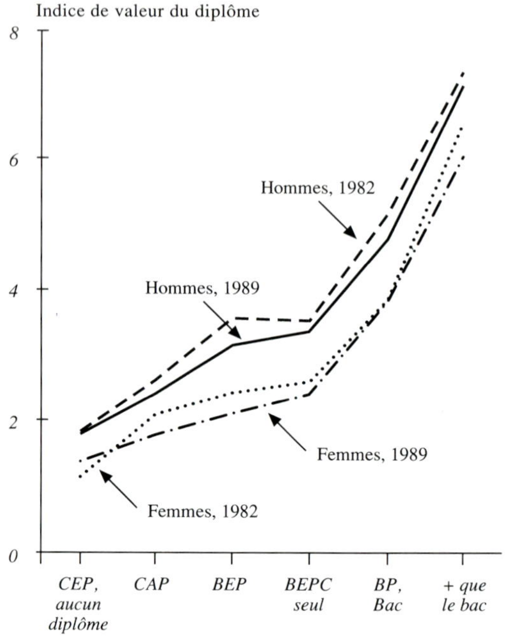

Source : tableau 5.2

5.9 La dévalorisation des diplômes au cours des années quatre-vingt dans le champ des professions d'employés

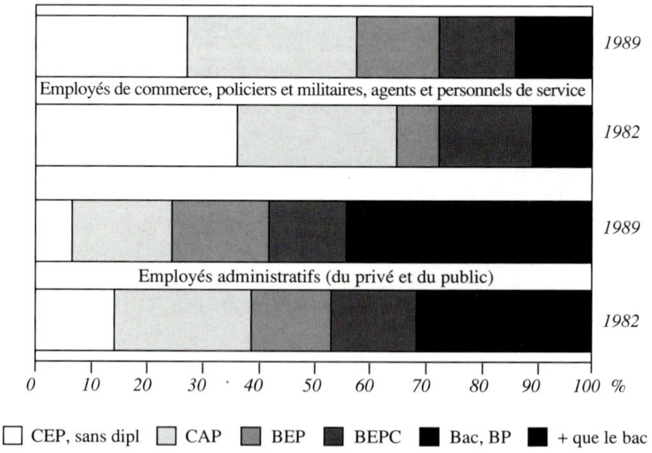

De 1982 à 1989, les employés peu qualifiés sont de plus en plus souvent titulaires de CAP et de BEP, les employés administratifs du baccalauréat ou d'autres diplômes de l'enseignement supérieur (situation observée de 5 à 9 ans après la fin des études initiales)

nombre rapidement croissant vers des emplois ne correspondant pas à leur formation initiale (employés non qualifiés pour les titulaires de BEP, employés qualifiés pour les titulaires de diplômes de l'enseignement supérieur).

La qualité moyenne des emplois occupés par les jeunes s'accroît légèrement

L'élévation générale du niveau de formation fait que, malgré la dévalorisation des diplômes, la part des jeunes accédant à un emploi de cadre augmente un peu au long des années quatre-vingt.

De 1982 à 1989, parmi les jeunes qui, de 5 à 9 ans après la fin de leurs études, ont obtenu un emploi, la part de ceux qui occupent des emplois de cadres ou des professions intermédiaires passe de 29,2 à 30,6 %. Celle des emplois ouvriers diminue (de 34,7 à 31,7 %). Les employés sont un peu plus nombreux en 1989 parmi les jeunes ayant terminé leurs études vers 1982 qu'en 1982 parmi ceux ayant terminé leurs études vers 1975 (31,9 contre 30,6 %). La probabilité d'être employé en début de vie active est donc devenue un peu plus forte que celle d'être ouvrier. Dans le champ des professions d'employés, la part des emplois de type administratif - les plus qualifiés - diminue. Le total emplois ouvriers plus professions d'employés peu qualifiés (employés de commerce, agents de service, personnels de service, policiers et militaires) demeure stable d'une génération à l'autre.

La différenciation des devenirs socioprofessionnels selon le sexe ne semble pas diminuer, mais ses formes évoluent. En 1982, 15,3 % des hommes et 51,6 % des femmes sont employés, en 1989 15,7 et 53,2 %. Le recul de la part des ouvriers est nettement plus fort chez les femmes que chez les hommes. En revanche la part des emplois de cadres et des professions intermédiaires progresse davantage chez les femmes que chez les hommes, de sorte qu'en 1989 les femmes sont presque aussi nombreuses que les hommes à occuper ce type d'emplois qualifiés.

A niveau de formation identique, la part des jeunes occupant des emplois peu qualifiés (employés, ouvriers) est nettement plus forte chez les femmes que chez les hommes (*figure* 5.10).

Les femmes deviennent en majorité employées quel que soit leur niveau de formation, les titulaires d'un diplôme supérieur au baccalauréat faisant seules exception. Mais la part des employées administratives (du public ou du privé) varie, elle, fortement avec le niveau de diplôme. Chez les non diplômées une employée sur cinq est employée de bureau en 1989 (c'était le cas d'une sur trois en 1982) ; chez les bac et plus, près de neuf employées sur dix occupent un emploi de type administratif (*figure* 5.11).

Les employés et les formations pour adultes

Les employés ont été présentés, notamment par Michel Crozier dans ses travaux des années soixante, comme une catégorie « promotionnelle », centrée sur des

5.10 Proportion d'emplois peu qualifiés (ouvriers, employés) selon le niveau de diplôme, en 1982 et en 1989 (de 5 à 9 ans après la fin des études initiales)

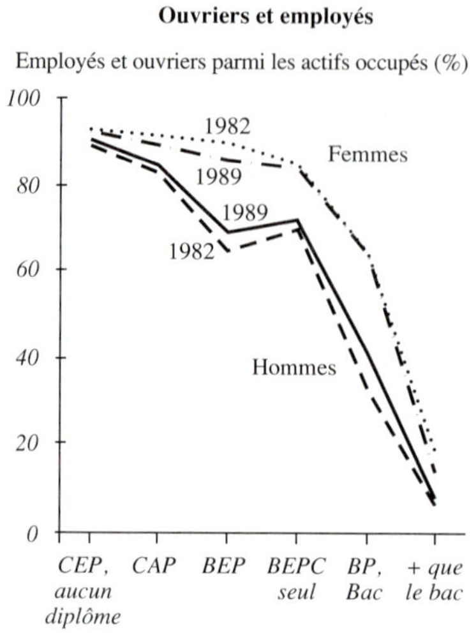

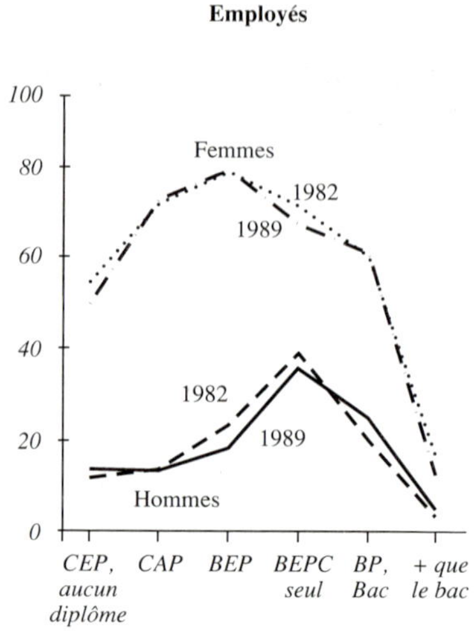

5.11 Les jeunes employés sont de plus en plus souvent des employés peu qualifiés, surtout s'ils sont peu diplomés

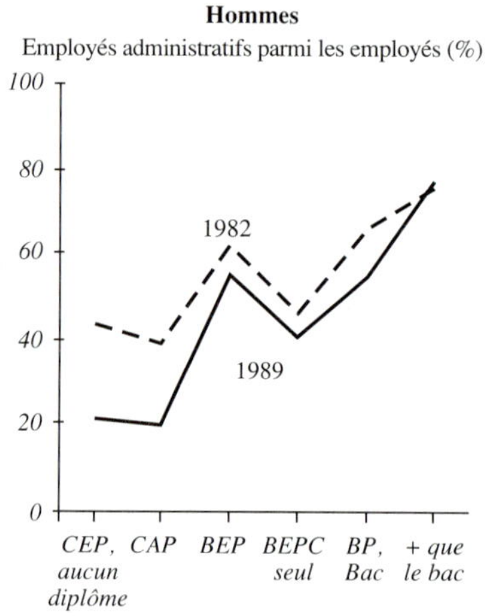

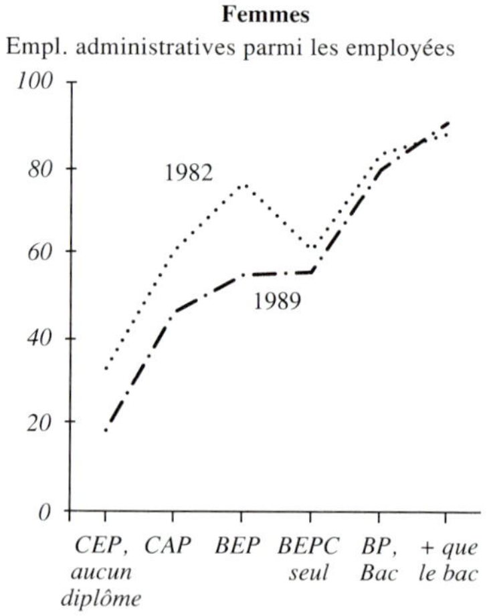

Part des employés administratifs dans le total des employés, selon le niveau de diplôme, en 1982 pour les jeunes ayant terminé leurs études de 1973 à 1977 et en 1989 pour ceux qui ont terminé leurs études de 1980 à 1984.

projets d'ascension sociale. Si tel était encore le cas, les formations pour adultes, qui peuvent déterminer ou accompagner les promotions, devraient être très répandues parmi eux. Les employés sont effectivement nombreux à suivre de telles formations. Leur taux de pratique est à peu près identique à celui des cadres supérieurs et membres des professions libérales, mais inférieur à celui des professions intermédiaires. Les formations pour adultes sont particulièrement fréquentes parmi les jeunes employés administratifs de sexe masculin.

L'enquête FQP de 1985 permet de calculer la probabilité pour qu'une personne d'une situation socioprofessionnelle donnée en 1980 suive une formation post-scolaire (à son initiative) ou continue (à l'initiative de son employeur) au cours de la période 1980-

1985. Cette probabilité est de 16 % pour un cadre supérieur, 12 % pour un employé ou un membre des professions intermédiaires, 9 % pour un ouvrier et 3 % seulement pour un agriculteur ou un patron.

La fréquence de l'accès aux formations pour adultes décroît fortement avec l'âge. Elle est sept fois plus forte chez les 25-34 ans que chez les 45 ans et plus. Le groupe socio-professionnel des employés est particulièrement jeune, de sorte que le taux élevé d'accès aux formations pour adultes qui le caractérise globalement est en partie l'effet de sa structure d'âge. A un âge donné, la fréquence des formations pour adultes est inférieure, chez les employés, à celle qu'on observe non seulement chez les professions intermédiaires, mais aussi chez les cadres.

Un effet de composition inverse joue à la baisse pour les employés : les femmes accèdent plus rarement que les hommes à des formations pour adultes, et les employés constituent le plus féminisé de tous les groupes socioprofessionnels. Chez les hommes, l'accès à ces formations est plus fréquent chez les employés que chez les cadres supérieurs - mais toujours moins fréquent que chez les membres des professions intermédiaires.

Les employés de commerce et les personnels des services directs aux particuliers n'accèdent que rarement - moins encore que les ouvriers - à des formations pour adultes (*figure* 5.12). Les employés administratifs d'entreprise en revanche sont nombreux à y accéder : en cinq ans, ils ont une chance sur six de suivre une telle formation - et près d'une chance sur trois s'ils sont de sexe masculin et âgés de 20 à 30 ans.

En règle générale, plus on a un niveau de formation initiale élevé, plus on a de chances de suivre une formation pour adultes. Les formations pour adultes prolongent et renforcent les formations initiales plus qu'elles ne compensent leur insuffisance. 5,6 % des employés titulaires au plus du certificat d'études suivent une formation pour adultes, alors que chez ceux qui ont au moins le baccalauréat le taux correspondant est de 21,6 %. Chez les employés administratifs d'entreprise, la fréquence de l'accès en cinq ans à une formation pour adultes est de

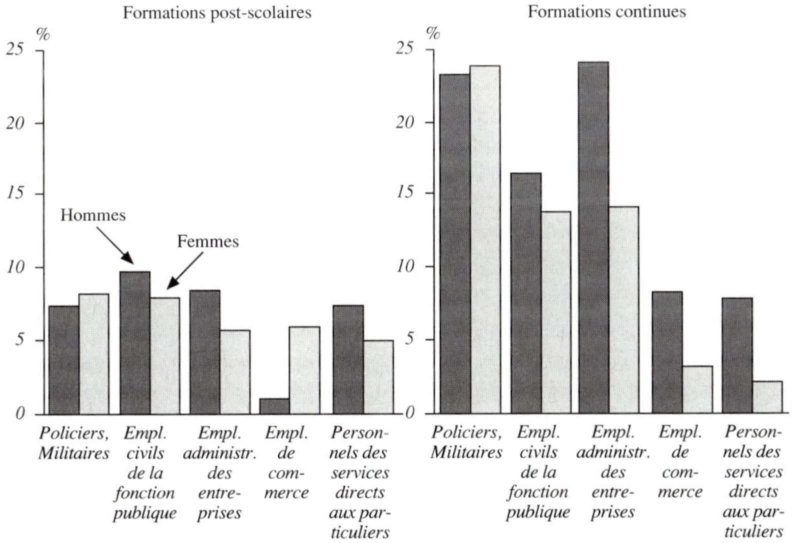

Source : enquête FQP.

5.12 Formations pour adultes selon la CS des employés, en 1985

8,8 % chez ceux qui ont au plus le certificat d'études ; elle atteint 20 % chez ceux qui ont le BEPC ou qui sont passés, sans obtenir le baccalauréat, par le deuxième cycle de l'enseignement secondaire, 17,4 % chez les titulaires d'un CAP ou d'un BEP, 22,5 % chez ceux qui ont obtenu au moins le baccalauréat. Les écarts sont moins forts, mais encore nets, si on neutralise l'effet de l'âge - les plus âgés ont un niveau de formation initiale moindre.

Les policiers et militaires cependant se caractérisent à la fois par un assez bas niveau de formation initiale et par un accès fréquent aux formations pour adultes.

Formation pour adulte et promotion : un lien plus étroit chez les femmes que chez les hommes

Les employés qui suivent une formation pour adultes ont des perspectives de carrière plus favorables que ceux qui n'en suivent pas ; ou, réciproquement, le fait d'avoir de bonnes perspectives de carrière favorise l'engagement dans une formation. Parmi les personnes qui étaient employés en 1980, la proportion de celles qui se retrouvent cadres supérieurs ou professions intermédiaires en 1985 est de 15,8 % chez celles qui ont entre temps suivi une formation, et de 4,5 % seulement chez les autres. L'interdépendance entre formation pour adultes et promotions est plus forte chez les femmes que chez les hommes : ces derniers ont des chances substantielles de promotion même s'ils ne suivent pas de formation.

RÉFÉRENCES BIBLIOGRAPHIQUES

[1] BAUDELOT Christian, ESTABLET Roger. **Le niveau monte. Réfutation d'une vieille idée concernant la prétendue décadence de nos écoles**. Paris, Seuil, 1989.

[2] BRUAND Françoise. « Les jeunes débutantes dans les emplois de secrétariat ». **Formation emploi**, n° 9, janv. 1985.

[3] BRUAND Françoise. « Des difficultés d'insertion dans les emplois de bureau ». **Formation emploi**, n° 18, 1987.

[4] PROST Antoine. **L'enseignement en France, 1800-1967**. Paris, Armand Colin, 1968.

[5] SAUTORY Olivier. **Etude sur les déclarations de diplômes aux recensements de la population de 1975 et 1982, réalisée à l'aide de l'échantillon démographique permanent**. Paris, INSEE, Note 512/424, 1988.

[6] THELOT Claude. « L'évolution de la mobilité sociale dans chaque génération ». **Economie et statistique**, n° 161, déc. 1983.

ANNEXE

1970 1985 Niveau de diplôme initial	Génération	Groupe socioprofessionnel patr. patr.	 CS.CM CS.PI	 **Empl.** **Empl.**	 Ouvr. Ouvr.	 P. de S. ///	Actives
Sans dipl., CEP, non décl.	G1 G2	46,1 16,8	2,6 7,2	**17,0** **53,0**	21,4 23,1	12,9 ///	100,0 100,0
BEPC seul	G1 G2	20,5 13,9	34,3 35,8	**41,5** **48,6**	1,5 1,7	2,2 ///	100,0 100,0
CAP, BEP administratifs	G1 G2	26,6 10,0	20,2 21,3	**48,9** **64,1**	3,8 4,7	0,6 ///	100,0 100,0
Baccalauréat, Brevet prof.	G1 G2	9,6 7,4	71,1 62,7	**15,7** **29,2**	0,0 0,7	3,6 ///	100,0 100,0
TOUS DIPLOMES	G1 G2	38,8 14,2	14,9 31,0	**19,9** **43,8**	16,0 11,0	10,4 ///	100,0 100,0

1970 1985 Niveau de diplôme initial	Génération	Au foyer	Effetif (en milliers)	% du dipl. dans la génération	* Indice de qualification des emplois	** Évolution de la valeur du diplôme
Sans dipl., CEP, non décl.	G1 G2	47,9 34,4	2158 1330	71,4 44,0	5,0 9,4	187
BEPC seul	G1 G2	45,6 34,4	178 284	5,9 9,4	75,8 71,3	94
CAP, BEP administratifs	G1 G2	34,0 15,9	163 405	5,4 13,4	37,9 31,0	82
Baccalauréat, Brevet prof.	G1 G2	32,3 19,0	139 339	4,6 11,2	368,5 209,9	57
TOUS DIPLOMES	G1 G2	44,6 25,3	3023 3228	100,0 100,0	32,1 56,5	176

G1 : femmes nées en 1926-1935. G2 : femmes nées en 1941-1950.

Lecture : parmi les 163 000 femmes nées de 1926 à 1935 (G1) et titulaires d'un CAP ou d'un BEP administratif, 34,0 % sont au foyer en 1970 (elles ont en moyenne 40 ans). 26,6 % de celles qui sont actives sont agricultrices ou patronnes de l'industrie ou du commerce, 20,2 % sont cadres moyens ou supérieurs, 48,9 % sont employées.

En 1985, parmi les 405 000 femmes nées de 1941 à 1950 (G2) et titulaire d'un CAP ou d'un BEP administratif, 15,9 % sont au foyer, 64,1 % des actives sont employées.

La situation socioprofessionnelle est définie pour 1970 dans l'ancienne nomenclature, pour 1985 dans la nouvelle.

* L'indice de qualification des emplois est égal, pour 1970 (G1), au rapport (multiplié par 100) de l'effectif des cadres moyens et supérieurs à celui des employées, ouvrières et personnels de service ; pour 1985 (G2), au rapport de l'effectif des cadres supérieurs et des professions intermédiaires à celui des employées et des ouvrières.

** L'indice d'évolution de la valeur du diplôme est égal au rapport (multiplié par 100) de l'indice de qualification des emplois pour G1 en 1970 à l'indice de correspondant pour G2 en 1985.

Source : Enquêtes FQP

5.1 À partir d'une même formation initiale, les femmes nées vers 1945 accèdent à des emplois un peu moins qualifiés que ceux auxquels parvenaient au même âge les femmes nées vers 1930

Devenir socioprofessionnel de deux générations de femmes selon leur formation initiale.

LES ITINÉRAIRES PROFESSIONNELS DES EMPLOYÉS

Pour les hommes, la position d'employé est assez souvent un point de départ, que l'on occupe en début de vie active et que l'on quitte par la suite. Les employés administratifs d'entreprise, en particulier, accèdent fréquemment à des emplois de cadres, se conformant encore à l'image que donnait Balzac d'une catégorie fortement préoccupée par les questions de carrière. Mais il y a aussi des employés âgés. Certains ont probablement été employés toute leur vie, d'autres sont d'anciens agriculteurs et d'anciens ouvriers. La répartition entre ces différents types d'itinéraires est difficile à évaluer, en l'absence d'observations longitudinales portant sur des périodes suffisamment longues. Il est vraisemblable que les employés à vie ne constituent qu'une minorité parmi les employés de sexe masculin.

Les employées sont beaucoup moins nombreuses que les hommes à accéder à des positions de cadre. Au cours des deux dernières décennies, la vie professionnelle des employées est devenue plus continue, les interruptions d'activité liées aux naissances et à l'éducation des enfants se sont raréfiées, mais les perspectives de promotion n'ont guère évolué.

LES EMPLOYÉES : DES INTERRUPTIONS D'ACTIVITÉ DE MOINS EN MOINS FRÉQUENTES

Des années soixante aux années quatre-vingt, la vie professionnelle des femmes est devenue beaucoup plus continue. Près du quart des femmes actives en 1965 étaient au foyer en 1970. En 1985, ce n'est le cas que d'un douzième des actives de 1980 (*tableau* 6.1, *figure* 6.1).

Les agricultrices restent, de la fin des années soixante au début des années quatre-vingt, les championnes de la continuité en matière d'activité professionnelle. Pour elles, comme pour la plupart des patronnes de l'industrie et du commerce, l'activité professionnelle s'exerce presque toujours dans le cadre d'une unité domestique, en coopération avec leur conjoint, et la discontinuité entre travail professionnel et travail domestique est moins marquée que pour des salariées. Les changements dans le statut social des femmes sont d'ailleurs plus difficiles à repérer dans le monde de l'agriculture et dans celui de l'artisanat ou du petit commerce que dans le reste de l'espace social. Chez les non-salariées, la fréquence des passages au foyer était déjà très faible dans les années soixante et elle n'a pas diminué des années 1965-1970 aux années 1980-1985.

A la fin des années soixante, les cadres (moyens ou supérieurs) se caractérisent par une grande continuité de la vie professionnelle, les ouvrières par une forte discontinuité. Une femme ouvrière en 1965 a plus de deux chances sur cinq d'être au foyer en 1970, une femme cadre (moyen ou supérieur) une sur dix. Les

6.1 La vie professionnelle des employées est de plus en plus continue

Taux de cessation d'activité, selon l'appartenance socio-professionnelle des femmes cinq ans auparavant (1970-1985)

En %.

Ancien code des CSP			Nouvelle nomenclature des PCS		
GSP en 1965 ou en 1972 *	Taux d'inactivité en 1970	1977	GS en 1972 ou en 1980 **	Taux d'inactivité en 1977	1985
0. Agricultrices	2,1	4,6	1. Agricultrices	4,5	3,7
2. Patronnes	11,0	6,8	2. Patronnes	5,4	7,7
3. Cadres sup.	10,0	8,3	3. Cadres supérieurs	9,5	6,2
4. Cadres moy.	10,5	8,0	4. Prof. intermédiaires	9,7	4,2
5. Employées	**28,5**	**12,9**	**5. Employées**	**15,3**	**10,3**
6. Ouvrières	42,2	22,0	6. ouvrières	22,2	10,4
7. Pers. de service	32,5	24,3			
Ensemble des actives	22,4	14,1	Ensemble des actives	13,9	8,5

* Les GSP (groupes socioprofessionnels) 1 (salariées agricoles) et 8 (autres) ne figurent pas en raison de la faiblesse de leurs effectifs.

** Pour l'enquête de 1977, la recodification dans la nouvelle nomenclature, effectuée après coup à partir d'un questionnaire conçu en fonction de l'ancien code des CSP, aboutit à des résultats moins sûrs que ceux de 1985.

Lecture : Les enquêtes Formation - Qualification professionnelle de 1970, 1977 et 1985 permettent de mesurer les taux de cessation d'activité chez les femmes qui exerçaient une activité professionnelle cinq ans auparavant.

Pour éviter que les taux observés ne soient « parasités » par les départs à la retraite, on ne prend en compte ici que la population agée de moins de cinquante au moment de chacune des enquêtes. D'une observation à l'autre, la baisse des taux de cessation d'activité professionnelle est dans l'ensemble très forte.

Parmi les femmes qui étaient employées en 1965, 28,5% avaient cessé d'être actives en 1970.

Champ : femmes âgées de moins de 50 ans au moment de l'enquête, actives cinq ans auparavant.

Source : enquêtes FQP.

employées et les membres du personnel de service occupent une position intermédiaire entre celle des cadres et celles des ouvrières. Au début des années quatre-vingt, les interruptions d'activité sont moins fréquentes et moins caractéristiques du monde ouvrier. Une femme ouvrière ou employée en 1980 a une chance sur dix d'être au foyer en 1985.

La venue des enfants occasionne moins souvent une interruption d'activité

Entre 1965 et 1970, les interruptions d'activité étaient beaucoup plus fréquentes chez les jeunes femmes que chez les plus âgées : elles étaient très souvent liées à la venue au monde des enfants. Dans les années soixante-dix, c'est dans toutes les tranches d'âge que les cessations d'activité se font plus rares. De 1977 à 1985 en revanche, la tendance à une plus grande continuité des vies professionnelles n'affecte que les femmes de moins de 35 ans. Du coup, au début des années quatre-vingt, les comportements d'activité des femmes en âge d'avoir des enfants diffèrent moins de ceux des femmes plus âgées que ce n'était le cas dans les décennies précédentes (*figure* 6.2). C'est donc au cours de la période la plus récente que l'autonomisation de la vie professionnelle des femmes vis-à-vis des naissances s'est le plus nettement affirmée.

6.1 Taux de cessation d'activité selon le groupe socio-professionnel des femmes cinq ans auparavant (1970-1985)

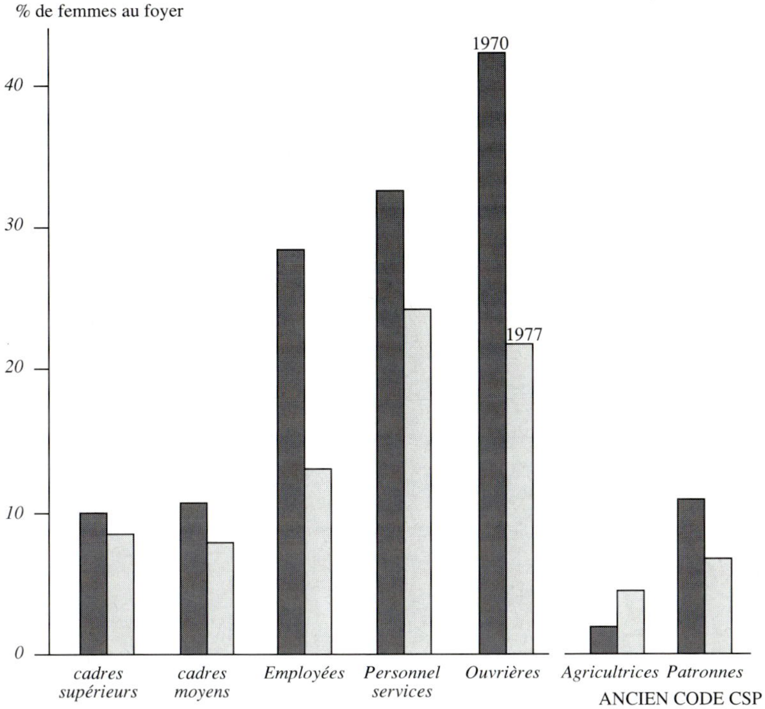

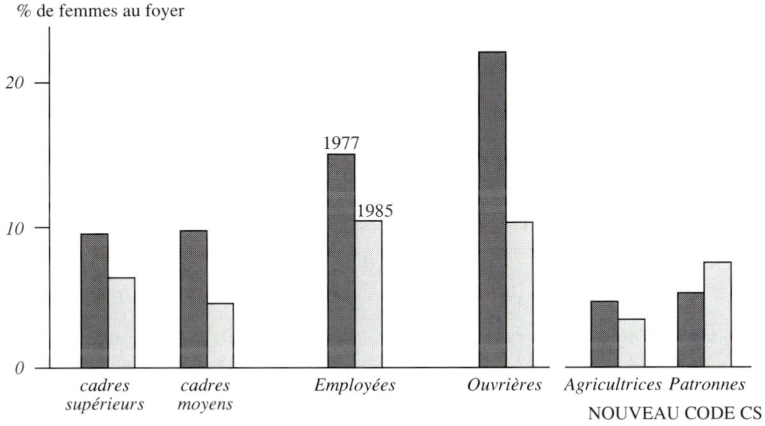

Les employées ont pesé de manière déterminante dans cette évolution (*tableau* 6.2.). En 1980, la probabilité qu'une employée de moins de trente ans se retrouve au foyer cinq ans plus tard est de 11 %, chez les trente-cinquante ans elle est de 7 %. En 1965, les taux correspondants étaient de 27 et de 15 %. Non seulement les interruptions d'activité se sont faites plus rares, mais elles sont de moins en moins liées aux naissances et à l'éducation des petits enfants.

Selon l'enquête Famille, c'est surtout à partir du troisième enfant que l'arbitrage entre famille et vie professionnelle se fait au détriment de la vie professionnelle. Les effectifs de

6.2 Taux de cessation d'activité selon l'âge à l'enquête et l'appartenance socio-professionnelle cinq ans auparavant (1965-1985)

Champ : femmes âgées de moins de 60 ans à l'enquête

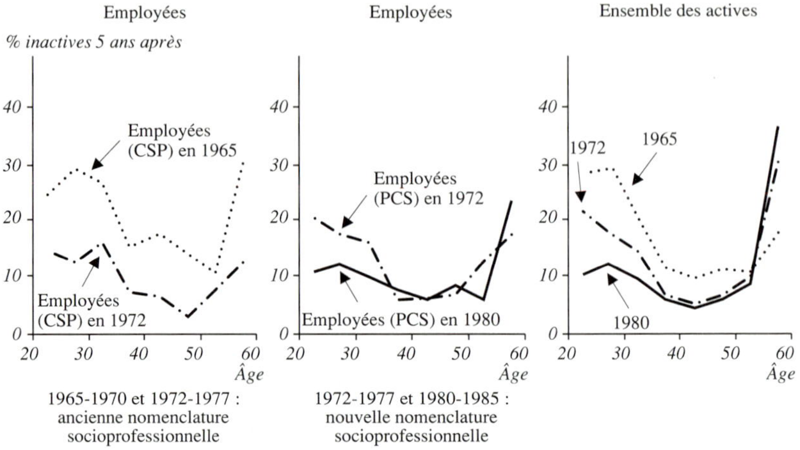

Source : enquêtes FQP.

6.2 Taux d'inactivité des femmes qui étaient employées cinq ans auparavant, selon leur âge (1970-1985, %)

	Employées au sens de l'ancien code des CSP			Employées au sens de la nouvelle nomenclature des PCS		
Age	1965-70	1972-77	écart 77-70	1972-77	1980-85	écart 85-77
20-24	24,8	14,5	-10,3	20,7	11,0	-9,7
25-29	29,4	12,8	-16,6	17,5	12,2	-5,3
30-34	26,7	16,3	-10,4	16,2	9,8	-6,4
35-39	15,3	7,4	-7,9	5,7	7,6	+1,9
40-44	17,6	6,8	-10,8	6,2	5,6	-0,6
45-49	14,2	3,2	-11,0	6,6	8,2	+1,6
50-54	10,8	7,8	-3,0	12,5	6,0	-6,5
55-59	30,4	12,9	-17,5	17,4	23,3	+5,9

Source : enquêtes FQP. Age au moment de l'enquête.

cette enquête, plus importants que ceux de l'enquête FQP, permettent de mettre en évidence la diversité du monde des employés au regard des comportements d'activité (tableau 6.3). Pour les employées de commerce et les personnels des services directs aux particuliers, l'arbitrage entre vie de famille et vie professionnelle s'effectue plus fréquemment au détriment de cette dernière, les taux de cessation d'activité après une naissance, quel que soit son rang, atteignent 28 et 26 %. Chez les employées de la fonction publique, la compatibilité entre maternité et emploi semble plus grande : le taux de cessation d'activité n'est que de 13 %. Les employées administratives d'entreprise figurent en position intermédiaire avec un taux de 18 %. Le seuil du troisième enfant est particulièrement sensible chez les employées administratives d'entreprise et les employées de commerce.

Chez les ouvrières de plus de 45 ans, les interruptions d'activité sont plus fréquentes en 1980-85 qu'en 1972-77. Il semble que les suppressions d'emplois massives intervenues dans l'industrie dans les années quatre-vingt aient conduit

6.3 Taux de cessation d'activité selon la catégorie socioprofessionnelle de la femme et le rang de naissance de l'enfant (période 1975-1979)

	Rang de naissance de l'enfant				
	1	2	3	4 ou plus	Ensemble
Agricultrices	4,0	1,0	0,1	1,1	1,9
Artisans, commerçantes	7,8	6,2	4,7	n.s.*	6,6
Cadres supérieurs	7,1	4,4	5,9	4,5	5,9
Professions intermédiaires	9,5	9,9	12,8	5,9	9,8
Employées	**17,7**	**20,0**	**23,3**	**17,7**	**18,8**
dont : E. de la fonction publique	*11,3*	*14,3*	*16,3*	*13,9*	*12,8*
E. administratives d'entreprise	*16,0*	*20,9*	*26,4*	*19,7*	*18,1*
E. de commerce	*26,6*	*28,8*	*40,0*	*n.s.*	*27,6*
Personnels des services aux part.	*28,9*	*24,3*	*22,9*	*18,7*	*26,4*
Ouvrières	20,1	25,9	33,5	16,1	22,7

* Chiffre non significatif
Probabilité pour les femmes actives au 1er janvier de l'année d'une naissance de cesser l'activité pour au moins deux années.

Source : INSEE, enquête Famille 1982. *Référence :* [2, p. 498].

de nombreuses ouvrières qui n'avaient pas encore atteint l'âge de la retraite à se retirer du marché du travail. Dans l'environnement plus favorable, en termes d'offre d'emploi, des métiers tertiaires, l'attachement des employées à leur statut professionnel n'a pas été exposé à ce type de mise à l'épreuve.

DES PROMOTIONS PLUS NOMBREUSES CHEZ LES HOMMES

Plus rare parmi les hommes, la condition d'employé est aussi pour eux plus transitoire (*tableau* 6.4). La probabilité de quitter le groupe socioprofessionnel des employés (en demeurant actif) est toujours environ deux fois plus forte chez les hommes que chez les femmes. Au cours de la période 1959-1964, elle est de l'ordre de deux sur dix pour un homme, d'un sur dix pour une femme. On fait le même constat avec la nouvelle nomenclature, pour la période 1980-1985. Entre temps les chances ou les risques de mobilité ont été plus forts. Ils ont atteint leur maximum à la fin des années soixante : 28 % des hommes et 18 % des femmes quittent la condition d'employé entre 1965 et 1970.

Si par convention on considère que le passage de la condition d'employé à celle d'ouvrier constitue un déclassement, et celui à la condition de cadre (moyen ou supérieur) une promotion sociale, on constate qu'à chaque enquête FQP les taux de promotion, pour un sexe comme pour l'autre, sont environ deux fois plus élevés que les taux de déclassement. En cinq ans, un homme employé a en gros une chance sur dix de devenir cadre, une employée une chance sur vingt. Le rapport promotions-déclassements est du même ordre dans la période de forte mobilité de la fin des années soixante et du début des années soixante-dix et dans les autres périodes (1959-1964, 1980-1985).

6.4 L'accés des employés à une catégorie supérieure est environ deux fois plus fréquent chez les hommes que chez les femmes

Devenir socio-professionnel des employés au bout de cinq ans, selon leur sexe (1959-1985)

1. Hommes

	Situation socioprofessionnelle au bout de cinq ans *					
	Cadre	**Employé**	Ouvrier	Pers. de serv.	Autre	TOTAL
1959-1964	9,7	**79,8**	4,6	1,3	4,6	100,0
1965-1970	13,4	**71,9**	9,4	1,0	4,3	100,0
1972-1977	11,9	**75,8**	8,1	1,2	3,0	100,0
1972-1977	13,8	**76,3**	7,3	///	2,6	100,0
1980-1985	11,7	**80,5**	5,7	///	2,1	100,0

2. Femmes

	Situation socioprofessionnelle au bout de cinq ans *					
	Cadre	**Employée**	Ouvrière	Pers. de serv.	Autre	TOTAL
1959-1964	4,7	**89,5**	2,0	2,2	1,6	100,0
1965-1970	8,9	**81,9**	4,5	2,6	2,1	100,0
1972-1977	6,5	**84,5**	3,2	2,3	3,5	100,0
1972-1977	4,9	**89,7**	2,3	///	2,2	100,0
1980-1985	5,3	**90,8**	1,7	///	2,2	100,0

* 1959-64 à 1972-77 : ancienne nomenclature (cadre, GSP 3 et 4 ; employé, 5 ; ouvrier, 6 ; personnels de service, 7). 1972-77 et 1980-85 : nouvelle nomenclature (cadre, GS 3 et 4 ; employé, 5 ; ouvrier, 6). Le trait horizontal qui coupe le tableau en deux marque la discontinuité de la série.

Lecture : parmi les hommes ayant un emploi en 1959 et en 1964 et résidant sur le territoire métropolitain aux deux dates, 9,7 % de ceux qui étaient employés en 1959 étaient cadres moyens ou supérieurs en 1964.

Source : Enquêtes FQP. Champ : actifs occupés à l'enquête et cinq ans auparavant.

Trois quarts des hommes de moins de 26 ans qui étaient employés en 1967 ne le sont plus quinze ans plus tard

Une étude [1] sur une période plus longue met en évidence la très forte mobilité des employés de sexe masculin du secteur privé ou semi-public. Sur 100 employés (au sens de l'ancienne nomenclature) âgés de moins de 26 ans en 1967, 23 % seulement étaient encore employés en 1982, 51 % étaient devenus cadres supérieurs ou cadres moyens, 24 % ouvriers. Chez ceux qui avaient de 26 à 35 ans, 28 % étaient encore employés quinze ans après, 49 % étaient cadres, 22 % ouvriers. 36 % de ceux qui avaient de 36 à 45 ans en 1967 étaient encore employés en 1982, 39 % étaient cadres et 23 % ouvriers.

Les salariés du secteur privé et semi-public présents dans le fichier des « déclarations annuelles de données sociales » (DADS) en 1967 et 1982 sont seuls pris en compte dans cette étude. « La moitié des hommes travaillant à temps complet en 1967 et âgés de 17 à 45 ans ne figurent plus dans le fichier des DADS à temps complet quinze ans après » [1, p. 23] ; pour les femmes le taux de disparition du fichier au bout de quinze ans atteint environ 75 %, ce qui a conduit les auteurs à ne pas présenter de résultats les concernant ; les chômeurs, les travailleurs à temps partiel à l'une au moins des deux dates étant exclus, la mobilité ascendante est probablement surestimée.

Parmi tous les groupes socioprofessionnels, c'est celui des employés qui se caractérise par la plus forte mobilité ascendante à long terme. Le stéréotype de « l'employé d'avenir » était récurrent au siècle dernier sur les feuilles de notation des salariés des administrations, et certains anciens employés sont devenus célèbres : « Aux Cultes, Courteline avait été jugé comme garçon d'avenir, et (...) à la Guerre, Valéry était considéré aussi comme un sujet d'avenir » [4, p. 123]. Le stéréotype semble avoir conservé une certaine pertinence.

UN SUIVI LONGITUDINAL DES GÉNÉRATIONS 1927-1936

Une autre approche statistique, de type pseudo-longitudinal cette fois, permet de caractériser les situations socioprofessionnelles des générations nées de 1927 à 1936 à deux dates espacées de vingt ans (*tableau* 6.5).

6.5 Dans les générations d'hommes et de femmes nés vers 1932, le nombre des employés s'accroît de 1962 à 1982

Générations 1927-1936 : situation socioprofessionnelle en 1962 et en 1982, selon le sexe.

1. Effectifs

	Hommes		Femmes		Les deux sexes	
	1962	1982	1962	1982	1962	1982
GSP	25-34 ans	45-54 ans	25-34 ans	45-54 ans	25-34 ans	45-54 ans
0. Agriculteurs	292120	263660	181560	193400	473680	457060
1. Salariés agricoles	173280	56400	14540	10980	187820	67380
2. Patrons	206900	305400	99180	171900	306080	477300
3. Cadres supérieurs	130960	323120	34800	82100	165760	405220
4. Cadres moyens	265580	309740	162580	242140	428160	551880
5. Employés	**247060**	**294680**	**362040**	**439420**	**609100**	**734100**
6. Ouvriers	1599040	1241640	284320	367300	1883360	1608940
7. Personnels de serv.	38080	61400	134520	248480	172600	309880
8. Autres actifs	136760	64080	20720	10240	157480	74320
POPULATION ACTIVE	3089780	2920120	1294260	1765960	4384040	4686080
9. Inactifs	147700	223440	1800840	1379600	1948540	1603040
POPULATION TOTALE	3237480	3143560	3095100	3145560	6332580	6289120

2. Pourcentages

	Hommes 1962	Hommes 1982	Femmes 1962	Femmes 1982	Les deux sexes 1962	Les deux sexes 1982
0. Agriculteurs	9,5	9,0	14,0	11,0	10,8	9,8
1. Salariés agricoles	5,6	1,9	1,1	0,6	4,3	1,4
2. Patrons	6,7	10,5	7,7	9,7	7,0	10,2
3. Cadres supérieurs	4,2	11,1	2,7	4,6	3,8	8,6
4. Cadres moyens	8,6	10,6	12,6	13,7	9,8	11,8
5. Employés	8,0	10,1	28,0	24,9	13,9	15,7
6. Ouvriers	51,8	42,5	22,0	20,8	43,0	34,3
7. Personnels de serv.	1,2	2,1	10,4	14,1	3,9	6,6
8. Autres actifs	4,4	2,2	1,6	0,6	3,6	1,6
POPULATION ACTIVE	100,0	100,0	100,0	100,0	100,0	100,0
9. Inactifs*	4,6	7,1	58,2	43,9	30,8	25,5

* Pourcentage au sein de la population totale.

Source : R.P., 1/20.

Les recensements de population et les enquêtes FQP fournissent les éléments de ce suivi, effectué dans le cadre de l'ancien code des catégories socioprofessionnelles. En 1962, les individus appartenant à ces générations avaient en moyenne trente ans, c'est-à-dire qu'ils avaient presque tous terminé leurs études et étaient en début de vie active. En 1982, âgés en moyenne de cinquante ans, ils approchaient de la fin de leur vie active, mais très peu d'entre eux étaient à la retraite. Ce suivi est approximatif : les migrations et la mortalité viennent modifier sensiblement les contours du champ de l'observation.

Chez les hommes, des ouvriers deviennent employés, des employés deviennent cadres

On peut, selon la métaphore de Schumpeter [13], comparer le groupe statistique des employés à l'ensemble des occupants d'un autobus qui voyagerait dans le temps. En 1962, l'autobus des hommes employés nés entre 1927 et 1936 transporte 247 000 voyageurs (c'est un gros autobus). En 1982, l'effectif est passé à 295 000. Cette augmentation est le solde d'un double mouvement : des individus qui étaient employés en début de parcours, lorsqu'ils avaient une trentaine d'années, sont descendus en route, d'autres sont montés dans l'autobus.

L'enquête FQP de 1970 permet de savoir ce qui s'est passé entre les arrêts de 1965 et de 1970. Sur 217 000 hommes nés entre 1927 et 1936 qui étaient dans l'autobus des employés en 1965, 161 000 (74 %) y sont encore cinq ans plus tard, 14 % sont allés prendre l'autobus, plus confortable, des cadres (moyens ou supérieurs), 5 % celui des patrons, 3 % celui des ouvriers. Sur 216 000 hommes employés en 1970, 75 % étaient déjà employés cinq ans auparavant, 16 % sont montés en provenance de l'autobus des ouvriers, 3 % de celui des cadres.

Entre les arrêts de 1972 et de 1977, les voyageurs ont été moins nombreux à changer de véhicule. Sur les 211 000 employés de 1972, 85 % l'étaient encore en 1977, 7 % étaient passés dans l'autobus des cadres, 4 % dans celui des ouvriers, 2 % dans celui des patrons. L'âge venant, les voyageurs sont moins fringants, les changements sont pour eux plus difficiles et moins profitables, les promotions plus rares. Ceux qui sont montés entre 1972 et 1977 provenaient encore en majorité de l'autobus des ouvriers.

Au cours des années soixante et soixante dix, l'autobus des employés nés vers 1930 s'est donc rempli d'anciens ouvriers et vidé de futurs cadres. Si l'on se risque à extrapoler les indications fournies par les enquêtes FQP, on peut avancer - ce ne sont que des ordres de grandeur - que la moitié environ des employés de 1962 l'étaient encore vingt ans après et qu'un tiers sont devenus cadres. Les employés de 1982, plus nombreux que ceux de 1962, provenaient pour plus du tiers de l'autobus des ouvriers.

Chez les employées, les chances de promotion augmentent avec l'âge

Pour l'autobus des employées, les échanges les plus massifs s'opèrent avec l'autobus des femmes au foyer. Ce dernier s'allège en route : au sein des générations 1927-1936, 58 % des femmes étaient inactives en 1962, 44 % en 1982. Certains groupes socioprofessionnels ont donc pu voir leur effectif s'accroître tandis que leur poids relatif au sein de la population active diminuait. Tel est le cas des agricultrices, des ouvrières, et aussi des employées dont le nombre passe de 360 000 à 440 000, mais dont la part régresse de 28 à 25 % des actives, alors que chez les hommes la part des employés s'est accrue de 8 à 10 %. Pour les hommes le groupe des employés est un point de départ et un point d'arrivée, pour les femmes il est surtout un point de départ. L'autobus des employées commence par se vider légèrement : en 1965 il transportait 371 000 personnes, parmi lesquelles 69 % sont encore employées en 1970, 17 % passent dans l'autobus des femmes au foyer, 5 % dans celui des cadres (les promotions sont presque trois fois plus rares que chez les hommes) et 5 % dans celui des ouvrières. En 1970 il transporte 346 000 personnes, parmi lesquelles 26 % sont montées depuis 1965, aux deux tiers en provenance de l'autobus des femmes au foyer. Très peu de femmes sont devenues employées en étant déjà actives auparavant.

De 1972 à 1977, l'autobus se charge plus qu'il ne se vide : les cessations d'activité se font plus rares chez ces femmes qui atteignent la quarantaine (effet d'âge : le temps de la maternité tire à sa fin) dans le contexte d'une France où l'activité féminine devient plus fréquente et plus continue dans tous les groupes d'âge (effet sociétal). Sur 100 femmes qui étaient employées en 1972, 5 seulement sont au foyer en 1977. Les promotions vers l'autobus des cadres sont en revanche plus nombreuses qu'au cours de la période 1965-1970 : près de 9 employées sur 100 en bénéficient (soit davantage que les 7 % masculins). 3 deviennent ouvrière, 3 patronne. L'évolution est inverse de celle des hommes, chez lesquels les promotions sont plus rares vers quarante que vers trente ans. Il semble donc que la phase de la constitution de la famille implique pour les femmes un différement de leurs éventuelles perspectives de carrière.

L'autobus des personnels de service se remplit, lui, tout au long du trajet. Beaucoup de femmes ne l'empruntent que sur une courte distance. Il charge massivement, même en fin de parcours, des femmes au foyer : en 1970 29 % des personnels de service étaient au foyer cinq ans avant, en 1977 26 %. Il recrute aussi des ouvrières, des salariées agricoles, des patronnes de l'industrie et du commerce en déconfiture - au total, 16 % des personnels de service de 1970 exerçaient une autre activité en 1965 (la proportion correspondante n'était que de 8 % chez les employées). On le quitte pour retourner au foyer, pour devenir ouvrière, éventuellement employée, salariée agricole ou patronne, pratiquement jamais pour devenir cadre. La mobilité horizontale y est manifestement plus importante que la mobilité verticale : c'est un autobus bas de gamme, et on a peu de chances de le quitter pour un véhicule plus confortable.

LES EMPLOIS DE BUREAU, PLUS « PROMOTIONNELS » QUE CEUX DU COMMERCE ET DES SERVICES PERSONNELS

Parmi les employés, quels sont ceux dont la situation est la plus stable, se rapproche le plus du type « employé à vie » ? Inversement, quels sont ceux qui ne font que « passer » dans la condition d'employé, et dans ce cas de quelles positions sociales proviennent-ils et vers quelles positions se dirigent-ils ? L'enquête FQP de 1985 permet de repérer les cheminements professionnels entre 1980 et 1985. Le groupe des employés se différencie en trois grands domaines socioprofessionnels. La fonction publique apparaît comme le monde de la stabilité, le commerce et les services comme celui de l'instabilité, les emplois administratifs d'entreprise paraissant quant à eux être davantage porteurs de promotion. Dans chacun de ces secteurs les femmes sont moins sujettes à promotion ou déclassement que les hommes. En revanche elles sont davantage exposées au chômage, et interrompent plus fréquemment leur activité (*figure* 6.3, *tableau* 6.6).

Les hommes devenus employés de la fonction publique ou employés administratifs d'entreprise en fin de période étaient le plus souvent ouvriers cinq ans auparavant. Cependant les possibilités de promotion sont plus fortes parmi les employés administratifs des entreprises : près du quart des hommes se retrouvent cadres supérieurs ou membres des professions intermédiaires au bout de cinq ans alors que pour les employés de la fonction publique le taux correspondant n'est que de 8 %. Les employés de commerce et les personnels des services aux particuliers sont un ensemble dont les membres retournent au groupe ouvrier presque aussi souvent qu'ils en proviennent - mais les probabilités de passage au niveau cadre

6.3 Les itinéraires socioprofessionnels des employés (1980-1985)

Lecture

- recrutement des employés de sexe masculin : 78 % des hommes âgés de 25 à 49 ans qui sont employés de la fonction publique en 1985 étaient employés en 1980. 11 % étaient ouvriers, 4 % étudiants.

- destinées des employées : 84 % des femmes qui étaient employées de la fonction publique en 1980 sont employées en 1985. 6 % sont au foyer, 5 % sont cadres ou membres des professions intermédiaires.

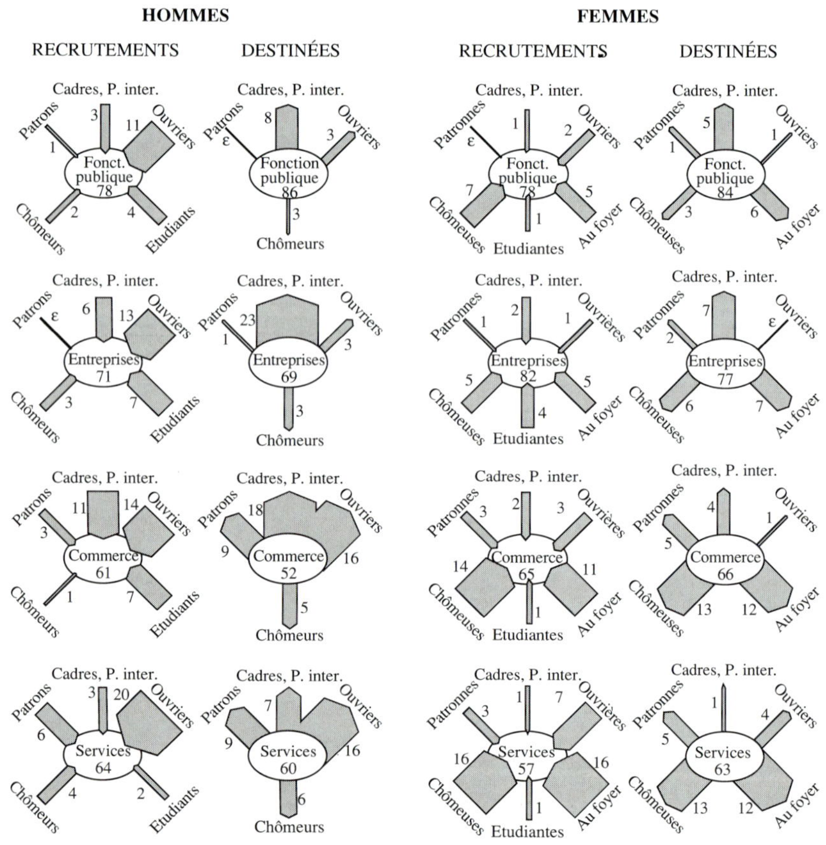

6.6 La position d'employé de commerce est instable, celle d'employé de la fonction publique est stable

Cheminements professionnels des employés, selon le sexe et la catégorie socioprofessionnelle (1980 - 1985)

1. Recrutements

1980 / **1985**	Employés de la fonction publique	Employés administr. d'entreprise	Employés de commerce	personnels des services dir. aux part.	**Employés**
Hommes					
1,2 Agric., Patr.	1,0	0,3	3,1	5,6	**1,0**
3,4 Cadres, P.l.	3,0	5,8	11,4	3,0	**3,4**
5. Employés	**78,5**	**71,4**	**61,3**	**63,7**	**55,8**
6. Ouvriers	11,1	12,6	14,5	20,1	**34,0**
Chômeurs	1,8	3,1	1,5	4,2	**1,7**
Étudiants, élèves	4,4	6,7	7,2	2,1	**3,9**
Autres inactifs	0,3	0,0	1,0	1,3	**0,3**
Total	100,0	100,0	100,0	100,0	**100,0**
Femmes					
1,2 Agric., Patr.	0,5	0,6	3,4	2,7	**1,1**
3,4 Cadres, P.l.	0,9	2,2	2,1	0,7	**1,5**
5. Employées	**82,1**	**82,5**	**64,9**	**56,6**	**77,0**
6. Ouvrières	2,4	0,8	3,1	7,1	**2,5**
Chômeuses	7,2	5,0	14,4	15,8	**8,3**
Étudiantes, élèves	1,3	4,3	1,3	1,0	**2,5**
Autres inactives	5,5	4,6	10,8	16,2	**7,2**
Total	100,0	100,0	100,0	100,0	**100,0**

2. Destinées

1980 / **1985**	1,2 Agric, patr.	3,4 Cadr, P.I.	**5 Employés**	6 Ouvriers	Chômeurs	Inactifs	TOTAL
Hommes							
52,53. Empl. fonction publique	0,2	8,2	**85,6**	3,2	2,2	0,7	100,0
54. Empl. adm. d'entreprise	1,4	22,7	**69,5**	3,0	3,3	0,1	100,0
55. Employés de commerce	9,3	17,9	**51,8**	16,1	4,9	0,0	100,0
56. Pers. des serv. dir. aux part.	9,4	7,1	**60,1**	16,5	5,8	1,1	100,0
5. Employés	**2,3**	**13,6**	**75,0**	**5,6**	**3,1**	**0,4**	**100,0**
Femmes							
52,53. Empl. fonction publique	0,8	5,4	**84,3**	0,7	2,6	6,2	100,0
54. Empl. adm. d'entreprise	2,0	6,8	**77,5**	0,5	6,0	7,2	100,0
55. Employées de commerce	4,6	3,8	**65,6**	1,3	12,8	11,9	100,0
56. Pers. des serv. dir. aux part.	4,9	1,5	**62,9**	4,2	11,6	14,9	100,0
5. Employées	**2,3**	**5,3**	**76,6**	**1,1**	**6,4**	**8,4**	**100,0**

Lecture : [Recrutement] Parmi les hommes ayant un emploi en 1980 et en 1985, résidant sur le territoire métropolitain aux deux dates, et âgés de 25 à 49 ans en 1985, 1,0 % de ceux qui étaient employés de la fonction publique en 1985 étaient agriculteurs en 1980, 78,5 % étaient employés... [Destinées] Parmi les hommes qui étaient employés de la fonction publique en 1980, 0,2 % étaient agriculteurs, artisans, commerçants ou chef d'entreprise en 1985, 85,6 % étaient employés...

Source : Enquête FQP. *Champ :* population âgée de 25 à 49 ans en 1985, résidant sur le territoire métropolitain en 1980 et en 1985. *Référence :* LAULHE Pierre, SOLEILHAVOUP Jeanine, **Mobilité professionnelle (Enquête FQP 1985)**, Paris, Insee, 1987 (« Coll. de l'Insee », D 121).

ou profession intermédiaire sont beaucoup plus fortes chez les employés de commerce (18 %) que chez les personnels de service (7 %). L'accès à un statut d'indépendant ou de petit patron est aussi probable chez les employés de commerce que chez les personnels de service (9 %). La catégorie d'employé de commerce apparaît comme un point de passage par excellence : ceux qui en faisaient partie en 1980 ont près d'une chance sur deux de l'avoir quittée en 1985. A l'opposé un homme qui était employé de la fonction publique en 1980 n'a qu'une chance sur sept de ne plus l'être en 1985.

Chez les femmes, les employées de commerce et personnels de service échangent massivement avec la position de chômeuse et avec celle de femme au foyer. Les autres catégories sont assez stables, surtout lorsqu'il s'agit de la fonction publique, où les passages au foyer sont rares (6 %) et où la probabilité de rencontrer des employés à vie semble être du même ordre que chez les hommes. Chez les employées administratives d'entreprise, les passages au foyer sont presque aussi rares (7 %), mais les probabilités de promotion ou de chômage sont nettement plus élevées que dans la fonction publique.

Les cheminements professionnels des individus qui composent le groupe statistique des employés se diversifient donc fortement selon le sexe d'une part, la catégorie socioprofessionnelle détaillée d'autre part.

Les cheminements en début de vie active ont des caractéristiques différentes de ceux des adultes. Les très jeunes employés (moins de 25 ans à l'enquête FQP de 1985) étaient le plus souvent étudiants ou élèves cinq ans auparavant (dans 81 % des cas chez les hommes et 89 % chez les femmes). Les hommes qui avaient déjà un emploi en 1980 (et qui, donc, n'avaient pas poursuivi d'études au-delà de 19 ans) étaient alors en majorité ouvriers, alors que les femmes dans la plupart des cas étaient déjà employées. La probabilité d'être ouvrier en 1985 est aussi forte ou plus forte que celle d'être encore employé chez les hommes qui, en 1980, à moins de vingt ans, étaient employés de commerce ou personnels des services directs aux particuliers. Seules les femmes qui étaient en 1980 employées administratives d'entreprise avaient plus de quatre chances sur cinq d'appartenir à la même catégorie en 1985. Les emplois occupés par de jeunes employés forment donc un ensemble diversifié, avec à un pôle des situations très instables et, en particulier chez les garçons, de fréquentes permutations entre les positions d'employé de commerce, de personnels de service, d'ouvrier, de chômeur, et à un autre pôle des situations d'accès durable à un domaine d'activité et peut-être à une filière professionnelle (employées de bureau du privé, employés de la fonction publique quel que soit leur sexe).

Forte chez les employés de moins de 25 ans à l'enquête, la probabilité de devenir ouvrier est, chez les plus vieux, à peu près indépendante de l'âge. Le lien entre l'âge et la probabilité de devenir cadre n'est pas le même pour les hommes et les femmes. Chez les premiers, les chances de promotion sont relativement fortes jusqu'à 30 ou 35 ans et décroissent par la suite, alors que chez les secondes les promotions interviennent souvent plus tard, jusque vers 45 ans. Les charges de la vie familiale semblent se traduire pour les femmes par des possibilités de promotion moindres que celles des hommes, mais aussi par un diffèrement de ces possibilités au-delà de la phase des maternités.

RÉFÉRENCES BIBLIOGRAPHIQUES

[1] CHABANNE Agnès, LOLLIVIER Stéfan. *Les salariés de 1967, quinze ans après. La trace du chemin parcouru.* **Economie et statistique**, n° 210, mai 1988.

[2] DESPLANQUES guy. « Activité féminine et fécondité ». In **Données sociales**, Insee, 1987.

[3] SCHUMPETER Joseph. « Les classes sociales en milieu ethnique homogène ». In **Impérialisme et classes sociales**. Paris, Flammarion, 1984 (1ère éd. en allemand 1927).

[4] THUILLIER Guy. **La vie quotidienne dans les ministères au XIXe siècle**. Paris, Hachette, 1976.

FILIATIONS ET ALLIANCES

La place des employés dans les réseaux de parenté paraît singulière : aucun autre groupe socioprofessionnel n'a un environnement familial aussi diversifié. Voisinant, dans les lignées et les ménages, avec des ouvriers aussi bien qu'avec des cadres, les employés semblent former une sorte de tissu interstitiel dans l'organisme social, ou encore être au carrefour des destins sociaux les plus divers. Cette propriété particulière vaut surtout pour le groupe socioprofessionnel des employés pris dans son ensemble. Celui-ci agrège des composantes qui sont chacune socialement beaucoup plus homogènes au regard du rang social des familles. Il n'en demeure pas moins que bien peu d'employés appartiennent à des familles exclusivement composées d'employés.

Au cours des trois dernières décennies, la composition sociale des familles dans lesquelles il y a des employés s'est dans l'ensemble assez peu modifiée. Certes les employés sont de plus en plus nombreux à compter des cadres moyens parmi leurs proches. Mais cette évolution est avant tout la conséquence mécanique de l'augmentation de l'effectif total des cadres moyens - puis des membres des professions intermédiaires. Pour décrire l'environnement familial des employés, il est nécessaire de prendre en compte non seulement les proportions d'employés apparentés à des membres de telle ou telle catégorie socioprofessionnelle, mais aussi les tailles globales (et leurs variations éventuelles) des catégories avec lesquelles les employés sont en contact. Ces effets de structure étant pris en compte, les changements dans la composition de l'environnement familial des employés apparaissent comme étant, pour l'essentiel, l'ombre portée des transformations de la composition socioprofessionnelle de la population française dans son ensemble.

ASCENDANCES ET DESCENDANCES DES EMPLOYÉS : DES CONFIGURATIONS STABLES

De tous les groupes socioprofessionnels, celui des employés apparaît, de par la composition des lignées dans lesquelles il s'inscrit, comme le plus « pluriclassiste », comme ne présentant aucun lien fort avec un type d'ascendance ou de descendance déterminé. C'est aux employés que la formule « tel père, tel fils » [4] s'applique le moins bien.

Du début des années cinquante à la fin des années quatre-vingt, trois catégories sont légèrement sur-représentées parmi les pères d'employés : les employés, les ouvriers et les cadres moyens (puis les professions intermédiaires). Les agriculteurs et salariés agricoles constituent le milieu le plus éloigné des employés. Celui des patrons de l'industrie et du commerce était sur-représenté parmi les

7.1 ASCENDANCES ET DESCENDANCES DES EMPLOYÉS, 1953-1988

La composition des lignées est observée sur la base de l'enquête Emploi de 1953, des enquêtes Formation-Qualification professionnelle de 1970 et 1977 et de l'enquête Emploi de 1988. Ce sont les fils et filles actifs de tous âges qui sont pris en compte. Une limitation aux enfants âgés de 40 à 59 ans est usuelle dans les études françaises sur la mobilité sociale (voir notamment [4], et l'encadré 7.2) parce qu'elle permet de comparer les deux générations à des âges moyens à peu près identiques. Mais l'enquête de 1953 se prête mal, en raison du faible nombre d'employés observés, à une telle restriction. La nomenclature socioprofessionnelle de 1953 diffère de celle de 1970 et 1977 : l'armée et la police sont regroupées avec les personnels de service, le clergé figure parmi les cadres supérieurs, les artistes avec les cadres moyens. C'est pourquoi les catégories « Autres » et « Personnels de service » ne sont pas représentées.

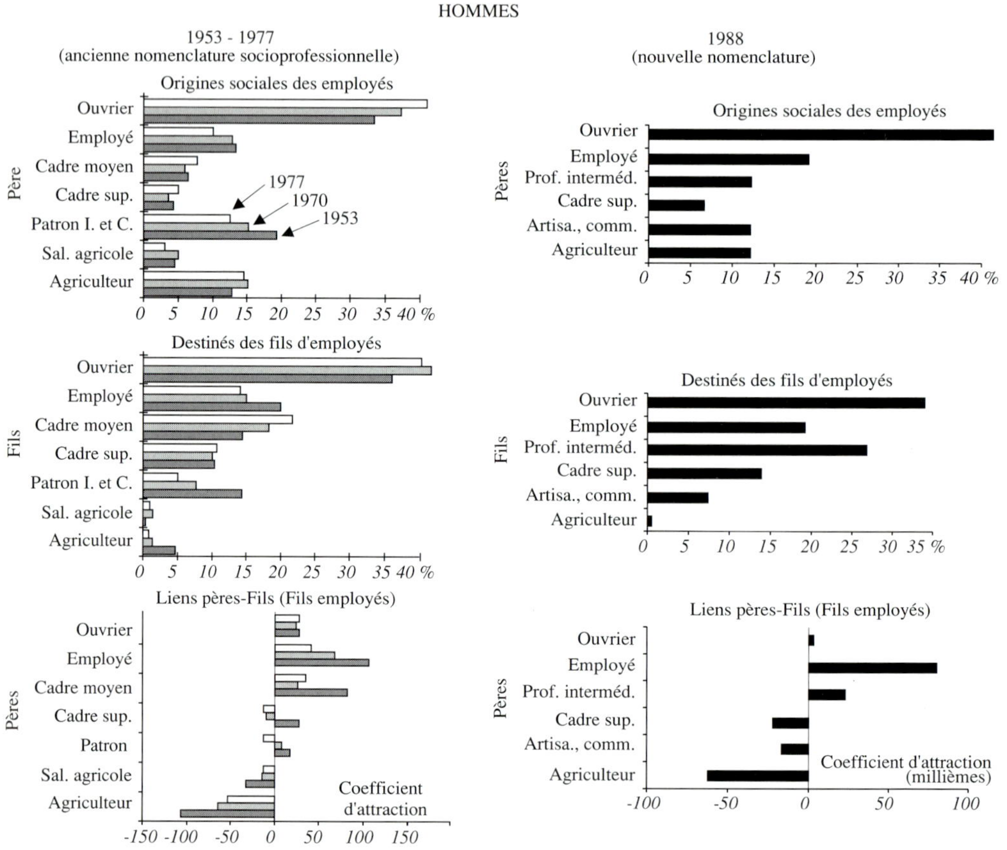

Lecture : *de 1953 à 1977, la proportion d'ouvriers parmi les pères d'employés passe de 33 à 41 %. Toutefois l'attraction entre pères ouvriers et fils employés reste stable (+ 27 millièmes). La prolétarisation des origines des employés résulte donc uniquement de l'effet de structure que constitue l'augmentation entre ces deux dates de la part des origines ouvrières, toutes catégories socioprofessionnelles des fils confondues.*

7.1 (Fin) ASCENDANCES ET DESCENDANCES DES EMPLOYÉS, 1953-1988

Le calcul d'un ***coefficient d'attraction*** *permet de savoir par exemple si l'accroissement du pourcentage d'employés ayant des liens de parenté avec des cadres moyens est simplement proportionnel à l'augmentation du nombre de cadres moyens entre deux dates données, ou s'il se situe en deçà ou au-delà de cette augmentation.*
Le coefficient d'attraction entre deux variables dichotomiques x_i et x_j *observées sur une population d'effectif n est défini par la formule*

$$\varphi = \frac{n\, n_{ij} - n_{i.} n_{j.}}{\sqrt{n_{i.}(n - n_{i.})\, n_{.j}(n - n_{.j})}}$$

Il prend la valeur +1 en cas d'implication mutuelle forte (par exemple, si x_i *est la position sociale du père et* x_j *celle de l'enfant, savoir que le père est* i *permet de conclure que l'enfant est* j *et réciproquement), la valeur -1 en cas d'exclusion mutuelle forte entre l'attribut* i *et l'attribut* j*, la valeur 0 en cas d'indépendance (c'est-à-dire si la connaissance de la position sociale d'un des deux individus apparentés n'apporte aucune information sur celle de l'autre). Il est égal au coefficient de corrélation entre* x_i *et* x_j *[2, p. 50]. Il est exprimé ici en millièmes.*

FEMMES

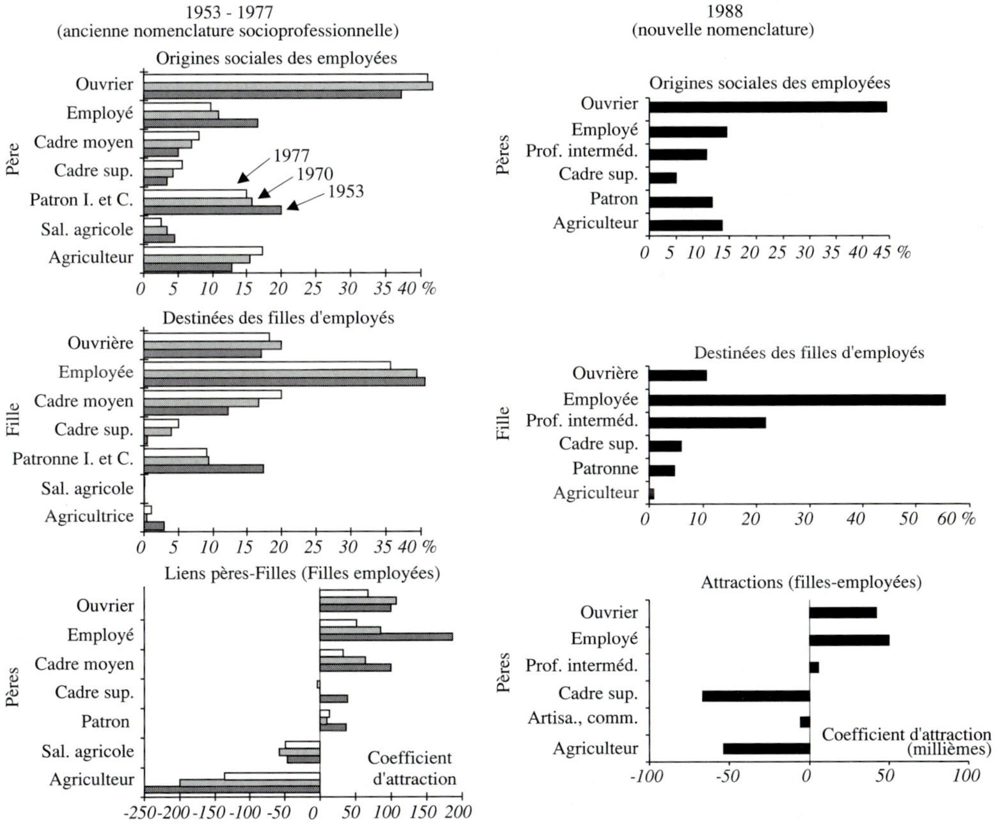

pères d'employés dans les années cinquante et proche de la situation d'indifférence dans les années soixante-dix, il est sous-représenté parmi les pères d'employés en 1988 : la distance s'est creusée entre le monde des artisans et commerçants et celui des employés. Les coefficients d'attraction (définis à *l'encadré* 7.1) entre les positions de cadres (moyens ou supérieurs) et les positions d'employés ont eux aussi diminué tout au long de cette période : les liens de filiation entre cadres et employés se sont affaiblis.

Les employés forment rarement des dynasties

Si l'on considère que la formation d'une classe sociale présuppose une certaine stabilisation des individus et des lignées dans une même position socio-économique, les employés, manifestement, ne constituent pas une classe, puisque d'une génération à l'autre ils sont très nombreux à basculer soit vers le monde ouvrier soit vers celui des couches ou classes moyennes.

Le destin le plus probable pour un fils d'employé est, à toutes les dates, de devenir ouvrier (la proportion de fils ouvriers atteint son maximum, à 42 %, en 1970) ; le destin de cadre moyen (puis de profession intermédiaire) vient en seconde position à partir de 1970, celui d'employé arrivait en second en 1953 mais ne figure ensuite qu'en troisième position : les « dynasties d'employés » sont rares en lignée masculine.

En lignée féminine « l'auto-production » des employées est limitée par la fréquente inactivité des mères. En lignée père-fille, sur cinq filles d'employé devenues actives, deux sont employées en 1953 et en 1970, et 36 % seulement en 1977. Depuis 1977, il semble que « l'auto-production » des employés tende à devenir plus fréquente en lignée père-fille, mais le changement de nomenclature socioprofessionnelle intervenu en 1982 rend incertaine l'estimation de l'ampleur de ce retournement. En 1988, 55 % des actives dont le père est employé sont elles-mêmes employées (47 % hors personnel des services directs aux particuliers). Pour les hommes, les chiffres homologues sont de 19 % en 1988 (12 % hors personnel des services et policiers et militaires) et 14 % en 1977.

Agnès Pitrou et Françoise Guélaud écrivaient que « l'expansion du tertiaire, déjà assez ancienne, actuellement ralentie, a eu le (...) résultat de rendre possible la généralisation de « dynasties d'employés » - autrement dit, une certaine auto-production de la catégorie » [3, p. 176]. En fait au cours de la période 1953-1977 le nombre des employés fils ou filles d'employés s'est accru, mais la part, dans l'ensemble des employés, de ceux ou celles dont les pères sont employés a diminué. En s'accroissant, la catégorie des employés s'est ouverte davantage aux contacts intergénérationnels avec d'autres groupes socioprofessionnels.

Les employées ont plus souvent des pères ouvriers, et moins souvent des pères cadres supérieurs ou professions libérales, que leurs homologues de sexe masculin. Leurs origines sociales sont donc plus populaires que celles des employés.

Les différents sous-groupes d'employés s'étagent entre deux pôles, celui des employés administratifs d'entreprise (des deux sexes), proches, par leurs origines et leurs descendances, des professions intermédiaires, et celui des femmes personnels des services directs aux particuliers, proches des milieux ouvrier et agricole.

Les observations concernant les employés répartis par catégories socioprofessionnelles détaillées sont effectuées sur la base de l'enquête Emploi de 1988. Les effectifs des enquêtes antérieures (enquête Emploi de 1953, enquêtes FQP), plus faibles, se prêtent mal à des distinctions aussi fines. Pour optimiser la qualité statistique des résultats, on utilise ici des nomenclatures différentes pour les hommes et pour les femmes : chez ces dernières, on distingue parmi les employées civiles de la fonction publique les employées administratives et les agents de service ; les effectifs masculins sont trop faibles pour justifier une telle distinction. La catégorie des policiers et militaires, peu représentée chez les femmes, n'est décrite que pour les hommes.

Au regard des caractéristiques des lignées dans lesquelles ils s'inscrivent, les emloyés administratifs d'entreprise, hommes et femmes, constituent l'aristocratie du groupe des employés. Les ouvriers sont sous-représentés dans leur descendance comme dans leur ascendance, les professions intermédiaires et même les cadres supérieurs y sont sur-représentés (voir la *figure* 7.1, construite par observation des enfants actifs de tous âges, et *l'encadré* 7.2, qui porte sur les enfants âgés de 40 à 59 ans).

7.1 Ouvriers et cadres parmi les ascendants et descendants des différentes catégories d'employés (1988)

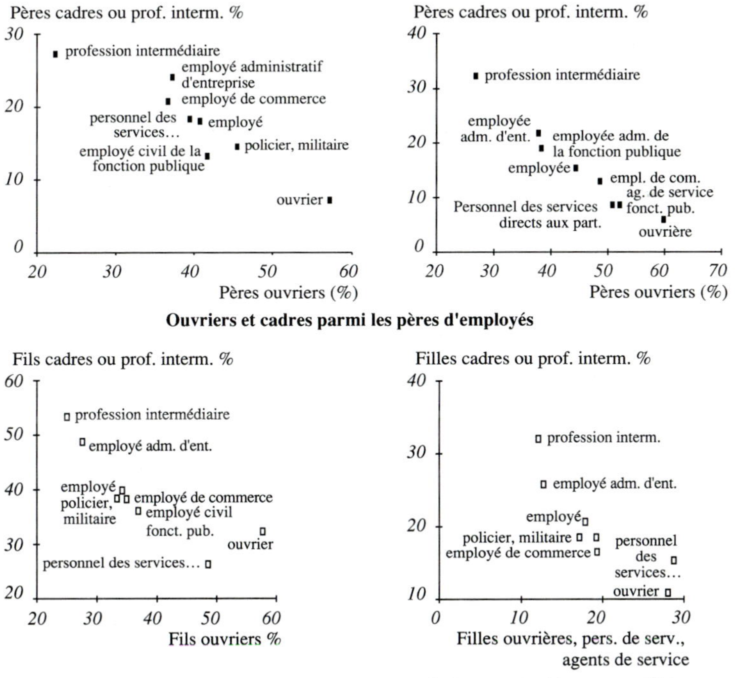

Ouvriers et cadres parmi les pères d'employés

Ouvriers et cadres parmi les fils d'employés

Cadres et salariées non qualifiées parmi les filles d'employés

Source : enquête Emploi.
Champ : enfants actifs.

7.2 TROIS IMAGES DE L'ARCHIPEL DES EMPLOYÉS

Lecture :

1. Les ouvriers et les employés sont sur-représentés parmi les pères des employés civils de la fonction publique et des policiers et militaires ; les fils employés de commerce et personnels des services directs aux particuliers ont souvent des pères non salariés. Les employés administratifs des entreprises n'ont de liens qu'avec les pères employés.

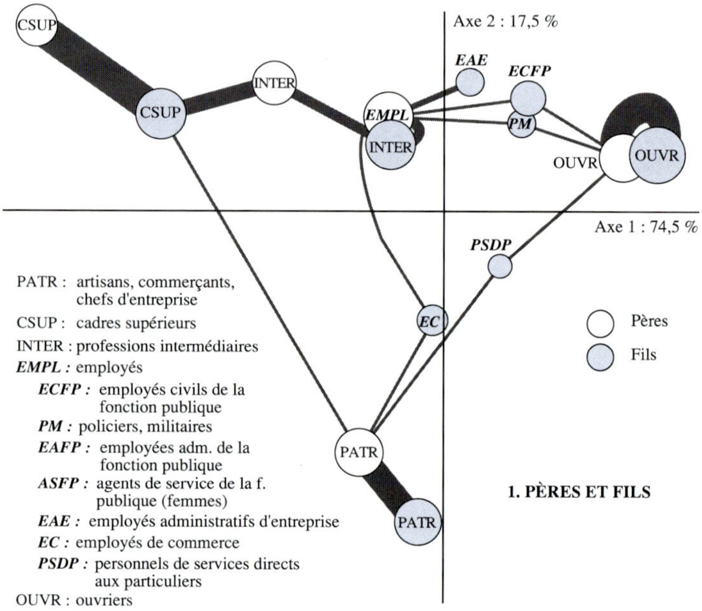

1. PÈRES ET FILS

Lecture :

2. Les employées se répartissent en deux sous-groupes nettement distincts. Les agents de service de la fonction publique et les personnels des services directs aux particuliers sont, avec les ouvrières et les femmes au foyer, les seules à être d'origine ouvrière plus souvent que l'ensemble des femmes. Les employées administratives de la fonction publique ont des pères plutôt employés ou membres des professions intermédiaires, de même que les employées administratives d'entreprise qui en outre ont fréquemment des pères commerçants, artisans ou chefs d'entreprise. Les employés et les non salariés sont sur-représentés parmi les pères des employées de commerce.

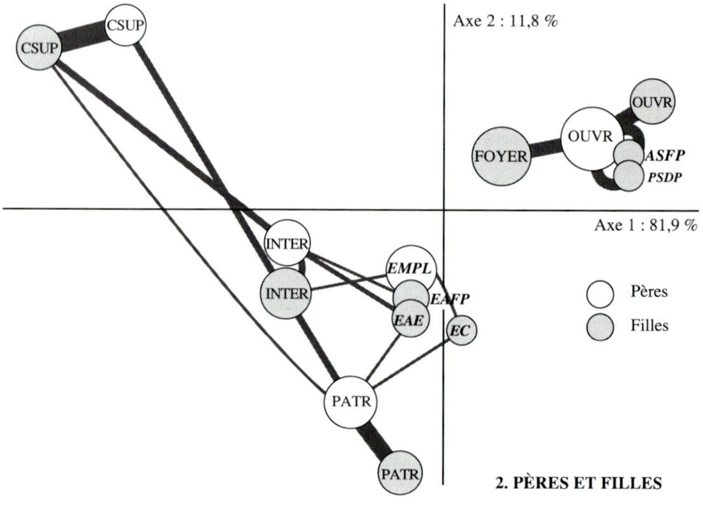

2. PÈRES ET FILLES

7.2 (Fin) TROIS IMAGES DE L'ARCHIPEL DES EMPLOYÉS

Les positions des catégories sont déterminées par une analyse factorielle des correspondances effectuée sur le tableau croisant les positions socioprofessionnelles des pères et des enfants, ou des conjoints. Seuls les deux premiers axes sont représentés - ils « expliquent » toujours neuf dixièmes au moins de la variance totale. Le premier axe (deux tiers au moins de la variance) oppose les catégories qui sont bien dotées en revenus et en diplômes (ouest) à celles qui en sont le plus démunies (est). Le second oppose principalement les non salariés aux salariés. Le rayon de chaque cercle est proportionnel à la racine cubique de l'effectif de la catégorie socioprofessionnelle correspondante. L'épaisseur des traits qui relient deux catégories est proportionnelle au coefficient d'attraction (défini à l'encadré 7.1) entre les deux catégories (les valeurs négatives sont omises).

Pour les graphes pères-enfants, le champ est celui des enfants qui ont de 40 à 59 ans et dont la position socioprofessionnelle du père est connue. Seuls les fils actifs sont pris en compte. Pour le graphe des couples, les femmes ont 40 ans au moins, les hommes sont actifs. C'est donc l'environnement social des employés d'âge mûr qui est représenté. Les lignées et les couples comptant au moins un agriculteur ou une agricultrice sont exclus du champ de l'analyse. Leur présence donnerait à l'axe 1 la signification triviale d'une opposition entre deux ensemble disjoints, le milieu agricole et tous les autres milieux socioprofessionnels.

Lecture :

3. Dans les couples, les hommes qui sont employés n'ont de liens préférentiels qu'avec des femmes qui sont elles-mêmes employées. Les employées se répartissent en deux sous-groupes. Les agents de service de la fonction publique et les personnels des services directs aux particuliers sont plus proches des conjoints ouvriers que des employés. Les trois autres catégories vivent moins souvent avec des ouvriers et plus souvent avec des membres des professions intermédiaires que l'ensemble des femmes ; les employées administratives d'entreprise et les employées de commerce présentent des liens avec les artisans, commerçants et chefs d'entreprise, alors que les employées administratives de la fonction publique n'ont de liens qu'avec les employés et les membres des professions intermédiaires.

La source est l'enquête Emploi de 1988.

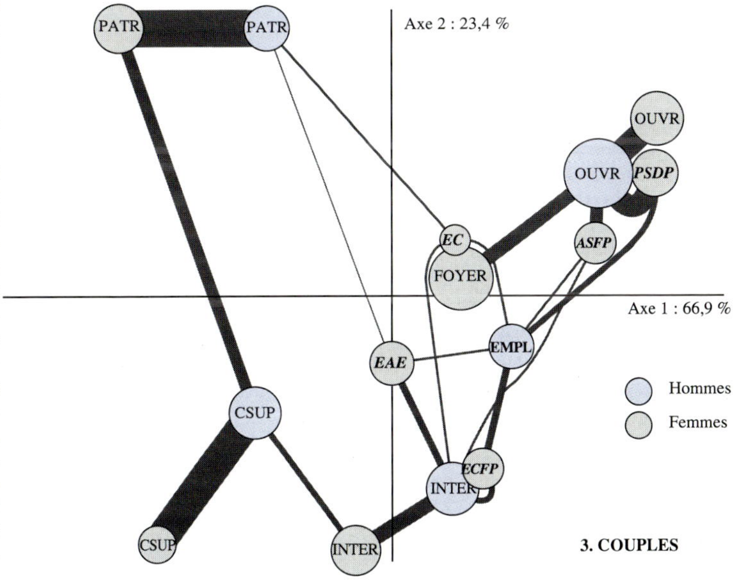

A l'inverse les femmes qui rendent des services aux particuliers ont surtout des origines ouvrières (une fois sur deux) et agricoles (une fois sur cinq), et sont rarement issues de pères cadres, patrons, et même employés. Les femmes agents de service de la fonction publique présentent à peu près le même profil d'origines. Ces deux catégories forment la fraction la plus prolétaire du groupe des employés.

Les employés de commerce, proches des non-salariés de l'artisanat et du commerce

Les artisans et commerçants sont sur-représentés parmi les pères d'employés et employées de commerce, mais légèrement sous-représentés parmi les enfants d'employé(e)s de commerce. Les employées de commerce ont des descendances et surtout des origines plus populaires que celles de leurs homologues du sexe masculin : les pères ouvriers sont sur-représentés chez les femmes, sous-représentés chez les hommes, et à l'inverse les pères des professions intermédiaires sont sur-représentés chez les hommes et sous-représentés chez les femmes.

Les origines sociales des personnels des services directs aux particuliers de sexe masculin sont plus proches de celles des employés de commerce que de celles des femmes personnels de service. Plus de la moitié des hommes de cette catégorie sont serveurs ou commis de restaurant ou de café (donc proches des professions commerciales), alors que les professions dominantes chez les femmes personnels de service sont celles d'employée de maison ou femme de ménage chez les particuliers et d'assistante maternelle (proches des milieux ouvrier et agricole).

Les hommes et les femmes d'une même catégorie socioprofessionnelle n'exercent jamais exactement les mêmes professions et appartiennent à des milieux sociaux éventuellement différents ; cet écart, qui interdit de considérer appartenance socioprofessionnelle et sexe comme deux variables indépendantes, est particulièrement marqué chez les personnels de service.

L'hérédité sociale est plus marquée dans la fonction publique

Les employés de la fonction publique sont les plus « dynastiques » des employés. On a plus de chances d'être soi-même employé si on est l'enfant d'un employé de la fonction publique que si on est l'enfant d'un employé du secteur privé et semi-public.

Les coefficients d'attraction pères-enfants sont plus forts entre les positions d'employés de la fonction publique qu'entre celles d'employés du secteur privé et semi-public. Ces observations s'inscrivent dans la tendance à « l'hérédité sociale des fonctionnaires » décrite par Claude Thélot [4, p. 58] à propos des lignées masculines. La transmission de la position d'employé de la fonction publique est mieux assurée en lignée père-fils (le coefficient d'attraction est de 0,084, alors qu'il n'atteint que 0,039 pour les positions d'employés du privé) qu'en lignée père-fille (0,045, soit à peu près la même valeur que pour le lien père-fille pour les employés du secteur privé, 0,043).

L'opposition entre les employés d'administration (les plus souvent issus des couches moyennes) et les agents ou personnels de service (les plus souvent issus de pères ouvriers ou agriculteurs) existe dans le public comme dans le privé, mais cette différenciation des origines sociales des employés est moins marquée dans le public que dans le privé. Les pères ouvriers et surtout employés sont sur-représentés chez les policiers et militaires et, à un moindre degré, chez les hommes employés civils de la fonction publique. Les origines des employées administratives de la fonction publique sont assez semblables à celles de leurs homologues du secteur privé et semi-public, à ceci près que le poids des cadres est plus fort dans le privé. On a vu que les femmes agents de service, tout en présentant des caractéristiques voisines de celles des personnels des services directs aux particuliers, avaient des origines un peu moins populaires que celle de leurs homologues du privé.

Les lignées dans lesquelles s'inscrivent les employés présentent des caractéristiques assez différentes selon qu'on situe l'observation à l'échelon de l'ensemble du groupe des employés ou à celui de catégories plus détaillées. Dans le premier cas, les employés, et surtout les employées, apparaissent comme formant une sorte de carrefour des destins sociaux, caractérisé par des liens fréquents avec des cadres ou des membres des professions intermédiaires et avec des ouvriers. Dans le second, l'hérédité sociale paraît plus forte, les liens de parenté tendent à situer telle ou telle catégorie d'employés dans un milieu social plus homogène - celui des couches moyennes pour les employés d'administration, le milieu ouvrier pour les femmes de service.

LES EMPLOYÉS DIVISÉS PAR LEURS ALLIANCES

« Cette catégorie [celle des employées] dotée de caractéristiques relativement tranchées dans l'univers du travail est loin d'offrir la même homogénéité en dehors du travail. Majoritairement constituée de femmes (...), dont beaucoup sont mariées à des ouvriers, des instituteurs ou des cadres moyens, les employés se dispersent, quand ils rentrent à la maison, dans des familles relevant d'autres classes que la leur. Les familles d'employés vivant à part entière les conditions de vie d'employés et ne touchant que des salaires d'employés pèsent, dans la population des familles, d'un poids infiniment plus faible que celui de la catégorie employés dans la population active ». L'analyse que les auteurs de « Qui travaille pour qui ? » [1, p. 224] fondaient sur le recensement de 1975 vaut aussi pour des observations plus anciennes (recensement de 1962) et plus récentes (recensement de 1982, enquête Emploi de 1988).

Des années soixante aux années quatre-vingt, stabilité des préférences des employés en matière de choix du conjoint

En 1962 comme en 1982, les alliances des employées se caractérisent par l'importance absolue de la part des conjoints ouvriers (plus de deux sur cinq) et par des liens préférentiels (mesurés en termes de coefficients d'attraction) avec les employés et avec les cadres moyens.

La part des époux cadres moyens ou supérieurs s'est accrue (elle est passée de 22 à 26 %) mais cette progression a été moins forte que celle des cadres dans l'ensemble des conjoints (de 14 à 25 %). En termes de coefficients d'attraction, les liens avec les cadres se sont affaiblis, mais par ailleurs ceux avec les ouvriers et les personnels de service se sont aussi (plus légèrement) distendus. Le lien des femmes personnels de service avec les ouvriers s'est renforcé. Au total, en vingt ans, les changements dans la répartition socioprofessionnelle des époux d'employées ont surtout été la conséquence des transformations d'ensemble de la la composition de la population active masculine.

La configuration des alliances des employés de sexe masculin est elle aussi assez stable. A la différence des employées, nettement attirées par les employés et les cadres moyens, les employés n'ont de liens préférentiels (correspondant à des coefficients d'attraction fortement positifs) qu'avec les employées. L'attirance qu'exercent les femmes actives sur les employés s'est renforcée de 1962 à 1982.

En 1988, parmi les couples (mariés ou non, cette fois) où la femme est employée, l'homme est cadre supérieur ou membre des professions intermédiaires trois fois sur dix, ouvrier dans 43 % des cas et employé dans 16 % des cas seulement. La distribution des conjoints d'employées est celle qui se rapproche le plus de la répartition globale des hommes vivant en couple. De savoir qu'une femme est employée n'apporte guère d'information sur l'appartenance socioprofessionnelle probable de son conjoint - alors que de savoir qu'une femme est agricultrice permet de pronostiquer avec moins d'une chance sur dix de se tromper que son conjoint est lui aussi agriculteur, que les ouvrières vivent elles aussi très majoritairement avec des ouvriers, les femmes des professions intermédiaires avec des hommes des professions intermédiaires ou des cadres, etc. En termes de coefficients d'attraction (*figure* 7.2), les employées sont attirées par les employés, les ouvriers et les professions intermédiaires : elles forment le seul groupe socioprofessionnel féminin qui soit attiré par autant de groupes masculins différents. Les employés de sexe masculin se conforment mieux à la règle d'homogamie et ne sont attirés que par les employées ; ils sont un peu moins distants avec les femmes des professions intermédiaires qu'avec les ouvrières.

Les employées d'administration sont attirées par les membres des professions intermédiaires, les autres employées par les ouvriers

Les employées d'administration, qu'elles soient du public ou du privé, sont attirées par les hommes des professions intermédiaires, et présentent des coefficients d'attraction nettement négatifs en direction des ouvriers. Inversement les trois autres catégories d'employées sont attirées par les ouvriers, et repoussées par les membres des professions intermédiaires (et, a fortiori, par les cadres supérieurs). Les employées se répartissent donc schématiquement en deux sous-groupes, celui des employées d'administration, qui vivent plus volontiers avec des cadres

7.2 Les préférences conjugales des employés, 1962 - 1988

Quelles catégories d'hommes attirent les employées ? 1962-1982

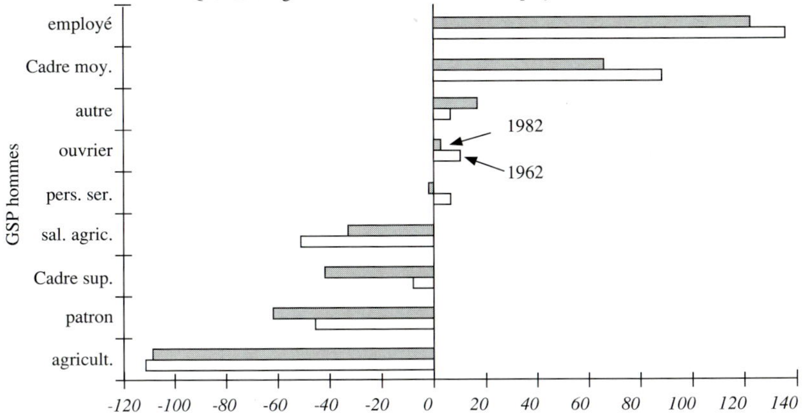

Quelles catégories de femmes attirent les employés ? 1962-1982

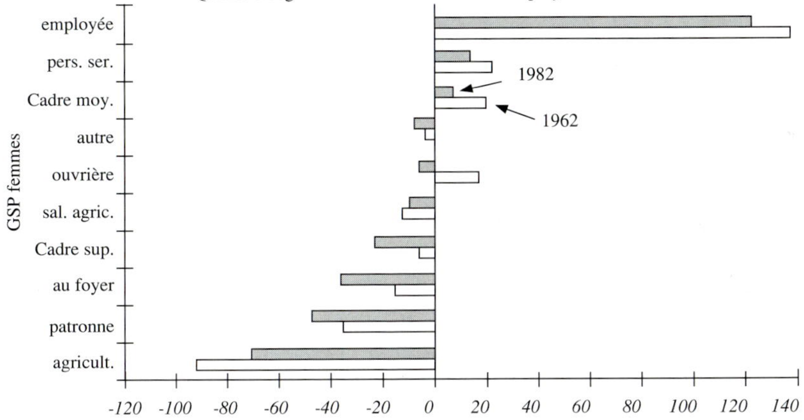

Quelles catégories d'hommes attirent les employées ? 1988

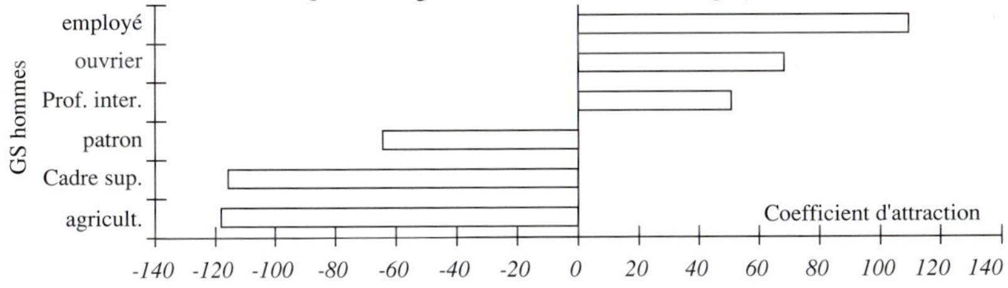

Quelles catégories de femmes attirent les employés ? 1988

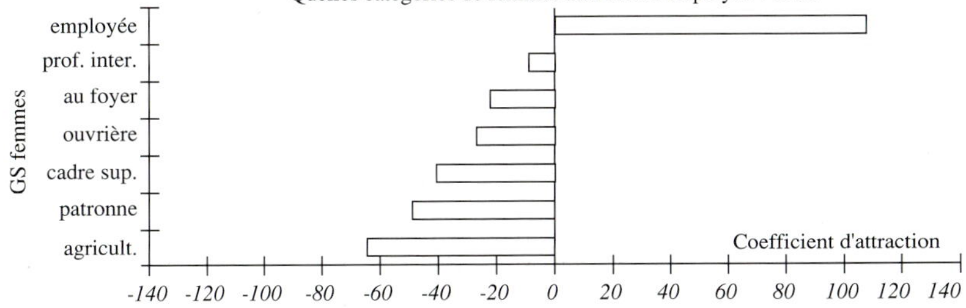

7.3 Ouvriers et cadres parmi les conjoints d'employées (1988)

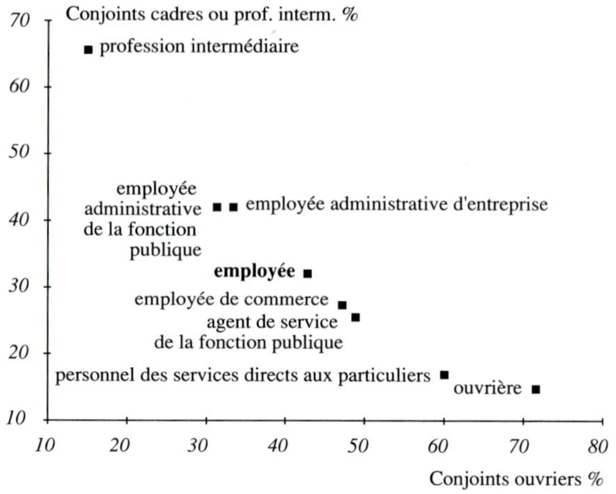

Source : enquête Emploi.
Champ : couples (mariés ou non) où l'homme et la femme sont actifs.

qu'avec des ouvriers, et celui des autres employées (employées de commerce, personnels de service du public ou du privé), qui vivent plutôt avec des ouvriers (*figure* 7.3).

Comme dans le cas des liens parents-enfants examiné plus haut, aucune catégorie d'employées ne présente de coefficients d'attraction positifs à la fois en direction des professions intermédiaires et en direction des ouvriers. Les composantes du groupe des employées forment une échelle dont le barreau le plus proche du milieu ouvrier est constitué par les personnels de service, parmi lesquelles trois sur cinq vivent avec un ouvrier. Le plus proche des couches moyennes correspond aux employées administratives (de la fonction publique et des entreprises), qui vivent moins d'une fois sur trois avec un ouvrier et plus de deux fois sur cinq avec un cadre ou un membre des professions intermédaires. Entre ces extrêmes, les femmes agents de service de la fonction publique voisinent avec les employées de commerce (leurs conjoints sont une fois sur deux ouvriers). Les employées administratives de la fonction publique voisinent, elles, avec les employées administratives d'entreprise (un tiers de conjoints ouvriers). Les employées de commerce sont les seules parmi les employées à être attirées de manière significative par des hommes non salariés (11 % de leurs conjoints sont artisans, commerçants ou chefs d'entreprise).

Policiers et militaires, une catégorie à part

Parmi les employés du sexe masculin, les policiers et militaires ont une place à part en ce sens que leurs épouses sont très souvent au foyer, alors qu'à l'inverse celles des autres catégories d'employés sont très nombreuses à exercer une activité professionnelle.

En 1988, 41 % des femmes de policiers et de militaires sont inactives, alors que 24 % seulement des femmes d'employés civils de la fonction publique et d'employés administratifs d'entreprise sont au foyer, et 28 % des femmes des autres employés.

Deux hypothèses non exclusives peuvent rendre compte de cette singularité : les horaires de travail lourds et variables qui prédominent dans ces professions risquent de réduire la vie de famille à bien peu de chose si la femme travaille au dehors ; les « forces de l'ordre » se caractérisent peut-être par un conservatisme qui s'étendrait à la défense d'un ordre familial traditionnel valorisant le maintien de la femme au foyer. Les éléments qui permettraient de tester la pertinence respective de l'explication matérialiste par les contraintes d'horaires et de l'explication culturaliste par les modèles de vie familiale font ici défaut.

Les employés civils de la fonction publique et surtout les employés administratifs d'entreprise sont les seuls à présenter des coefficients d'attraction positifs en direction des femmes des professions intermédiaires. Ces traits mis à part, les employés de sexe masculin semblent former, du point de vue des alliances qu'ils contractent, un ensemble plus homogène que celui des employées : quelle que soit leur catégorie socioprofessionnelle détaillée, ils sont fortement attirés par les employées, et repoussés par les ouvrières. Toutefois ce n'est pas avec les mêmes sortes d'employées que vivent les différents sous-groupes d'employés. Une tendance à l'homogamie se dégage nettement : les personnels de service sont fortement attirés par les femmes personnels de service, mais à peu près indifférents aux autres catégories d'employées ; de même les employés de commerce ne sont guère attirés que par les employées de commerce, etc. Seule exception, les policiers et militaires, dont les homologues féminines sont très rares sur le marché matrimonial, se reportent sur les personnels de service (et sur les employées civiles de la fonction publique, ce qui constitue une forme d'homogamie).

Si l'on situe les différentes catégories d'employés sur une échelle en fonction des positions socioprofessionnelles des femmes actives avec lesquelles ils vivent, ces catégories se regroupent sur trois positions (*figure* 7.4). Les employés administratifs d'entreprise constituent le barreau du « haut » de l'échelle, les personnels des services directs aux particuliers celui du « bas ». En position intermédiaire figurent les employés de la fonction publique (civils et militaires) et les employés de commerce.

La diversité des positions sociales des conjoints : une caractéristique des employés, mais aussi d'autres groupes socioprofessionnels

Au regard de la composition sociale des réseaux familiaux dans lesquels s'inscrivent ses membres, le groupe des employés ne forme pas un bloc, il apparaît comme un rassemblement de catégories voisines les unes des autres mais disjointes, présentant chacune un profil d'alliances préférentielles particulier.

D'autres groupes socioprofessionnels - les professions intermédiaires, les cadres et professions intellectuelles supérieures notamment - sont eux aussi hétérogènes au regard des alliances contractées par leurs membres. On peut situer ces diffé-

7.4 Salariées non qualifiées et cadres parmi les conjointes d'employés

Champ : couples (mariés ou non) où l'homme et la femme sont actifs.

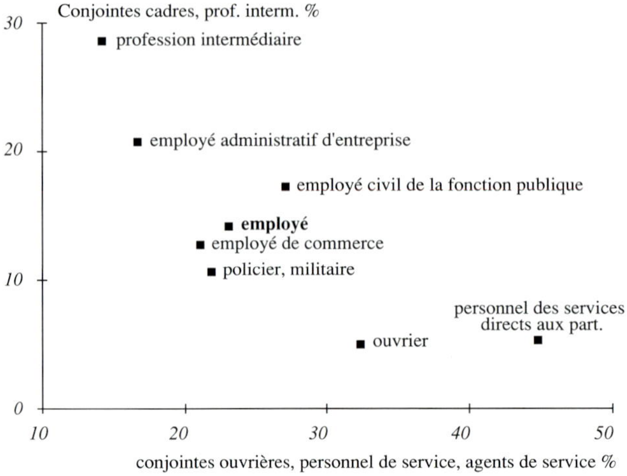

Source : enquête Emploi, 1988.

7.1 Les salaires et les diplômes des conjoints d'employées

CSP de la femme code	intitulé	Salaire moyen du conjoint (en F/mois)	Coefficient de dispersion (en %) *	Diplôme du conjoint (en %) Aucun	Supérieur
1	Agricultrice	4937	66,2	32,0	6,0
2	Patronne	7416	68,9	23,6	13,6
3	Cadre supérieur	12062	47,5	6,1	61,0
4	Prof. intermédiaire	8423	43,9	12,1	38,4
45	*PI adm. de la fonct. publ.*	*8008*	*37,7*	*12,3*	*21,6*
46	*PI adm. et comm. d'entr.*	*9005*	*47,2*	*19,1*	*20,0*
5	**Employée**	**6274**	**44,9**	**33,8**	**6,6**
52	*E. de la fonction publique*	*6086*	*38,4*	*35,8*	*5,4*
54	*E. adm. d'entreprise*	*7053*	*44,9*	*21,2*	*10,4*
55	*E. de commerce*	*5875*	*46,6*	*39,9*	*4,1*
56	*Pers. des serv. aux part.*	*5233*	*46,1*	*53,2*	*2,5*
6	Ouvrière	5288	34,3	59,8	1,5

* écart - type / moyenne x 100

Champ : salariés à temps plein, vivant avec une femme active âgée de moins de 55 ans ; source : enquête Emploi 1987.

rents groupes sur une même échelle d'homogénéité-hétérogénéité en décrivant non plus la répartition socioprofessionnelle des conjoints, mais la dispersion de leurs salaires. Sous cet angle, les employées forment un ensemble plus hétérogène que celui des ouvrières, mais ni plus ni moins hétérogène que ceux des professions intermédiaires ou des cadres supérieurs, et moins hétérogène que ceux des agricultrices ou des femmes artisans et commerçants - pour ces dernières un indicateur portant sur les seuls conjoints salariés est il est vrai peu satisfaisant (les coefficients de dispersion figurent au *tableau* 7.1).

CONCLUSION

Les employés constituent, plutôt qu'une catégorie carrefour, une catégorie « hétérophile » dont les membres se métissent largement, dans les lignées et dans les couples, avec d'autres groupes socioprofessionnels. La famille étant par excellence une institution qui fait vivre ensemble des individus des deux sexes, la mixité socioprofessionnelle des familles comportant des employés - et surtout des employées - n'est pas seulement une simple conséquence du fait qu'une active sur deux et moins d'un actif sur huit exercent une profession d'employé. La représentation, parmi les partenaires familiaux des employés, des ouvriers et des membres des professions intermédiaires excède la part de ces groupes dans l'ensemble des partenaires possibles des employés.

Cette mixité socioprofessionnelle n'a pas nécessairement le sens d'une mixité sociale : il ne suffit pas qu'un père et une fille, un mari et une épouse exercent des professions différentes classées dans des groupes socioprofessionnels différents pour qu'ils appartiennent à des milieux sociaux différents. Les « profils d'attraction » des différentes composantes du groupe statistique des employés témoignent d'associations dans lesquelles l'hétérogénéité professionnelle n'exclut pas une certaine homogénéité sociale : les employées d'administration ont des liens préférentiels avec les hommes (pères ou conjoints) des professions intermédiaires, les femmes personnels de service ou agents de service avec les ouvriers, les employées de commerce avec les artisans et commerçants. Chaque catégorie d'employés subit ainsi l'influence préférentielle d'un de ces trois groupes voisins dans l'espace social, et exerce sa propre influence sur ce groupe. Avec le développement de l'activité professionnelle féminine, la position sociale des individus et des familles résulte de plus en plus souvent du croisement d'expériences sociales et professionnelles différentes. Il est donc de plus en plus difficile de l'identifier au travers des procédures de description qui se limitent à l'appartenance socioprofessionnelle de l'individu ou à celle de la « personne de référence » du ménage.

RÉFÉRENCES BIBLIOGRAPHIQUES

[1] BAUDELOT C., ESTABLET R., TOISER J. **Qui travaille pour qui ?** Paris, Maspero, 1979.

[2] BOUDON Raymond. **Les mathématiques en sociologie**. Paris, PUF, 1970.

[3] PITROU Agnès, GUELAUD Françoise. « Les employés : groupe de transition ou groupe en formation ? ». In **Classes et catégories sociales, aspects de la recherche**. Paris, EDIRES, 1985.

[4] THELOT Claude. **Tel père, tel fils ? Position sociale et origine familiale**. Paris, Dunod, 1982.

[5] VALLET Louis-André. « Activité professionnelle de la femme mariée et détermination de la position sociale de la famille. Un test empirique : la France entre 1962 et 1982 ». **Revue française de sociologie**, n° 27-4, 1986

UN STYLE DE VIE FAMILIALE SPÉCIFIQUE ?

Du point de vue de leur caractéristiques de mobilité intra- et inter-générationnelle les employés apparaissent comme occupant une position intermédiaire entre les ouvriers d'une part, les classes moyennes et supérieures d'autre part. Leurs modes de vie, leurs comportements familiaux sont plus originaux, bien moins réductibles à une « moyenne » des propriétés des catégories voisines.

L'utilisation de moyens modernes de contraception est venue autoriser une meilleure maîtrise de la fécondité. La garde des enfants s'est de plus en plus souvent effectuée sans qu'il soit fait appel à des personnes de la famille ; contraint ou choisi, le recours aux services de personnels rémunérés permet aux parents de ne pas être tributaires des services domestiques rendus gratuitement par leurs propres parents. L'extension du salariat féminin a accru l'autonomie économique des femmes vis-à-vis de leurs maris. Les femmes ont accédé au droit de vote politique en 1944. Les inégalités entre hommes et femmes dans la répartition des tâches domestiques ont un peu diminué.

De tels changements sont à la fois symptômes et vecteurs d'une certaine émancipation à l'égard de l'autorité traditionnellement exercée par les générations anciennes sur les nouvelles et par les hommes sur les femmes. Les comportements sociaux dépendent moins fortement de l'appartenance aux catégories à fondement biologique que constituent l'âge et le sexe. De nouvelles formes d'individualité apparaissent ; elles ont été décrites, avec des variantes ou des divergences substantielles dans l'étude desquelles nous n'entrerons pas ici, par un grand nombre d'auteurs parmi lesquels on peut citer Max Weber [22], Louis Dumont [10], Gérard Mendel [15], Martin Kohli [11].

Les employés et employées ont-ils été à l'avant-garde de ce mouvement, ou ont-ils emboîté le pas à d'autres catégories sociales ? Pour Agnès Pitrou et Françoise Guélaud, « sur le plan des mœurs familiales et conjugales, c'est souvent eux (les employés) qui ont des comportements extrêmes. En ce qui concerne la fécondité, les employés ou femmes d'employés ont été à l'avant-garde des familles réduites et restent encore une des catégories les moins fécondes. Leurs enfants en bas-âge sont ceux qui sont gardés le plus souvent à l'extérieur du foyer. Employés et employées sont également les plus forts demandeurs de divorce (après le personnel de service). Les femmes d'employés ont les taux d'activité les plus élevés, comparées aux conjointes d'autres catégories sociales » [16, p. 12].

Mais pour une autre sociologue, Catherine Bidou, c'est parmi les « professions intellectuelles moyennes et supérieures » - dans lesquelles elle situe les « aventuriers du quotidien » - que les comportements tels que « baisses des mariages, des naissances, hausses des divorces et des naissances illégitimes » « ont débuté et sont les plus marqués » [1, p. 16].

Nous procéderons ici à un réexamen des chiffres sur lesquels se basent ces analyses. Les deux diagnostics ne sont pas contradictoires : celui de C. Bidou est focalisé sur la dynamique des changements dans les pratiques familiales, celui d'A. Pitrou et F. Guélaud sur le positionnement à un moment donné des employés par rapport aux autres catégories sociales. Ils sont l'un et l'autre statistiquement fondés - sauf lorsque A. Pitrou et F. Guélaud situent les employés « à l'avant-garde de la famille réduite », affirmation contestable dans la mesure où les employées demeurant actives ont, au fil des années soixante et soixante-dix, de plus en plus d'enfants.

ACTIVITÉ FÉMININE ET FÉCONDITÉ

Femmes et filles d'employés : des taux d'activité professionnelle élevés dès les années cinquante et soixante

En 1962, c'est dans le monde de la ferme et dans celui de l'artisanat et de la boutique qu'on trouve le moins de femmes au foyer. Dans les autres ménages, le taux de femmes au foyer suit une courbe en U, avec un minimum chez les épouses de cadres moyens, d'employés et de personnels de service et deux maxima, l'un chez les femmes de cadres supérieurs, l'autre chez les femmes d'ouvriers et de salariés agricoles (*figure* 8.1).

8.1 Les épouses d'employés sont rarement inactives

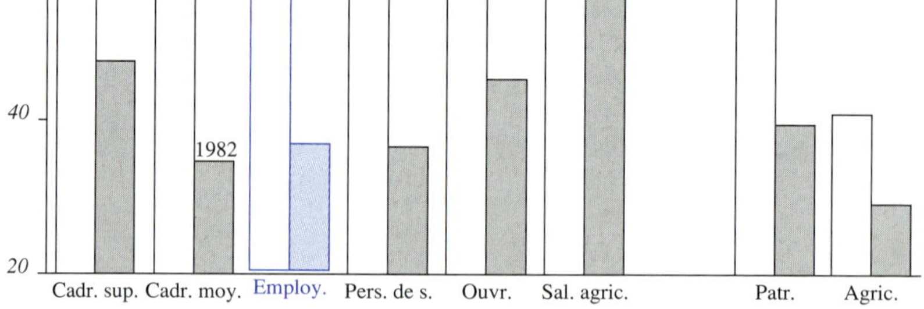

Taux d'inactivité des femmes selon la situation socioprofessionnelle de leur conjoint (1962 - 1982).
Source : RP 1/20 [21].

Mais le sens de l'activité professionnelle n'est pas le même chez les épouses d'agriculteurs ou de petits patrons et chez les autres femmes. Les premières travaillent le plus souvent dans une entreprise familiale où vie professionnelle et vie domestique se confondent largement. La plupart des actives femmes d'agriculteurs ou de petits patrons consacrent une grande partie de leur journée de travail à des tâches domestiques. Elles font davantage d'enfants que les autres actives et s'inscrivent dans une division sexuelle des rôles sociaux de type plus traditionnel. Le salariat féminin, dans l'industrie ou les services, a longtemps été pratiqué sur le mode de la nécessité économique : les femmes qui l'exerçaient y renonçaient dès que les circonstances le leur permettaient (remariage après un veuvage ou un divorce, amélioration de la situation de leur conjoint, retour des hommes dans les emplois civils après la première guerre mondiale ...). A partir des années cinquante, elles sont de plus en plus nombreuses à travailler même lorsqu'elles n'y sont pas contraintes par des raisons économiques. Elles profitent des opportunités d'emploi nées de la tertiarisation de l'économie. Un faisceau de changements socio-culturels, au premier rang desquels figure l'élévation du niveau de formation des femmes, tend à une redéfinition des rôles masculin et féminin. Jusque vers 1968, ce mouvement passe relativement inaperçu parce que le taux d'activité global des femmes demeure stable (37 ou 38 % des femmes de 15 ans ou plus exerçaient une activité professionnelle), mais cette stabilité n'est qu'apparente : le développement du salariat parmi les femmes mariées est compensé par la diminution de la part dans l'emploi total des mondes de la ferme et de la boutique, au sein desquels l'activité féminine était plus fréquente que dans le reste de l'économie.

En 1962 donc, les catégories des agriculteurs et des petits patrons étant mises à part en raison du caractère traditionnel qu'y présente l'activité féminine, c'est parmi les épouses de membres des personnels de service, d'employés et de cadres moyens que les taux d'activité féminins sont les plus élevés (de 40 à 37 %). De 1962 à 1982, la progression de ce taux est très forte dans les milieux les plus qualifiés et les plus diplômés, ceux où l'homme est cadre supérieur ou membre des professions libérales, mais elle s'y effectue à partir d'un niveau d'activité antérieur faible, et en 1982 c'est toujours parmi les épouses des trois groupes socioprofessionnels « moyens » que l'activité féminine est la plus fréquente. Il en va encore de même en 1988.

Si l'on étudie les variations des taux d'activité des femmes en fonction non pas de l'appartenance socioprofessionnelle de leurs conjoints, mais de celle de leurs pères, on observe que c'est parmi les filles d'employés et de personnels de service (agriculteurs et patrons étant toujours laissés de côté) que l'activité professionnelle était la plus répandue au début des années cinquante. D'après l'enquête Emploi de 1953, qui a été exploitée selon une nomenclature socioprofessionnelle sensiblement différente de celle de 1954, les taux d'activité des femmes âgées de 20 à 59 ans étaient de 64 % parmi les filles de personnels de service, policiers et militaires, et de 58 % chez les filles d'employés ; ils étaient plus faibles aussi bien chez les filles de cadres (de 56 à 47 %) que chez les filles d'ouvriers (53 %). On retrouve donc là une distribution en U assez similaire à celles des taux d'activité des femmes classées selon la position des conjoints en 1962 (figure 8.2).

On peut donc dire que les familles dans lesquelles les hommes étaient employés ou personnels de service étaient, parmi toutes celles où prédominait l'emploi sala-

8.2 Filles d'employés et de personnels de service : un haut niveau d'activité en 1953

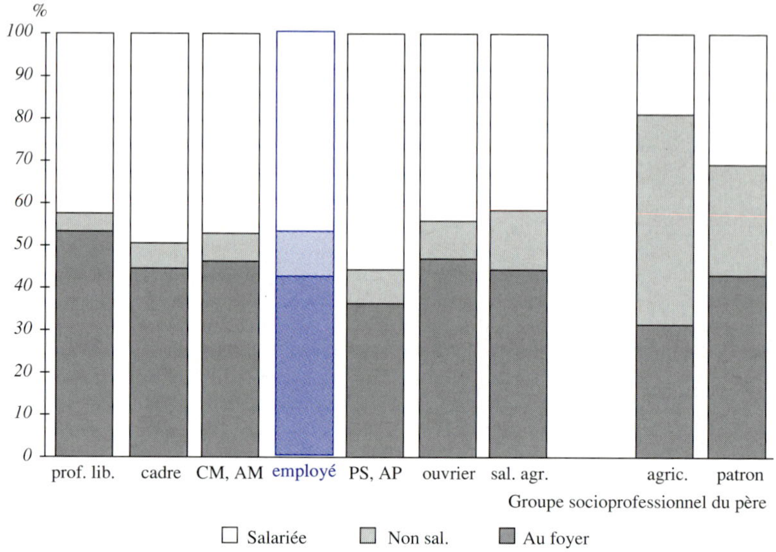

Destinées des filles selon le groupe socioprofessionnel des pères
Source : enquête Emploi.
Champ : femmes âgées de 20 à 59 ans.

rié, celles qui se caractérisaient par les plus forts taux d'activité féminins. C'est dans les milieux où les hommes étaient des employés (entendus au sens large de la nomenclature socioprofessionnele de 1982, c'est-à-dire incluant les personnels de service) que les femmes ont fait le plus massivement l'expérience, au cours des années cinquante et soixante, du travail hors de la sphère domestique.

A LA RECHERCHE DE « L'AVANT-GARDE DE LA FAMILLE RÉDUITE »

Les variations de la fécondité selon le milieu social et leur évolution se présentent différemment selon que l'on considère l'appartenance socioprofessionnelle des femmes ou celle des hommes. De 1962 à 1982 la fécondité des actives augmente dans toutes les catégories, celle des femmes au foyer diminue. Les hommes en revanche, quelle que soit leur appartenance socioprofessionnelle, ont de moins en moins d'enfants à charge.

La baisse de la fécondité générale a donc été la résultante, dans un contexte d'accroissement du taux d'activité des femmes, de deux mouvements inverses, la faible baisse de la fécondité des femmes demeurant au foyer (ou cessant d'être actives) et l'augmentation assez forte de la fécondité des femmes demeurant ou redevenant actives. L'accroissement de la compatibilité entre vie professionnelle et maternité a été particulièrement marqué chez les femmes qui débutaient comme employées dans la vie active : en étant de moins en moins nombreuses à interrompre leur vie professionnelle à l'occasion de la naissance de leurs enfants, elles ont joué un rôle clé dans la transformation du paysage économique et démographique de la France des trois dernières décennies.

En 1962, parmi les femmes âgées de 30 à 34 ans, les employées et les femmes personnels de service sont de toutes les femmes exerçant une activité professionnelle celles qui ont le moins d'enfants (respectivement 0,78 et 0,74 enfant de moins de 16 ans, contre 1,06 pour l'ensemble des actives, *tableau* 8.1). Vingt ans plus tard ce sont les femmes cadres supérieurs qui ont le moins d'enfants. Au long de ces vingt années le nombre moyen d'enfants par femme active a augmenté dans toutes les

8.1 Les actives de 1982 ont plus d'enfants que celles de 1962 ; les employés ne sont plus les moins fécondes

Nombre moyen d'enfants de 0 à 16 ans selon la catégorie socioprofessionnelle de la femme et de son conjoint éventuel (femmes âgées de 30 à 34 ans), 1962-1982

1962

CS de la femme	Femmes ayant un conjoint : CS de l'homme									Femmes sans conj.	Ens. des femmes
	Agric.	Sal.agr.	Patron	Cad.sup.	Cad.moy.	Employ.	Ouvrier	Pers.ser.	Ensemble		
Agricultrice	2,21	2,00	*	*	*	*	2,31	*	2,23	0,18	1,95
Salariée agric.	*	1,60	*	*	*	*	*	*	1,63	0,32	1,04
Patronne	*	*	1,61	*	1,25	1,55	1,62	*	1,59	0,31	1,40
Cadre supér.	*	*	*	1,48	1,18	*	*	*	1,34	0,10	0,84
Cadre moyen	*	*	1,56	1,30	1,41	1,24	1,28	*	1,37	0,21	0,92
Employée	*	*	**1,24**	**1,08**	**0,94**	**1,13**	**1,03**	**0,83**	**1,04**	**0,21**	**0,78**
Ouvrière	*	0,80	1,11	*	0,84	1,04	1,07	0,89	1,06	0,42	0,87
Pers.de service	*	1,03	1,14	*	0,98	1,15	1,26	1,04	1,19	0,30	0,74
Ens. Actives	2,18	1,81	1,50	1,27	1,10	1,16	1,18	1,03	1,42	0,27	1,06
Inactives	2,28	2,87	2,04	2,19	2,12	2,36	2,69	2,25	2,49	0,71	2,38
Ens.des femmes	2,22	2,71	1,83	1,95	1,74	1,90	2,31	1,73	2,15	0,38	1,87

* Non significatif (nombre d'observations inférieur à 50)

1982

CS de la femme	Femmes ayant un conjoint : CS de l'homme									Femmes sans conj.	Ens. des femmes
	Agric.	Sal.agr.	Patron	Cad.sup.	Cad.moy.	Employ.	Ouvrier	Pers.ser.	Ensemble		
Agricultrice	2,20	*	*	*	*	*	2,08	*	2,18	0,22	1,97
Salariée agric.	*	1,63	*	*	*	*	1,57	*	1,62	*	1,39
Patronne	*	*	1,72	1,73	1,56	1,51	1,64	1,68	1,69	0,42	1,55
Cadre supér.	*	*	1,32	1,46	1,32	1,16	1,34	*	1,38	0,21	1,04
Cadre moyen	1,68	1,63	1,52	1,43	1,48	1,45	1,51	1,28	1,47	0,36	1,21
Employée	**1,61**	**1,64**	**1,47**	**1,41**	**1,41**	**1,40**	**1,49**	**1,35**	**1,45**	**0,56**	**1,25**
Ouvrière	1,54	1,74	1,56	1,52	1,43	1,51	1,60	1,66	1,57	0,69	1,38
Pers.de service	1,71	2,06	1,69	1,36	1,64	1,65	1,80	1,60	1,72	0,70	1,49
Ens. Actives	2,03	1,78	1,59	1,44	1,45	1,45	1,58	1,49	1,53	0,51	1,30
Inactives	2,28	2,80	2,15	2,01	2,07	2,30	2,67	2,29	2,39	0,71	2,26
Ens.des femmes	2,10	2,33	1,79	1,65	1,62	1,70	2,04	1,73	1,85	0,54	1,62

* Non significatif (nombre d'observations inférieur à 50)
Le groupe socioprofessionnel « Autres » n'apparaît pas sur le tableau, en raison de son hétérogénéité et de la faiblesse de ses effectifs. Il est pris en compte dans la population active totale.

Source : recensements de population, 1/20.

8.3 Les actives de 1982 ont plus d'enfants que celles de 1962 ; les employées ne sont plus les moins fécondes

Nombre d'enfants à charge de moins de 16 ans, selon le groupe socio-professionnel de la mère.

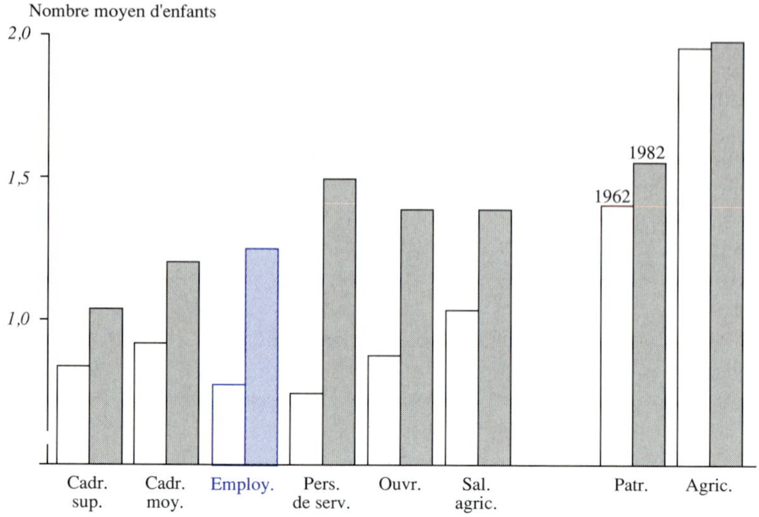

Source : RP 1/20
Champ : femmes âgées de 30 à 34 ans

catégories socioprofessionnelles, faiblement chez les agricultrices et les patronnes de l'industrie et du commerce, fortement chez les employées et les personnels de service (*figure* 8.3). Ce phénomène avait déjà été repéré par Alain Lery [13, p. 29] : on voit au tableau 2 construit par cet auteur que de 1968 à 1982 le nombre moyen d'enfants âgés de 0 à 16 ans a sensiblement augmenté chez les femmes actives âgées de 30 à 34 ans dont le conjoint est cadre moyen, employé ou ouvrier, et qu'il a légèrement progressé au sein de l'ensemble des actives mariées. Sur l'ensemble de la période 1962-1982, l'augmentation de la fécondité des femmes actives est très marquée, le gros de la progression intervenant entre 1962 et 1968. Côté masculin, en 1962, parmi les catégories à dominante de salariés, quatre groupes socioprofessionnels se caractérisent par le faible nombre de leurs enfants : les personnels de service et les cadres moyens sont les plus malthusiens, suivis de près par les employés et les cadres supérieurs ; les ouvriers et les salariés agricoles ont beaucoup plus d'enfants. En 1982 ce sont les cadres moyens et supérieurs qui ont le moins d'enfants (*figure* 8.4). Conformément aux analyses de C. Bidou citées plus haut, la baisse du nombre d'enfants a été particulièrement forte chez les cadres supérieurs.

La tranche d'âge retenue ici tend à une légère sous-estimation de la fécondité des cadres, dont le calendrier de naissances est plus tardif que celui des autres catégories.

Un tableau légèrement différent se dégage si l'on considère non pas le nombre moyen d'enfants des femmes réparties selon leur appartenance socioprofessionnelle au moment de l'observation, mais selon leur dernière catégorie d'actives. Les abandons d'activité sont moins fréquents chez les femmes cadres que chez celles qui sont, avant une maternité, employées ou, surtout, ouvrières (tableau 6.3*). La fécondité des employées classées comme*

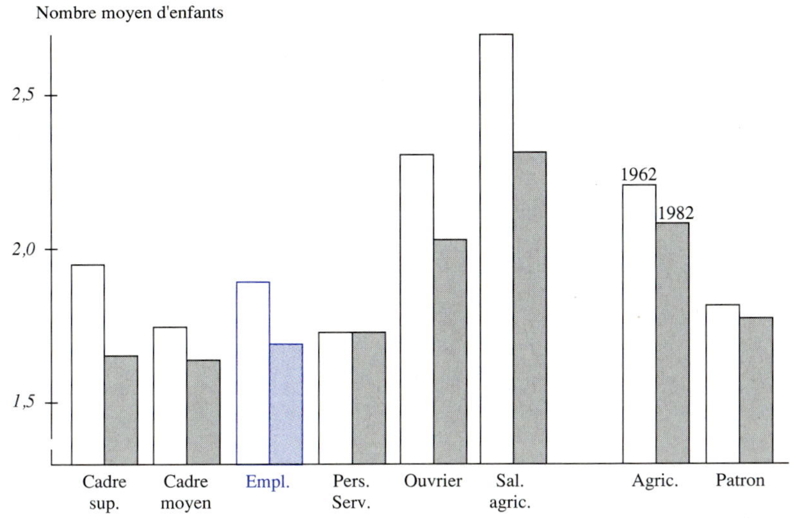

8.4 Les employés de sexe masculin ont peu d'enfants

Nombre d'enfants à charge de moins de 16 ans, selon les groupes socioprofessionnels croisés des parents.
Source : RP 1/20.
Champ : hommes mariés avec une femme âgée de 30 à 34 ans.

telles selon la dernière profession exercée est nettement plus élevée que celle des employées toujours actives au moment d'une enquête ou d'un recensement, l'écart correspondant étant moindre chez les femmes cadres supérieurs ou professions intermédiaires. Selon l'enquête Famille de 1982, la descendance finale des familles complètes est de 2,66 enfants chez les ouvrières ou anciennes ouvrières, 2,41 chez les employées, 2,09 chez les membres des professions intermédiaires et 2,12 chez les cadres [2, p. 48].

Sur la base d'observations issues des enquêtes Famille de 1962 et 1975, Guy Desplanques et Jean-Claude Deville notaient que « D'une manière générale, la baisse actuelle de fécondité semble se propager par imitation : elle a commencé dans les milieux où le niveau culturel était élevé [c'est-à-dire chez les titulaires des diplômes les plus élevés]. De proche en proche, elle a atteint toutes les autres catégories comme si chacune prenait pour modèle la catégorie jugée immédiatement supérieure dans la hiérarchie sociale.

En fonction du seul milieu social [c'est-à-dire si les taux d'activité féminine sont calculés selon les appartenances socioprofessionnelles des conjoints], l'évolution n'est pas aussi frappante. La baisse constatée depuis 1945 semble avoir été moins forte en milieu ouvrier et employé, ainsi que chez les artisans et commerçants ; elle est plus marquée chez les femmes de cadres moyens qui déjà étaient les moins fécondes. Par contre - et cette observation confirme l'analyse selon le diplôme - la baisse a été précoce chez les femmes de cadres supérieurs, parmi lesquelles, on le sait, on retrouve un bon nombre de celles qui ont au moins le baccalauréat » [8, p. 35].

L'enquête Famille de 1982 n'apportait pas de changements majeurs à ce tableau. « Ces différentes évolutions, développement de la sexualité des jeunes, puis de la contraception moderne, changement d'attitude vis-à-vis du mariage, ont modifié le calendrier de la venue du premier enfant. Elles n'ont pas remis en cause les différences de comportement en fonction du milieu social. Gardant plus souvent le célibat, les femmes très diplômées sont les plus nombreuses à ne pas constituer de descendance (...) Compte tenu de la liaison entre l'origine sociale et le niveau d'instruction, ce sont les filles de cadres qui ont le moins d'enfants, suivies de près par les femmes dont le père exerce une profession intermédiaire.

Ce schéma semble démentir la classique courbe en J inversé, selon laquelle la fécondité des cadres, sans être au niveau de celle des ouvriers ou des agriculteurs, est un peu plus élevée que celle des couches moyennes. La contradiction n'est qu'apparente : la faible fécondité des femmes très diplômées tient pour l'essentiel à leur célibat fréquent et à l'absence d'enfant qui en résulte. Dès lors qu'elles fondent une famille, ces femmes engendrent, en moyenne, plus d'enfants que celles qui ont un niveau d'instruction intermédiaire » [7, p. 66].

Ces analyses privilégient pour les hommes le critère de l'appartenance socioprofessionnelle et pour les femmes celui du niveau de diplôme, ou celui de l'appartenance socioprofessionnelle de leur conjoint ou de leur père. Le tableau qui se dégage si l'on considère l'appartenance socioprofessionnelle des femmes elles-mêmes est quelque peu différent.

Peut-on, sur la base de ces différentes observations, repérer les catégories qui ont constitué « l'avant-garde de la famille réduite » ? Si l'on considère le niveau de diplôme des individus, ou leur origine sociale, ce sont les femmes les plus diplômées, ou les filles de cadres, qui ont été les premières à aller dans le sens du mouvement de baisse de fécondité qui s'est ensuite étendu aux autres milieux sociaux (thèse Desplanques-Bidou). Mais si l'on considère l'appartenance socioprofessionnelle individuelle des femmes, ce sont les employées (avec les personnels de service et les cadres moyens), et non les cadres supérieurs, qui avaient le moins d'enfants en 1962, à la fin du baby-boom (thèse Pitrou-Guélaud).

Les femmes les plus diplômées ont été les premières à continuer d'exercer une activité salariée tout en faisant des enfants. Pour les actives peu diplômées, exception faite de celles qui travaillaient comme non salariées dans les secteurs de l'agriculture, du petit commerce ou de l'artisanat et dont les comportements de fécondité étaient assez proches de ceux des femmes au foyer, vie professionnelle et éducation des enfants étaient peu compatibles ; celles qui demeuraient actives avaient peu d'enfants (en 1962 les employées âgées de 30 à 34 ans et ayant un conjoint n'avaient que 1,04 enfant de moins de 16 ans en moyenne, les ouvrières 1,06), celles qui faisaient des enfants arrêtaient de travailler au dehors. Les diplômées actives continues ont bien été à l'avant-garde, mais à l'avant-garde de la compatibilité enfants-vie professionnelle plutôt qu'à l'avant-garde de la famille réduite. Les nouvelles générations de femmes des milieux populaires se sont distinguées de leurs homologues des générations précédentes en ayant moins d'enfants que leurs aînées inactives, mais aussi en en faisant davantage que leurs aînées actives. Certes les ménages dans lesquels l'homme est employé ont été de longue date parmi les moins féconds, et il n'est pas faux de dire que les ménages dans lesquels l'homme est ouvrier se sont au fil du temps ralliés à cette « avant-garde » ; mais une telle lecture ignore l'évolution des comportements de fécondité des femmes des différents groupes socioprofessionnels. Les couples où l'homme est employé sont pour une part des couples où la femme est au foyer - ceux-là ont un peu moins d'enfants en 1982 (2,30) qu'en 1962 (2,36) - et pour une autre part des couples où la femme exerce une activité professionnelle - ceux-ci ont nettement plus d'enfants en moyenne en 1982 (1,70) qu'en 1962 (1,16).

INSTITUTIONNALISATION ET DÉSINSTITUTIONNALISATION DES LIENS FAMILIAUX

Les années soixante-dix et quatre-vingt, en France comme dans la plupart des pays industrialisés, ont été celles de la montée de « la famille incertaine » - formule dont Louis Roussel a fait le titre d'un livre [17]. La divortialité s'est accrue, le célibat est devenu plus fréquent, les naissances hors mariage se sont multipliées. Les employés (au sens de l'ancienne nomenclature socioprofessionnelle) se sont bien inscrits dans ce processus, mais pour la catégorie voisine des personnels de service c'est au contraire une tendance au renforcement du caractère institutionnel des liens familiaux qui a prévalu.

La forte divortialité des employés

Les proportions de divorcés parmi les personnes âgées de 35 à 44 ans, observées en 1962 et en 1982, apparaissent à la figure 8.5. Le choix de cette tranche d'âge permet de neutraliser les différences de structures d'âge d'un groupe socioprofessionnel à un autre, et d'écarter les individus trop jeunes (parmi lesquels la proportion de ceux qui n'ont pas encore constitué de famille est importante) ainsi que les plus âgés (appartenant à des générations au sein desquelles la divortialité était faible).

Chez les femmes, ce sont les « autres actives », en 1962 et en 1982, qui sont le plus souvent divorcées (les liens du mariage sont particulièrement instables chez les artistes). Les personnels de service viennent en seconde position - en 1962 comme en 1982, mais avec une diminution sensible, d'une date à l'autre, de la part des divorcées. Les employées de bureau ou de commerce, avec 10 % de divorcées en 1962 et 13 % en 1982, sont au même niveau que les ouvrières en 1962 et un peu au-dessus de celles-ci en 1982. Le poids des divorcées est chez elles relativement fort mais pas extrême.

La part des divorcées a diminué chez les personnels de service et les salariées agricoles, elle s'est accrue dans toutes les autres catégories et surtout chez les cadres supérieurs et les cadres moyens. On devine derrière ces évolutions contrastées le recul d'un type de divorce associé à des situations de grande misère, d'alcoolisme du conjoint, etc., et la progression dans les milieux mieux dotés en diplômes et en ressources financières d'un autre type de divorce, davantage lié aux aspirations à l'autonomie personnelle des individus. Les employées de bureau ou de commerce ne constituent pas des catégories exposées de manière typique à l'une de ces évolutions plutôt qu'à l'autre, même si elles se situent plus près des cadres que des personnels de service au regard des variations de la proportion de divorcées.

Chez les hommes, la catégorie qui compte le plus de divorcés, en 1962 comme en 1982, est celle des personnels de service ; les employés, en position moyenne en 1962, viennent en seconde position en 1982.

Une statistique du type de celle qui est représentée à la figure 8.5 ne permet pas d'évaluer rigoureusement les possibilités de divorce - de « désengagement ou salariés agricoles (les célibataires de ces catégories se singularisent par leurs taux de suicide et leur mortalité par alcoolisme particulièrement élevés) ; et celle d'une affirmation d'autonomie individuelle, caractéristique des femmes qui occupent des emplois très qualifiés et sont peu désireuses de se laisser envahir par des tâches domestiques. Le premier type de célibat semble être en recul (il se maintient à un niveau élevé chez les salariés agricoles du sexe masculin, mais se raréfie chez les employés de maison des deux sexes et chez les salariées agricoles) ; le second voit sa signification relative se transformer : le nombre des actifs et actives qualifiés célibataires augmente, tandis que parmi les femmes actives la part des célibataires diminue en raison de l'accès à l'emploi des femmes mariées.

De 1962 à 1982, chez les hommes, la proportion de célibataires s'accroît parmi les employés et les personnels de services, qui deviennent, monde agricole excepté, les groupes socioprofessionnels au sein desquels ce type de statut familial est le plus répandu (*figure* 8.7 ; seuls sont pris en compte, ici encore, les 35-44 ans, de manière à neutraliser les effets d'âge dans les comparaisons entre catégories socioprofessionnelles). Parmi les femmes, les taux de célibat, en baisse dans tous les groupes socioprofessionnels, sont plus forts, en 1982 comme en 1962, parmi les cadres supérieurs et les cadres moyens que parmi les employées. Le recul du célibat est très fort chez les femmes les moins qualifiées, salariées agricoles et personnels de service.

La signification du célibat des employés est ambiguë : pour les plus qualifiés et les plus diplômés, les plus proches des couches moyennes et supérieures, il peut correspondre à une certaine affirmation d'indépendance individuelle, pour les moins qualifiés, à un isolement subi ou à l'enfermement dans un statut traditionnel d'éternel mineur. Position subordonnée dans les rapports de travail et statut matrimonial de « garçon » ou de « fille » vont souvent de pair, et bien des appellations d'emplois - généralement désuètes : garçon de café, fille de salle, fille de service - témoignent d'une description de la situation professionnelle en termes de situation familiale [20, p. 12]. L'étude de la surmortalité des célibataires, indicateur du caractère subi du célibat, pourrait contribuer à lever une telle ambiguïté ; cette surmortalité est faible chez les cadres, forte chez les ouvriers et les employés [4, *tableau* 63] ; mais la mortalité observée dans les années 1975-1980 renseigne sur les conditions de vie de générations en moyenne anciennes, nées au début du siècle. Il faudra attendre que les décès soient nombreux dans les cohortes plus récentes pour trouver dans les statistiques de mortalité l'empreinte éventuelle de l'extension de formes nouvelles de célibat, plus choisi que subi et donc moins réducteur d'espérance de vie, parmi les employés.

LES MATERNITÉS HORS MARIAGE : EN RECUL CHEZ LES FEMMES DE SERVICE, EN PROGRÈS CHEZ LES SECRÉTAIRES

La proportion de naissances hors mariage a baissé en France de 1945 jusqu'au début des années soixante, où elle a atteint, à 6 %, son plus faible niveau historique depuis 1810. Elle a ensuite connu une progression sans précédent et dépassé

8.7 Le célibat des employés : de plus en plus fréquent chez les hommes, de moins en moins chez les femmes

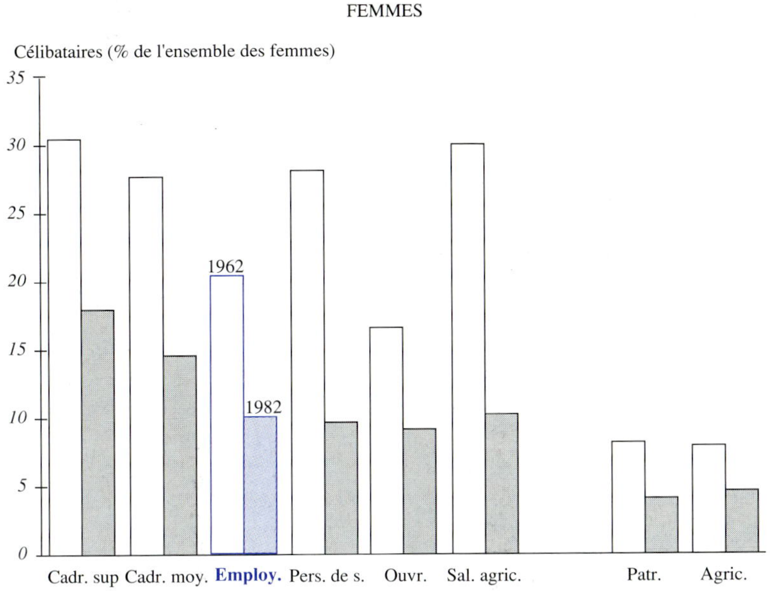

Proportion de célibataires selon le sexe et la catégorie socioprofessionnelle (1962 - 1982).
Source : RP 1/20.
Champ : actives âgées de 35 à 44 ans.

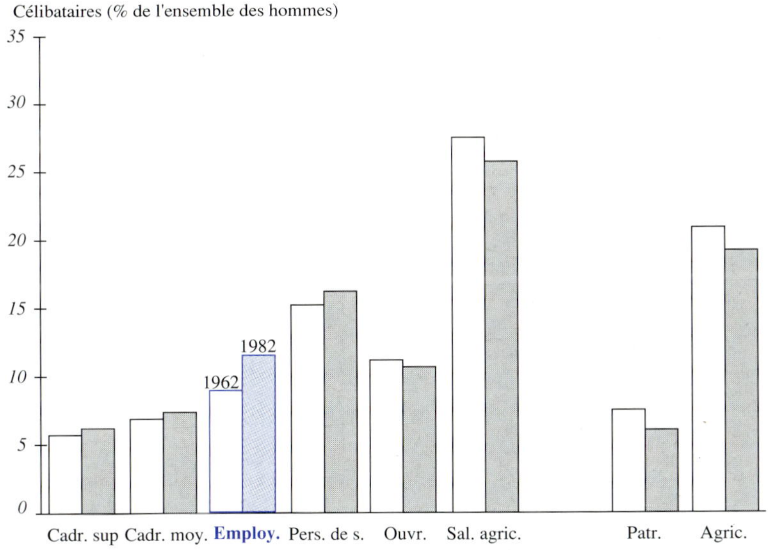

Proportion de célibataires selon le sexe et la catégorie socioprofessionnelle (1962 - 1982).
Source : RP 1/20.
Champ : actifs âgés de 35 à 44 ans.

en 1983 le maximum de 1917. Ce mouvement de déclin puis d'accroissement s'est accompagné d'une transformation profonde de la distribution sociale des naissances hors mariage et de la signification sociologique de ces naissances : l'amélioration de l'efficacité des moyens contraceptifs a permis une réduction du nombre des maternités non souhaitées, qui le plus souvent étaient le fait de femmes pauvres et peu diplômées, tandis que les maternités hors mariage volontaires se faisaient plus fréquentes, surtout parmi les femmes diplômées. Les termes de « fille-mère » et de naissance « illégitime », avec leur connotation plus ou moins infâmante, sont devenus désuets.

En 1968, une naissance sur cinq environ intervenait hors mariage chez les salariées agricoles et les personnels de service d'une part (plus d'une sur trois chez les employées de maison), chez les étudiantes d'autre part. Chez les ouvrières et les patronnes de l'industrie et du commerce, la proportion était d'un peu plus d'une sur dix ; chez les employées, d'une sur seize ; chez les cadres moyens, d'une sur 25. Les cadres supérieurs et les agricultrices ne procréaient hors mariage qu'une fois sur cinquante environ (*figure* 8.8, et [9]). Les enfants nés hors mariage, plus de trois fois sur quatre, n'étaient pas reconnus par leur père. Leur venue au monde, le plus souvent, ne constituait pas un « heureux événement ».

Au cours des douze années suivantes, le taux des naissances hors mariage a progressé fortement parmi les étudiantes et les patronnes de l'industrie et du commerce, sensiblement parmi les cadres moyens et supérieurs (+ 4 %) et les employées (+ 3 %), légèrement chez les ouvrières ; il a diminué parmi les

8.8 Les maternités hors mariage progressent chez les employés de bureau et de commerce et sont en recul chez les personnels de service

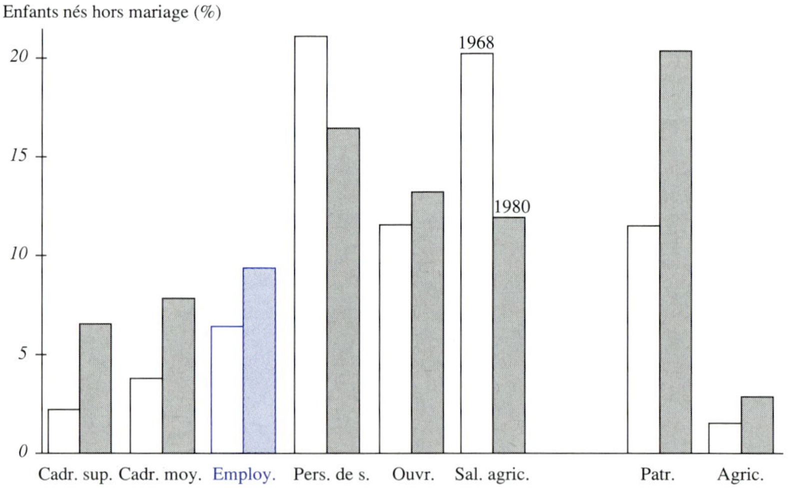

Enfants nés hors mariage selon la catégorie socioprofessionnelle de la mère (1968 - 1980).
Source : RP 1/20 et état civil [9].

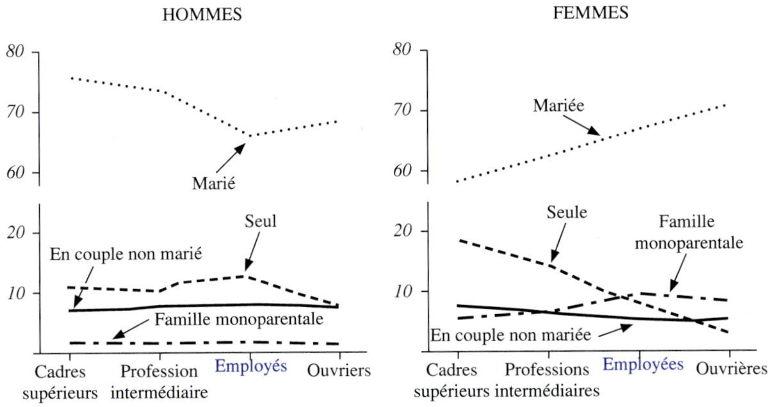

8.9 C'est parmi les employés hommes que les célibataires sont les plus nombreux, parmi les employées que les mères célibataires sont les plus nombreuses

Modes de vie selon le sexe et le groupe socioprofessionnel (période 1986 - 1988).
Source : enquêtes Emploi, moyenne des années 1986 à 1988.
Champ : actifs agés de 25 à 49 ans.

femmes les moins qualifiées, salariées agricoles et personnels de service. Les proportions d'« enfants naturels » reconnus par leur père sont demeurées relativement faibles chez les salariées agricoles et les personnels de service, parmi lesquelles le modèle de la femme « séduite puis abandonnée » continuait de prévaloir. En revanche, en 1980, la majorité des enfants de cadres ou d'employées non mariées étaient reconnus par leur père. La maternité choisie par des femmes seules ou peu soucieuses d'institutionnaliser par le mariage le lien qu'elles entretiennent avec le père de leur enfant, devient plus fréquente. La maternité involontaire, avec ses connotations de misère matérielle et affective, est en recul. L'abandon d'enfant se fait de plus en plus rare : le flux annuel d'admission dans la catégorie des pupilles de l'Etat passe de 4 914 en 1974 à 1 434 en 1987 (source : Bureau de l'enfance, Ministère de la solidarité, de la santé et de la protection sociale.

Dans son ensemble, le groupe des employées se distingue par une proportion élevée de femmes sans conjoint ayant des enfants à charge (en 1987, 8,7 % des employées âgées de 25 à 49 ans appartiennent à des familles monoparentales). En revanche la fréquence de la pratique de l'« union libre » est à peu près identique chez les employés, les cadres, les ouvriers (*figure* 8.9).

Pilule et stérilet : les femmes cadres à l'avant-garde de l'amélioration du contrôle des naissances

L'utilisation de moyens de contraception d'invention récente et assez sûrs (pilule et stérilet), par opposition à d'autres techniques plus anciennes, plus aléatoires et moins médicalisées, constitue un indicateur de maîtrise de la fécondité et d'engagement pratique dans un certain type de modernité. Elle marque aussi une prise de distance par rapport à l'Eglise catholique, qui préconise la continence périodique. Deux enquêtes réalisées pour la première environ dix ans et pour la seconde environ vingt ans après la loi Neuwirth permettent de situer les employées par rapport aux femmes des autres catégories socioprofessionnelles (*figure* 8.10).

En 1988 comme en 1978, le taux de recours à la pilule ou à un dispositif intra-utérin est chez les employées très voisin de celui qu'on observe au sein de l'ensemble de la population féminine de la France. Aux deux dates, il est intermédiaire entre celui des cadres supérieurs et celui des ouvrières (l'écart entre ces deux dernières catégories demeure stable entre 1978 et 1988, alors que globalement, comme l'ont indiqué Henri Leridon et Laurent Toulemon [12, p. 3], « les différences entre groupes s'amenuisent », essentiellement parce que les agricultrices et plus largement les femmes vivant en milieu rural rattrapent le « retard » dont elles témoignaient en 1978 en matière de contraception moderne). Le changement de nomenclature socioprofessionnelle d'une enquête à l'autre et la taille limitée des échantillons enquêtés rendent approximative l'analyse de l'évolution des pratiques contraceptives dans les différents milieux sociaux ; il semble cependant qu'en 1988 les employées soient par leur taux d'utilisation de la pilule ou du stérilet plus proches des cadres et des membres des professions intermédiaires, et plus éloignées des ouvrières, qu'elles ne l'étaient en 1978. En 1988, les personnels des services directs aux particuliers se caractérisent par des taux de

8.10 Les utilisatrices de contraceptifs modernes sont plus nombreuses chez les employées que chez les ouvrières et chez les cadres que chez les employées

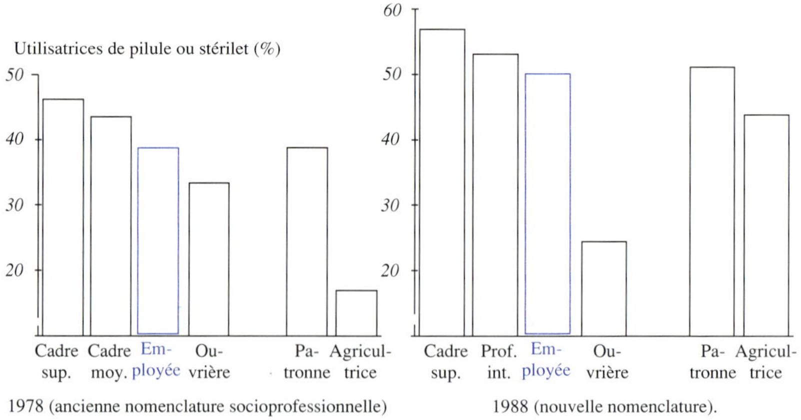

Utilisatrices de pilule ou de stérilet selon le groupe socioprofessionnel (1978 - 1988).

Source : enquêtes Ined-Insee-Inserm sur la contraception.

Champ : femmes âgées de 20 à 44 ans.

Taux de sondage : 1/3123 en 1978, 1/3670 en 1988. Chiffres communiqués par Laurent Toulemon, INED.

contraception moderne très proches de ceux des ouvrières, les autres catégories d'employées par des taux très proches de ceux des femmes cadres supérieurs ou membres des professions intermédiaires.

Le monde des employées, si on lui donne la configuration large (incluant les personnels de service) de la nouvelle nomenclature des catégories socioprofessionnelles, apparaît comme très hétérogène au regard de l'évolution de la divortialité, du célibat et des naissances hors mariage. Il comprend des femmes peu qualifiées, des employées de maison notamment. Naguère très exposées au risque de se retrouver « fille-mère », elles sont aujourd'hui davantage protégées d'un tel destin par l'usage de moyens contraceptifs efficaces. Elles divorcent moins que par le passé. Au cours des années soixante et soixante-dix, elles se sont inscrites dans une tendance à une certaine démarginalisation sociale et à une institutionnalisation de leur vie familiale. Mais les employées de bureau, qui se situent en 1980 comme en 1968 au-dessous du taux moyen de maternité « illégitime », pratiquent de plus en plus souvent, comme les cadres, une maternité hors mariage volontaire, associée à une fréquente reconnaissance paternelle. Elles s'inscrivent, un peu moins nettement que les cadres, dans une tendance à une désinstitutionnalisation de leur vie familiale. Les employées de commerce figurent en position intermédiaire entre les personnels de service et les employées de bureau. Même si les diversités intercatégorielles sont moins affirmées chez les hommes, le regroupement des personnels de service et des employés d'administration au sein d'un même groupe socioprofessionnel apparaît ici comme une convention statistique qui ne correspond à aucune homogénéité des pratiques familiales.

TRAVAIL DOMESTIQUE ET MODES DE GARDE DES ENFANTS

La dissymétrie des rôles domestiques masculins et féminins est faible chez les employés

La forme majeure de division sexuelle du travail consiste dans la spécialisation des hommes dans des activités professionnelles extra-domestiques et des femmes dans le travail domestique. Côté travail professionnel, le milieu des employés apparaît comme le lieu d'une certaine symétrisation des rôles masculins et féminins. Les employés sont, de tous les maris salariés, ceux dont les épouses sont le moins souvent au foyer (*figure* 8.1). Mais c'est d'abord dans les milieux de cadres que s'est généralisée une norme qui correspond à une plus grande symétrie des rôles masculins et féminins, celle de l'activité professionnelle féminine continue (*tableau* 6.1). Qu'en est-il côté travail domestique ?

Chez les femmes actives occupées, la durée quotidienne moyenne du travail domestique varie peu, en 1985, d'un groupe socioprofessionnel à un autre, exception faite des agricultrices dont le temps domestique est à trois minutes près aussi

8.11 Parmi les hommes, la durée du travail domestique atteint son maximum chez les employés

Emplois du temps par sexe et groupe socioprofessionnel (1985).

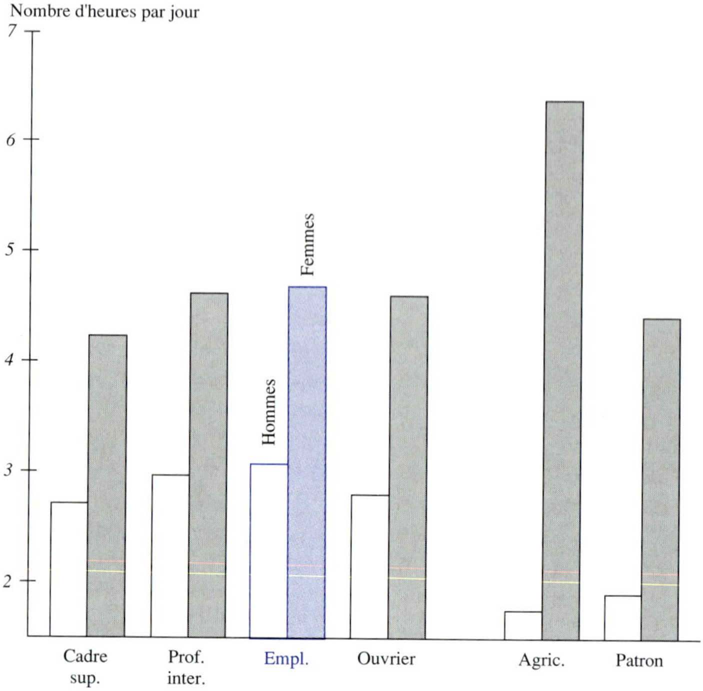

Source : INSEE, enquête Emploi du temps.

long que celui des femmes au foyer. Parmi les autres catégories, les employées sont celles qui travaillent le plus à la maison (4 h 36 par jour en moyenne), mais elles sont suivies de très près par les membres des professions intermédiaires (4 h 36) et les ouvrières (4 h 33), les cadres supérieurs étant les moins accaparées par ces occupations (4 h 11) (*figure* 8.11).

Ces durées moyennes quotidiennes sont calculées sur la base d'observations qui concernent l'ensemble des jours de la semaine, week-ends compris. Il serait plus rigoureux, mais moins parlant, de présenter des moyennes hebdomadaires.

Parmi les hommes actifs occupés, les agriculteurs, puis les patrons de l'industrie et du commerce sont ceux qui en font le moins à la maison. C'est chez les employés que la durée du travail domestique, 3 h 03, est la plus longue - cinq minutes de plus que les professions intermédiaires, un quart d'heure de plus que les ouvriers.

C'est chez les employés que la spécialisation féminine dans les tâches ménagères est la plus faible : l'indice de spécialisation (*figure* 8.12) prend la valeur 152, contre 155 et 156 chez les professions intermédiaires et les cadres, 163 chez les ouvriers, et des valeurs bien supérieures chez les patrons (232) et les agriculteurs (355, c'est-à-dire que les agricultrices consacrent trois fois et demie plus temps au

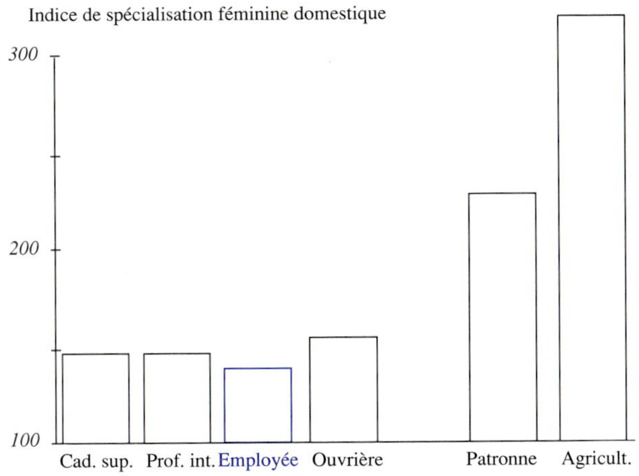

8.12 La spécialisation féminine dans les tâches domestiques est relativement faible chez les employées

L'indice de spécialisation féminine est le rapport du temps consacré à une activité par les femmes d'une catégorie socioprofessionnelle donnée au temps que les hommes de la même catégorie consacrent à la même activité, multiplié par 100.

Source : Insee, Enquête Emploi du temps.

travail domestique que les agriculteurs). Les employés, à peu près à égalité avec les cadres et les professions intermédiaires, se caractérisent donc par une relative symétrie des rôles domestiques masculins et féminins.

Le mariage est associé à de meilleures perspectives de promotion pour les hommes, de moins bonnes pour les femmes

François de Singly [18] avait montré sur la base de l'enquête FQP de 1970 qu'à diplôme égal les hommes mariés accédaient à des emplois plus qualifiés que les célibataires et qu'inversement les femmes mariées étaient handicapées comparativement aux célibataires : la charge du travail domestique, réelle ou alléguée par les employeurs, semblait jouer un rôle déterminant dans cette pénalisation des femmes mariées. On pouvait s'attendre à ce qu'au fil des années soixante-dix et quatre-vingt ce désavantage aille en diminuant : les services collectifs de garde et d'éducation des petits enfants se sont améliorés, des équipements et des produits susceptibles d'alléger le travail domestique se sont diffusés, la faible propension masculine aux activités ménagères et les discriminations sexistes des employeurs ont fait l'objet de plus fréquentes dénonciations. Or la réitération, sur la base de l'enquête FQP de 1985, des observations effectuées par de Singly montre que le handicap des femmes mariées, en quinze ans, s'est en gros maintenu à l'identique (*tableau* 8.2).

8.2 Parmi les hommes, les perspectives de carrière sont meilleures chez les mariés que chez les célibataires ; parmi les femmes elles sont meilleures chez les célibataires

Probabilité de devenir cadre ou membre des professions intermédiaires selon le sexe, le diplôme et l'état matrimonial, 1970-1985 (%)

	1970			**1985**		
	Probabilité de devenir cadre moyen ou supérieur avec :			Probabilité de devenir cadre sup. ou membre des prof. interméd.		
	CAP	CEP	Sans diplôme	CAP	CEP	Sans diplôme
Hommes célibataires	20,5	4,8	0,7	20,2	8,3	3,7
Hommes mariés	31,3	14,2	4,4	34,4	23,8	9,4
Femmes célibataires	41,8	13,0	4,8	27,8	19,7	7,0
Femmes mariées	25,4	5,0	1,6	17,9	10,0	1,7
% H mar. - % H cél.	10,8	9,4	3,7	14,2	15,5	5,7
% F mar. - % F cél.	-16,4	-8,0	-3,2	-9,9	-9,7	-5,3
	Probabilité de devenir cadre supérieur avec :			Probabilité de devenir cadre supérieur avec :		
	Bac + 3	Bac + 2	Bac	> Bac + 2	Bac + 2	Bac
Hommes célibataires	79,2	28,8	16,6	67,3	33,3	21,5
Hommes mariés	90,0	43,1	32,0	86,3	43,1	36,5
Femmes célibataires	83,4	21,0	7,9	76,4	14,2	16,8
Femmes mariées	79,0	6,3	8,8	73,8	13,4	9,2
% H mar. - % H cél.	10,8	14,3	15,4	19,0	9,8	15,0
% F mar. - % F cél.	-4,4	-14,7	0,9	-2,6	-0,8	-7,6

Source : Enquêtes FQP. *Champ :* Actifs occupés de 35 à 52 ans. Pour 1970, tableau repris de : de Singly, 1982, p. 15.

Modes de garde des enfants : les employées en position intermédiaire entre les ouvrières et les cadres

Le mode de garde des enfants, connu grâce à l'enquête Famille, est un indicateur qui permet de ranger les groupes socioprofessionnels sur un axe opposant les milieux les plus centrés sur l'univers non marchand et particulariste de la sphère domestique, dans lesquels il est fait appel au réseau familial (le plus souvent, à la grand-mère), aux plus « modernes » dans lesquels la garde est assurée par un personnel rémunéré.

En 1982, le recours à un mode de garde des enfants en bas âge ne mettant pas en jeu les solidarités familiales est principalement pratiqué par les femmes qui sont cadres supérieurs (pour 79 % d'entre elles), puis par les membres des professions intermédiaires (73 %) et en troisième lieu par les employées (62 %, *figure* 8.13). La garde familiale est majoritaire chez les ouvrières, les patronnes de l'industrie et du commerce, et archi-majoritaire chez les agricultrices.

Les employées de commerce demeurent, beaucoup plus que les employées de la fonction publique ou que les employées administratives d'entreprise, tributaires d'une personne de leur famille.

En parfaite conformité avec la conception de l'habitus (« système de schèmes générateurs de pratiques ») développée par Pierre Bourdieu [2, p. 191], les

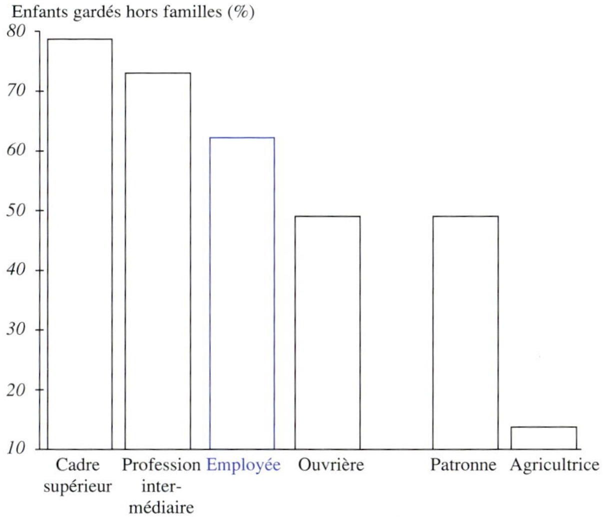

Modes de garde des enfants de moins de trois ans ni scolarisés ni gardés par la mère, selon la catégorie socioprofessionnelle de celle-ci (1982).
Source : enquête Famille [7].

8.13 Pour la garde de leurs enfants, les employées font plus appel au réseau familial que les cadres, et moins que les ouvrières

employées de la fonction publique sont les plus grandes utilisatrices de l'équipement public que constituent les crèches, les employées administratives des entreprises étant, elles, davantage tournées vers les services privés des nourrices.

CONCLUSION

Les changements qui ont affecté les structures familiales de la France contemporaine constituent un phénomène aux multiples facettes. Il apparaît assez nettement qu'ils ont pris naissance dans le monde du salariat et non dans celui, plus traditionnel, de l'agriculture ou de la petite entreprise. Mais il serait simpliste de situer un groupe socioprofessionnel unique à leur origine.

Les employés se distinguent peu des membres des professions intermédiaires au regard de la plupart des indicateurs de pratiques familiales qui ont été examinés dans ce chapitre. Les changements intervenus dans ce domaine se situent sur la toile de fond commune de l'extension de l'activité féminine salariée et de l'élévation du niveau moyen de formation. Un système de pratiques marqué par une large ouverture du champ des possibles pour chaque individu et par l'inscription des projets professionnels et familiaux dans une temporalité longue s'est développé d'abord dans les catégories les mieux dotées en ressources financières et surtout en diplômes : continuité de l'activité professionnelle féminine, bonne maîtrise de la fécondité, compatibilité entre vie professionnelle et maternité, autant de pratiques qui se sont diffusées socialement - en direction des cadres moyens, puis des employés et enfin des ouvriers - à partir du milieu des cadres supérieurs. Les milieux où les femmes sont employées ont vécu des expériences davantage marquées par le poids de la nécessité : il y est plus difficile, pour une femme, de mener de front vie professionnelle et éducation des enfants, et plus impératif, pour un homme, de participer aux tâches domestiques. Le renoncement aux économies d'échelle de la vie en couple est, proportionnellement au revenu, plus coûteux que parmi les cadres, mais la faible taille de la descendance et la modestie des patrimoines rendent le divorce plus accessible. Une forme majeure de l'accès des milieux populaires à la modernité a consisté dans l'accès des femmes au statut d'employée ; cet accès a eu pour corrélat à la fois un alignement sur des pratiques qui s'étaient d'abord répandues dans des milieux plus favorisés, et l'affirmation de traits spécifiques tels qu'une forte divortialité, une faible fécondité et une certaine symétrisation des rôles masculins et féminins.

RÉFÉRENCES BIBLIOGRAPHIQUES

[1] BIDOU Catherine. **Les aventuriers du quotidien**. Paris, PUF, 1984.

[2] BOURDIEU Pierre. **La distinction. Critique sociale du jugement**. Paris, Minuit, 1979.

[3] DESPLANQUES Guy. **Principaux résultats de l'enquête sur les familles. Nuptialité et fécondité**. Paris, Insee, 1985 (« Coll. de l'Insee », D 104).

[4] DESPLANQUES Guy. **La mortalité des adultes, résultats de deux études longitudinales (période 1955-1980)**. Paris, Insee, 1985 (« Coll. de l'Insee », D 102).

[5] DESPLANQUES Guy. « Fécondité et milieu social ». **Economie et statistique**, n° 175, mars 1985.

[6] DESPLANQUES Guy. **Cycle de vie et milieu social**. Paris, Insee, 1987 (« Coll. de l'Insee », D117).

[7] DESPLANQUES Guy. « Activité féminine et fécondité ». In **Données sociales**, Paris, Insee, 1987.

[8] DESPLANQUES Guy, DEVILLE Jean-Claude. « Fécondité et milieu social : les différences demeurent ». **Economie et statistique**, n° 111, mai 1979.

[9] DEVILLE Jean-Claude, NAULLEAU Edmonde. « Les nouveaux enfants naturels et leurs parents ». **Economie et statistique**, n° 145, juin 1982.

[10] DUMONT Louis. **Essais sur l'individualisme. Une perspective anthropologique sur l'individu moderne**. Paris, Seuil, 1983.

[11] KOHLI Martin. « The world we forgot : a historical review of the life course ». In MARSHALL Victor W., **Later life : the social psychology of aging**. Sage, 1986.

[12] LERIDON Henri, TOULEMON Laurent. « La contraception en France : pilule et stérilet ». **Population et sociétés**, n° 228, oct. 1988.

[13] LERY Alain. « Les actives de 1982 n'ont pas moins d'enfants qu'en 1982 ». **Economie et statistique**, n° 171-172, nov.-déc. 1984.

[14] LERY Alain, DEVILLE Jean-Claude, CHARRAUD Alain. « Activité féminine et famille ». In **Données sociales**, Paris, Insee, 1978.

[15] MENDEL Gérard. **54 millions d'individus sans appartenance**. Paris, R. Laffont, 1983.

[16] PITROU Agnès, GUELAUD Françoise. **Les relations entre les situations de travail et la vie hors-travail. Le cas des employés de la banque et des PTT**. Aix-en-Provence, CNRS-LEST, 1986.

[17] ROUSSEL Louis. **La famille incertaine**. Paris, Odile Jacob, 1989.

[18] SINGLY (de) François. « Mariage, dot scolaire et position sociale ». **Economie et statistique**, n° 142, 1982.

[19] SINGLY (de) François. **Fortune et infortune de la femme mariée.** Paris, PUF, 1987.

[20] THEVENOT Laurent. « Une jeunesse difficile. Les fonctions sociales du flou et de la rigueur dans les classements ». **Actes de la recherche en sciences sociales.** n° 26-27, mars-avril 1979.

[21] VALLET Louis-André. « Activité professionnelle de la femme mariée et détermination de la position sociale de la famille ». **Revue française de sociologie**. n° XXVII-4, 1986.

[22] WEBER Max. **Economie et société**. Paris, Plon, 1971 (1922).

CONSOMMATION, SOCIABILITÉ ET LOISIRS, DURÉE DE VIE

Les styles de vie des employés sont en grande partie fonction de leurs revenus et sont, comme ceux-ci, hétérogènes. Ils présentent toutefois certaines spécificités : faible place de l'alimentation dans les budgets, importance de l'habillement, équipement réduit en biens durables. Consommant relativement peu d'alcool et de tabac et moins exposées au « stress » que les cadres, les employées se caractérisent aussi par une très longue durée de vie.

BUDGETS ET STYLES DE VIE

Le revenu moyen des membres des ménages dans lesquels la personne de référence est un (ou une) employé se situe à peu près à égale distance de celui des professions intermédiaires et de celui des ouvriers. En 1984, il est de 49 000 F par unité de consommation, contre 61 000 pour les professions intermédiaires et 39 000 pour les ouvriers (*figure* 9.1).

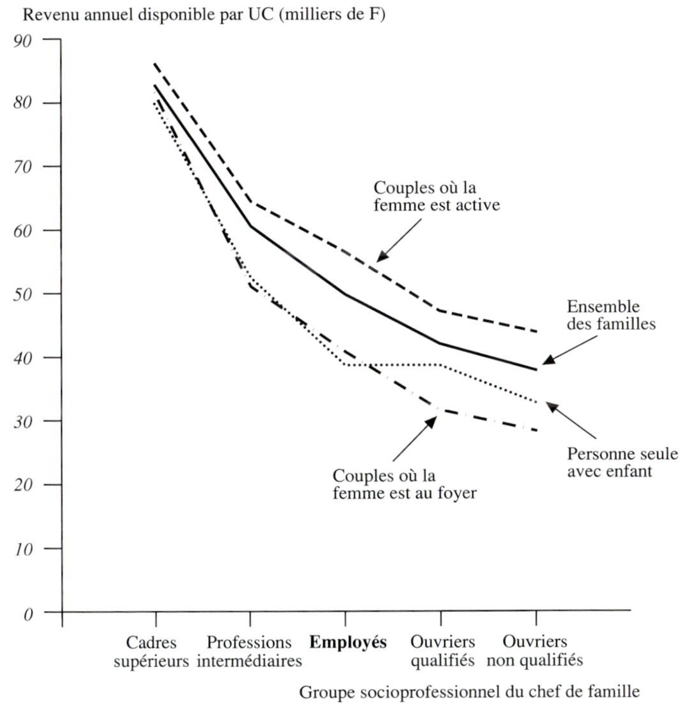

9.1 Revenu selon le groupe socio-professionnel du chef de famille et le type de famille (1984)

Source : Insee, enquête sur les revenus fiscaux des ménages [1, p.111].
Champ : Familles isolées dont le chef est salarié.

Le revenu moyen disponible par unité de consommation est un meilleur indicateur de niveau de vie que le revenu par personne. De multiples observations ont fait apparaître que la consommation n'est pas proportionnelle au nombre de personnes présentes dans un ménage, et l'Insee définit les unités de consommation sur la base des conventions suivantes : le premier adulte du ménage compte pour une unité, chacune des autres personnes de 15 ans au moins pour 0,7 et chaque enfant pour 0,5.

En France, en 1985, les places de l'alimentation et la santé dans le total des dépenses sont d'autant plus faibles que le revenu est élevé (leur élasticité par rapport au revenu est inférieure à un). La part de leurs ressources que les employés consacrent à ces dépenses est plus forte que celle consacrée par les cadres ou les professions intermédiaires, et plus faible que celle qu'y consacrent les ouvriers. Inversement, la place des vacances, de la culture et des loisirs dans le total des dépenses est d'autant plus forte que le revenu est élevé (élasticité supérieure à l'unité). Pour ces postes, les coefficients budgétaires des ménages d'employés sont supérieurs à ceux des ouvriers. Pour les dépenses de logement, de transports, d'habillement et d'éducation, leur part est à peu près la même dans les différents milieux sociaux, l'élasticité-revenu (voir la définition de ce terme à la *figure* 9.3) est proche de l'unité (*figure* 9.2). De 1979 à 1985, la structure des budgets s'est transformée. La part de l'alimentation à domicile et celle de l'habillement a diminué, la part des dépenses d'occupation du logement s'est accrue. Toutefois les différences inter-catégorielles sont demeurées très stables, la position relative des employés est restée à mi-chemin des ouvriers et des cadres moyens (plus proche des derniers que des premiers), au plan du revenu comme à celui des principales caractéristiques de la structure des dépenses (*figure* 9.3).

9.2 Structure de la consommation des ménages selon le groupe socioprofessionnel du chef de ménage, 1979 - 1985

Lecture :
dans les ménages dont le chef est un (ou une) employé(e), la part de l'alimentation dans l'ensemble des dépenses est de 25 % en 1979, et 22,2 % en 1985.

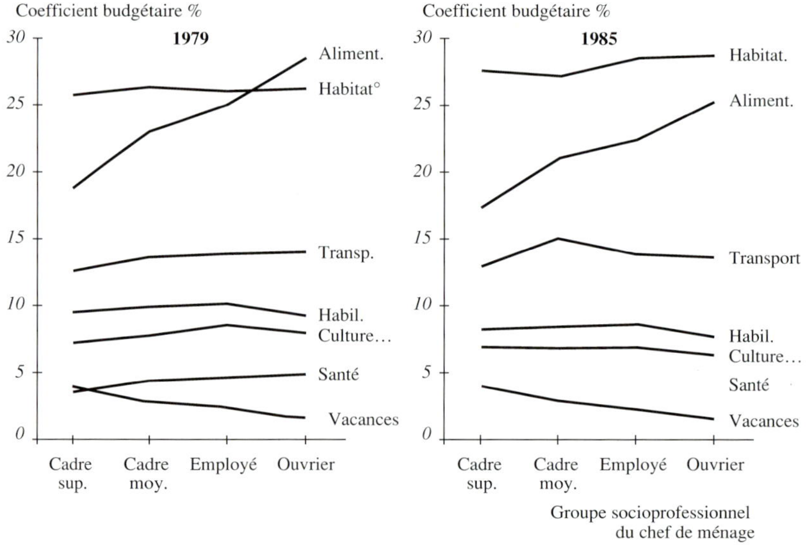

Source : Insee, enquêtes « Budget de Famille ».
Ancienne nomenclature socioprofessionnelle.

« L'élasticité d'une dépense est définie comme le rapport entre les accroissements relatifs de cette dépense et du niveau de vie. Dépense de consommation et niveau de vie sont mesurés par unité de consommation afin d'éliminer de l'analyse les variations qui pourraient ne résulter que d'une différence de taille des ménages. L'élasticité instantanée est une mesure des disparités de consommation en fonction du niveau de vie, observées à un moment donné (...). En fait, l'élasticité instantanée d'une dépense est calculée à partir des points moyens représentant chaque catégorie sociale (...). L'élasticité temporelle est une mesure des variations de consommation induites par l'évolution du niveau de vie au cours du temps » [4, p. 29]. Les consommations sont déflatées par l'indice général des prix. Il serait préférable de déflater chaque consommation par l'évolution de l'indice de prix de celle-ci, mais le différentiel d'inflation entre alimentation (et habillement) et ensemble des prix est faible, et aucun indice n'est disponible pour le poste « vacances ».

9.3 Évolution des dépenses d'alimentation à domicile, d'habillement et de vacances en fonction du niveau de vie entre 1979 et 1985, selon le groupe socioprofessionnel

(Coordonnées logarithmiques)

Lecture :
les élasticités instantanées (courbes en tiretés) sont inférieures à l'unité pour l'alimentation à domicile et supérieures à l'unité pour les dépenses de vacances. Les élasticités temporelles (traits continus) sont négatives pour l'alimentation et l'habillement, et proches de l'unité pour les vacances. Les pratiques des employés sont plus proches de celles des cadres moyens que de celles des ouvriers.

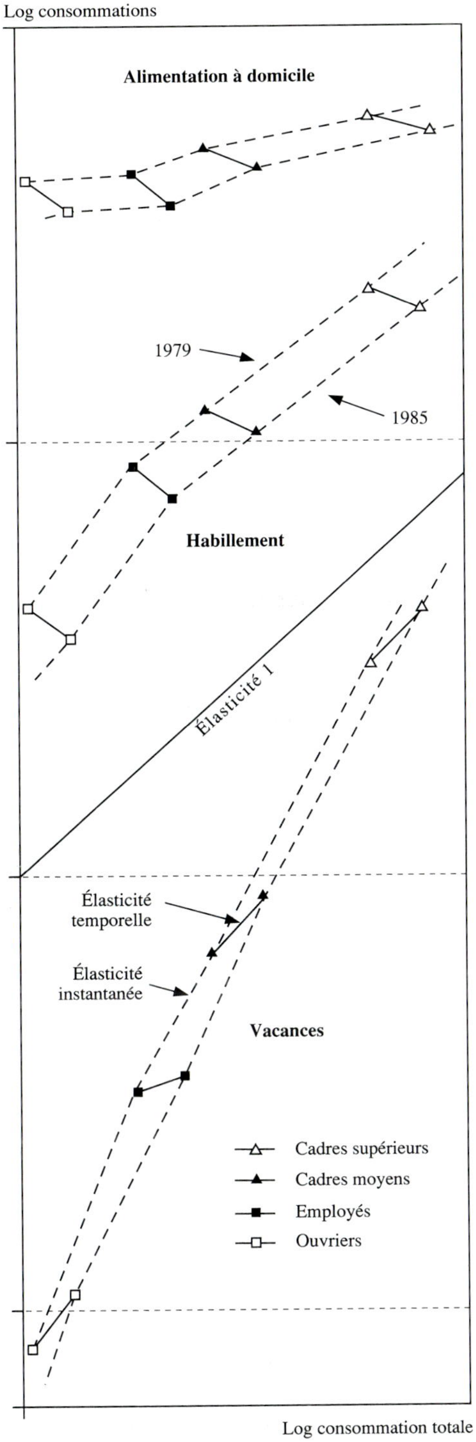

Source : Insee, enquêtes Budgets des familles

Les spécificités des budgets d'employés : importance de l'habillement et du téléphone, faiblesse de l'alimentation

Maurice Halbwachs a montré à partir d'une enquête allemande de 1927-1928 qu'à niveau de revenu disponible identique les dépenses des ménages différaient en fonction de l'appartenance socioprofessionnelle de la personne pourvoyant aux ressources du ménage. A revenu égal, les ménages d'employés ou de fonctionnaires se distinguaient des ménages ouvriers par des dépenses d'alimentation moindres et des dépenses de loyer supérieures [7, p. 29].

Aujourd'hui encore, les employés apparaissent, dans le domaine de l'alimentation, comme des sous-consommateurs eu égard à leur niveau de revenu. Ils se singularisent par l'importance, proportionnellement à leur revenu, de leurs dépenses d'habillement et de téléphone. On peut faire l'hypothèse que ces traits distinctifs témoignent de la place que prennent, dans leur mode de vie, les relations à autrui. Leurs dépenses en matière de logement sont « normales ».

Les employés, adeptes des nourritures légères

L'alimentation des employés est légère par la place qu'elle occupe dans leurs budgets. Elle l'est aussi par le caractère des produits consommés préférentiellement. « Si l'alimentation des employés s'apparente à l'alimentation ouvrière par la surconsommation de produits de remplacement et de produits à bon marché (pâtes, viande de cheval, margarine), elle s'en distingue et s'en démarque par une série de sous-consommations portant sur des aliments socialement désignés comme « vulgaires » et comme « malsains », comme le vin (ordinaire), le pain, la charcuterie, se rapprochant ainsi, du moins négativement, de l'alimentation bourgeoise. Par rapport aux contremaîtres, dont l'alimentation, synthèse de l'alimentation paysanne et de l'alimentation ouvrière, constitue une version supérieure de l'alimentation populaire, les employés consomment moins de porc et davantage de poulet et de poisson, moins de pâté et de saucisses et davantage de jambon, beaucoup moins de sucre et de corps gras (produits pour lesquels leurs consommations sont même légèrement inférieures à celles, particulièrement basses, des cadres supérieurs) » [6, p. 45, d'après les enquêtes permanentes de l'Insee sur les budgets de familles de 1965 à 1972].

Un vêtement de plus en plus décontracté

En 1984, les employés sont en tête de tous les groupes socioprofessionnels par leurs achats de pull-over d'homme et de jean de femme alors qu'en 1972 leur consommation de vêtements « décontractés » était modeste [11, p. 71]. Le modèle du « black-coated worker », de l'employé tenu de s'habiller en costume comme son employeur ou son chef de service semble être devenu obsolète et le temps de la « misère en faux-col » paraît révolu.

Les employés achètent relativement peu de biens durables

Les employés semblent préférer, en matière de consommation, le jetable au durable, le service ou le bien acheté au jour le jour à l'équipement à long terme. Les ménages d'employés sont relativement sous-équipés en moyens de consommation lourds tels qu'automobile, machine à laver, congélateur. Ils sont très fréquemment locataires de leur logement, et c'est parmi eux que la vie en immeuble collectif est la plus répandue : elle concerne 62,1 % des ménages d'employés, alors que le taux pour l'ensemble des ménages est de 43,7 % [15, p. 55].

Selon une enquête réalisée par l'INRA en 1975, les enfants d'employés effectuaient peu de préparations domestiques telles que conserves, confitures, pâtisseries, soupes [5, p. 555]. L'autoconsommation est à son minimum chez les employés ; elle est estimée à 220 F par unité de consommation en 1985, alors que la moyenne pour l'ensemble des ménages est de 580 F [15, p. 55]. Les achats en matériaux pour équiper le logement sont aussi au plus bas chez les employés (200 F par U.C. - soit 0,3 % du total des dépenses, alors que la moyenne générale est de 280 F - soit 0,5 % du total). Les employés consacrent aux repas pris hors domicile une part de leurs ressources qui est similaire à celle des cadres et nettement supérieure à celle des ouvriers. Peu ancrés dans leur logement, les employés (les employés peu typiques que sont les policiers et militaires faisant exception) échangent peu de services avec leurs voisins [8, graphique V, page 53].

Les employés vivent surtout en ville et dans des ménages de petite taille : cela explique en partie les spécificités de leur consommation. Ils sont, comme les professions intermédiaires mais moins que les cadres supérieurs, sur-représentés dans les unités urbaines de plus de 20 000 habitants (*figure* 9.4). Les employés administratifs d'entreprise sont particulièrement nombreux dans l'agglomération parisienne. Pour les petits ménages des grandes villes, il est relativement difficile de s'équiper en biens durables encombrants, surtout si l'on dispose d'un petit budget, et relativement facile de recourir à des services tels que transports en commun, laverie automatique, restaurants ou cantines. Le style de vie qui prédomine chez les employés s'inscrit dans un système de contraintes et d'opportunités typiquement urbaines.

Les employés appartiennent à des ménages hétérogènes par leurs niveaux de revenus et leurs comportements de consommation

Les ménages au sein desquels la personne de référence est un (ou une) employé forment un ensemble hétérogène : le revenu par unité de consommation d'un couple où l'homme est employé et où la femme est active est deux fois plus élevé que celui d'un ménage comptant trois enfants, où l'homme est employé et la femme au foyer.

Dans tous les milieux sociaux, le revenu disponible est fortement lié au nombre d'enfants (*figure* 9.5). Pour un nombre d'enfants identique, le niveau de vie des ménages où l'homme est employé et la femme exerce une activité professionnelle

9.4 Les employés, plus urbains que les ouvriers, moins que les cadres

Actifs occupés selon la taille de la commune de résidence et la catégorie socio-professionnelle, en 1989 (indices de spécificité)

Lecture :
Dans les communes rurales (moins de 2 000 habitants), la part des employés dans la population active est inférieure d'un quart environ (indice 74) à celle des employés dans l'ensemble des communes de France.

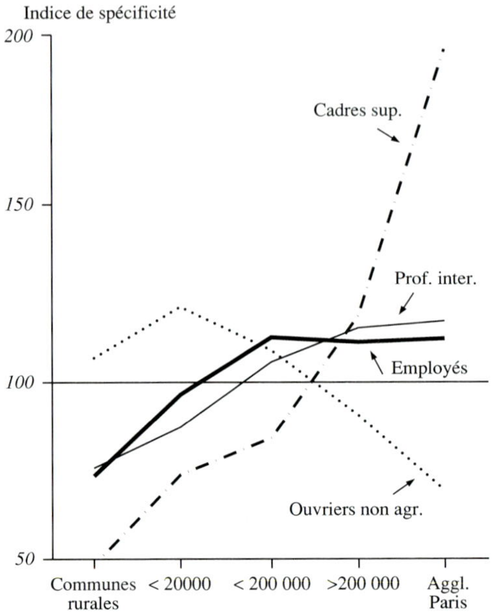

L'indice de spécificité est égal au rapport de la part d'une catégorie socioprofessionnelle donnée dans une catégorie de commune donnée à la part de cette catégorie de commune dans l'ensemble des actifs occupés, multiplié par 100.

Source : Enquête Emploi

9.5 Revenu annuel par unité de consommation, selon le groupe socio-professionnel de l'homme, l'activité de la femme et le nombre d'enfants (1984)

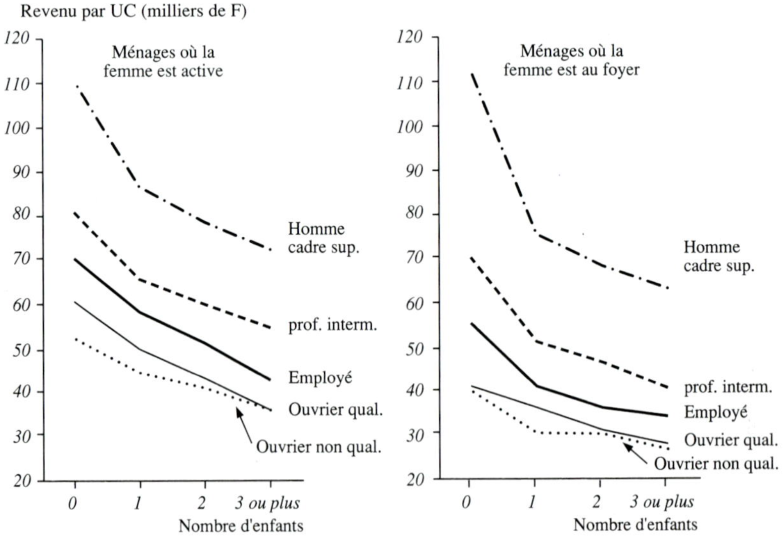

Source : Insee, enquête sur les revenus fiscaux des ménages.

est supérieur à celui des ménages où l'homme est membre des professions intermédiaires et la femme est au foyer ; celui des ménages où l'homme est ouvrier non qualifié et la femme est active est supérieur à celui des ménages où l'homme est employé et la femme inactive.

La supériorité du revenu des ménages à deux actifs sur celui des ménages où la femme est au foyer est d'autant plus marquée que le statut social du ménage est faible : elle atteint 50 % lorsque l'homme est ouvrier, 42 % lorsqu'il est employé, 26 % lorsqu'il est membre des professions intermédiaires et 6 % seulement lorsqu'il est cadre supérieur.

Le profil des dépenses d'un ménage comportant un couple composé d'un ouvrier et d'une employée est très proche de celui d'un ménage où l'homme est membre des professions intermédiaires et la femme est au foyer (*figure* 9.6).

Dans les deux cas, la part de l'alimentation dans le budget est en 1985 de 23,2 %, alors qu'elle atteint 28,4 % dans un ménage où l'homme est ouvrier et la femme au foyer, et est seulement de 20 % si l'homme est membre des professions intermédiaires et la femme employée.

La prise en compte des caractéristiques croisées des conjoints fait donc apparaître l'importance de la position socioprofessionnelle des femmes, et les limites de l'approche habituelle de la différentiation des budgets en fonction des seules caractéristiques du « chef » ou de la « personne de référence » du ménage. Le budget d'un ménage où l'homme et la femme sont employés diffère bien davantage de celui d'un ménage où l'homme est employé et la femme au foyer que de celui d'un ménage ouvrier-employée.

LOISIRS ET VIE ASSOCIATIVE : LES EMPLOYÉS, « FRANÇAIS MOYENS »

En matière de loisirs, les employés n'ont guère de comportements typiques. Par leurs taux de pratiques (observés lors de l'enquête Loisirs réalisée par l'Insee en 1987-1988 [13]), ils se situent dans presque tous les domaines en position médiane entre les ouvriers et les professions intermédiaires (*figure* 9.7, *tableau* 9.1).

Ils fréquentent moins le théâtre, l'opéra et le musée que les cadres mais davantage que les ouvriers, ils jouent moins au tiercé ou au loto, et regardent moins souvent la télévision que les ouvriers, mais davantage que les cadres.

Leurs seules spécificités marquantes tiennent au caractère féminisé de la catégorie qu'ils constituent : ils bricolent rarement, fréquentent peu les spectacles sportifs ou les associations - autant d'activités typiquement masculines. Aucun autre groupe socioprofessionnel ne se rapproche autant, par ses pratiques de loisirs, de la moyenne nationale, c'est-à-dire de l'artéfact statistique du « Français moyen ».

9.6 Consommation totale (en F) et dépenses d'alimentation et de vacances (en % du total) selon les caractéristiques socioprofessionnelles croisées des conjoints (1985)

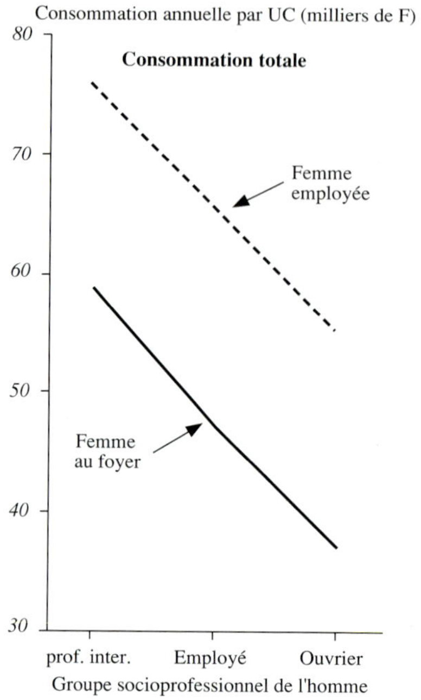

Lecture :
Les courbes de consommation alimentaire présentent un infléchissement vers le bas au point correspondant aux employés alors que les courbes de consommation totale sont rectilignes : Les employés se singularisent par la faiblesse de la place des dépenses d'alimentation dans l'ensemble de leurs dépenses.

Champ :
ménages dont la personne de référence est âgée de 25 à 54 ans. Nouvelle nomenclature des catégories socioprofessionnelles. La nomenclature des postes budgétaires diffère légèrement de de celle des figures 9.2 et 9.3 (cette dernière est adaptée à la comparaison 1979 - 1985).

Source :
Insee, enquête Budgets de familles.

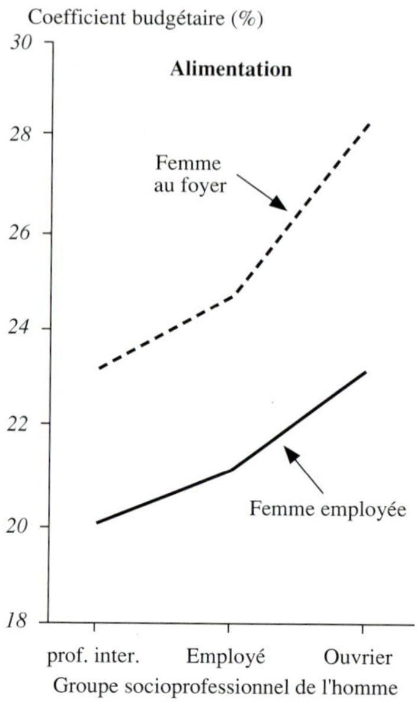

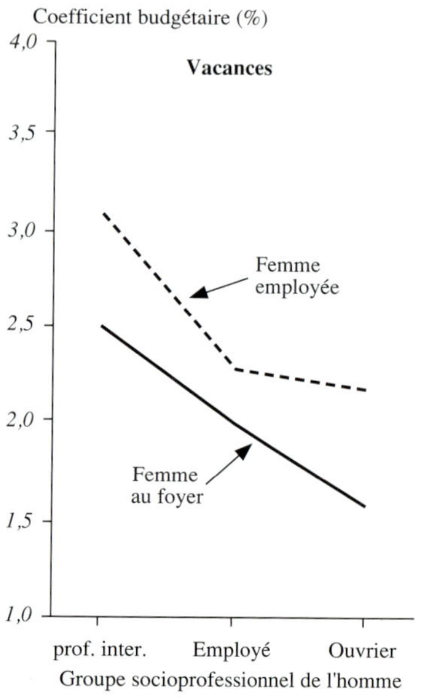

Les employés administratifs d'entreprise se distinguent des autres employés par leur plus grande proximité culturelle avec les milieux des professions intermédiaires et des cadres supérieurs

La vie associative des employés est, elle aussi, marqué par la prédominance de comportements « moyens » (la source principale est l'enquête « Contacts » réalisée par l'Insee et l'Ined en 1981 ; voir le *tableau* 9.2 et [9, 10]) : ils participent un peu plus que les ouvriers et moins que les cadres ou que les membres des professions intermédiaires à ce type d'activité (voir aussi le *tableau* 9.1, colonne 7).

Ils sont particulièrement bien représentés dans les associations de parents d'élèves (au sein desquelles ils constituent 29,3 % des adhérents, alors que leur place dans l'ensemble de la population adulte active ou anciennement active est

9.1 Pratiques culturelles selon la catégorie socioprofessionnelle, en 1987-1988

Catégorie socioprofessionnelle	Théâtre 2/an	Concert classiq. Opéra 1/an	Musée 2/an	Livres 2/mois	Cinéma 1/mois	Concert Rock, Jazz 1/an	Appart. à une association	Sport
Agriculteurs	2,3	4,7	2,6	3,4	3,2	3,2	33,1	14,5
Patrons	7,2	8,6	9,9	8,3	8,0	9,2	27,6	35,9
Cadres supérieurs, prof. lib.	31,2	38,3	45,0	28,4	29,9	21,4	43,2	71,6
Professions intermédiaires	16,9	19,2	23,8	15,9	20,8	18,9	32,2	55,6
Employés	**10,1**	**10,5**	**13,2**	**13,6**	**19,0**	**16,4**	**22,0**	**47,3**
dont : Employés du public	*7,6*	*9,1*	*13,6*	*11,6*	*16,9*	*12,2*	*24,1*	*45,2*
E. adminis. d'entreprise	*16,5*	*14,8*	*18,2*	*17,0*	*23,4*	*22,0*	*25,1*	*56,5*
E. de commerce	*8,4*	*9,9*	*7,3*	*10,5*	*18,2*	*16,9*	*14,9*	*48,7*
Pers. des serv. dir. aux p.	*3,9*	*5,4*	*7,7*	*12,5*	*14,2*	*12,2*	*17,2*	*31,6*
Ouvriers	3,0	4,2	6,1	6,6	11,9	9,3	20,0	36,1
Inactifs non retraités	10,0	11,7	18,1	17,5	25,4	15,5	17,1	53,2
ENSEMBLE	10,6	12,5	16,2	13,9	19,0	14,4	24,6	47,7
Coefficient de « distinction »*	1031,5	911,7	737,3	430,2	250,8	230,1	216,3	198,1

Catégorie socioprofessionnelle	Lecture journal quotid. 1/jour	Café 2/sem.	Télévision 1/jour	Spectacle sportif 2/an	Loto	Bricolage 1/sem.	Tiercé	Structure de la popul.
Agriculteurs	55,6	8,2	86,8	16,3	19,1	41,2	3,5	6,1
Patrons	52,9	15,2	82,5	19,3	34,5	32,3	14,6	5,6
Cadres supérieurs, prof. lib.	52,5	23,1	74,7	18,5	29,2	28,0	7,3	7,6
Professions intermédiaires	36,4	16,8	67,1	18,1	35,7	35,7	10,3	14,3
Employés	**40,9**	**16,7**	**83,0**	**12,9**	**44,6**	**37,0**	**13,7**	**18,0**
dont : Employés du public	*44,0*	*16,6*	*82,6*	*12,7*	*48,1*	*44,0*	*16,5*	*5,7*
E. adminis. d'entreprise	*39,3*	*19,9*	*80,1*	*14,1*	*44,0*	*32,3*	*11,2*	*6,2*
E. de commerce	*36,5*	*17,0*	*83,3*	*12,6*	*42,7*	*31,4*	*10,7*	*2,6*
Pers. des serv. dir. aux p.	*39,8*	*10,4*	*83,8*	*10,9*	*39,2*	*35,9*	*15,0*	*3,7*
Ouvriers	42,6	23,6	87,1	23,2	43,8	46,4	22,2	22,4
Inactifs non retraités	31,8	15,8	82,9	13,6	29,2	32,2	8,7	27,8
ENSEMBLE	41,3	18,2	82,7	17,5	36,4	37,9	12,9	100,0
Coefficient de « distinction »*	123,4	98,1	85,7	79,8	66,7	60,4	32,7	

* (taux de pratique des cadres supérieurs/taux des ouvriers) x 100
(CS individuelle actuelle ou dernière CS d'actif)

Source : Insee, Enquête Loisirs

9.2 Taux d'adhésion aux principaux types d'associations. Selon le sexe et la catégorie socioprofessionnelle (employés et catégories voisines)

Catégorie d'association	Syndicats de salariés	Parents d'élèves	Ass. politiques	Ass. humanitaires	Ass. religieuses	Ass. consommateurs	Ass. sportives	Ass. cult. ou musicales
Hommes								
Cadres fonction publique	24,6	11,3	6,8	11,3	5,4	4,3	29,5	18,4
Ingénieurs et cadres entreprises	16,3	11,6	6,3	10,2	5,0	1,6	32,7	9,4
Autres prof. intermédiaires *	15,5	6,8	3,7	8,0	2,8	1,5	26,7	8,7
Employés fonction publique	*16,6*	*5,6*	*3,3*	*6,5*	*1,7*	*1,5*	*19,3*	*3,5*
Autres employés	*7,6*	*3,0*	*2,8*	*2,6*	*2,7*	*0,7*	*19,8*	*7,6*
Ouvriers qualifiés	9,4	3,3	1,9	3,4	1,3	0,7	18,8	2,5
Ouvriers non qualifiés	7,8	1,8	1,3	2,3	1,6	0,0	14,8	4,5
Femmes								
Professions libérales et cadres	13,1	12,7	1,9	12,1	10,7	1,7	18,6	14,7
Intermédiaires fonction publique	15,5	8,2	4,8	10,6	6,3	0,0	18,1	8,7
Intermédiaires des entreprises	7,6	6,0	3,1	7,3	5,5	2,8	12,5	11,7
Employées fonction publique	*8,0*	*9,2*	*2,3*	*3,9*	*4,9*	*0,8*	*7,9*	*5,1*
Empl. adm. d'entreprises	*3,5*	*8,5*	*2,2*	*4,9*	*3,3*	*0,9*	*17,0*	*6,6*
Empl. de maison ou de commerce	*1,8*	*4,9*	*0,2*	*3,0*	*4,0*	*0,4*	*6,0*	*1,9*
Ouvrières qualifiés	1,4	4,9	0,7	2,2	2,6	0,3	4,6	2,1
Ouvrières non qualifiées	4,6	4,7	0,6	2,6	2,5	0,0	3,2	1,4

* Instituteurs et travailleurs sociaux exclus

Source : enquête « Contacts », Insee - Ined, 1983. *Référence* : F. Héran, 1988a, pp. 26 - 27.

de 27,9 %) et dans les associations religieuses (28,4 %). Ces deux caractéristiques sont liées au caractère féminisé du groupe des employés (les associations de parents d'élèves, comme les associations religieuses, sont très féminisées). Les hommes employés de la fonction publique se désintéressent, eux, massivement de la vie religieuse (on ne trouve parmi eux que 1,7 % d'adhérents à des associations confessionnelles).

Le taux d'adhésion des employés à des organisations syndicales est globalement inférieur à celui des cadres et voisin de celui des ouvriers. Les employées sont environ moitié moins souvent syndiquées que les employés. La fonction publique est, pour les employés comme pour les autres catégories, un haut lieu de syndicalisation : le taux d'adhésion y est, pour chaque sexe, plus de deux fois plus fort que dans le secteur privé et semi-public.

Chez les hommes, il atteint 15,5 % dans la fonction publique, 7,6 % parmi les autres employés ; chez les femmes, il est de 8 % dans la fonction publique, 3,5 % parmi les employées administratives des entreprises, et 1,8 % seulement parmi les employées de maison ou de commerce.

DURÉES DE VIE, COMPORTEMENTS « À RISQUES »

Les employés de sexe masculin ont une espérance de vie légèrement supérieure à la moyenne

Les hommes vivent en moyenne moins longtemps que les femmes : leur espérance de vie à la naissance est inférieure de 8 ans environ à celle des femmes. En

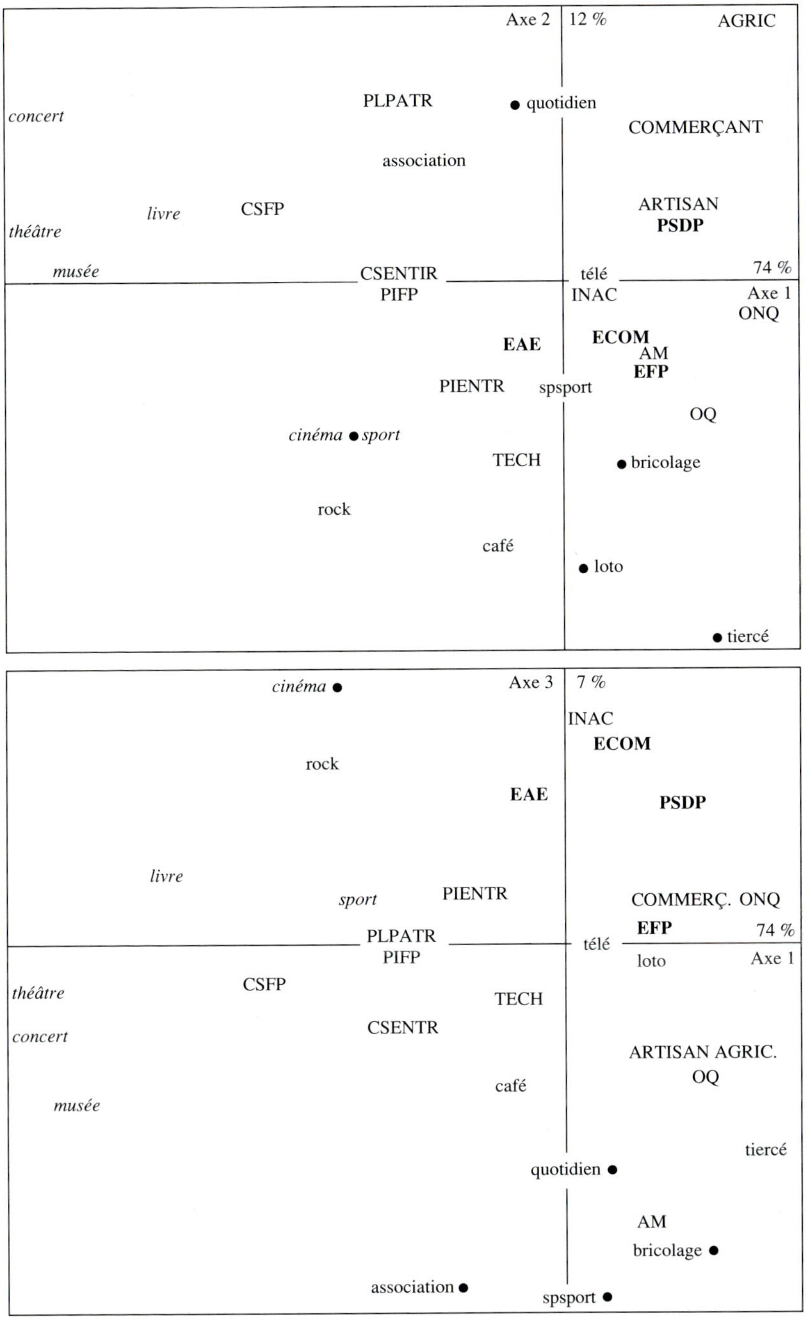

PLPATR : prof. lib. et patrons ayant plus de 9 salariés. CSFP : cadres supérieurs de la fonction publique. CSENTR : cadres supérieurs des entreprises. PIFP : professions intermédiaires de la fonction publique. PIENTR : professions intermédiaires des entreprises. AM : contremaîtres, agents de maîtrise. EFP : employés et agents de service de la fonction publique. EAE : employés administratifs des entreprises. ECOM : employés de commerce. PSDP : personnel des services directs aux particuliers. OQ : ouvriers qualifiés. ONQ : ouvriers non qualifiés.

9.7 Pratiques de loisir et appartenance socioprofessionnelle. Une analyse factorielle des correspondances (1987-1988)

Les modalités dont la contribution à l'axe 1 est supérieure à 5 % (la contribution moyenne est 3,3 %) sont en italiques. Pour l'axe 2 elles sont précédées d'un point, pour l'axe 3 suivies d'un point. Les modalités correspondant à l'absence d'une pratique ne sont pas représentées.

outre, les disparités de la durée de vie des individus d'un milieu socioprofessionnel à un autre sont beaucoup plus marquées chez les hommes que chez les femmes. La durée de vie des employés de sexe masculin est intermédiaire entre celle des cadres et celles des ouvriers ; celle des employées, en revanche, est particulièrement élevée.

Parmi les hommes, la probabilité de mourir entre 35 et 60 ans varie de 9 % chez les cadres supérieurs et professions libérales (la situation socioprofessionnelle étant celle de 1975, au sens donc de l'ancienne nomenclature, et les décès étant observés de 1975 à 1980) à 25 % chez les manœuvres, en passant par les valeurs de 12 % chez les cadres moyens, 15,6 % chez les employés, 17 % chez les ouvriers qualifiés, 18,6 % chez les

9.3 Mortalité entre 35 et 60 ans selon la catégorie socioprofessionnelle et le sexe

	Probabilité de décès entre 35 et 60 ans (%)				
	Selon la CS individuelle en 1975		Selon la CS du conjoint en 1975		
	Hommes	Femmes	Femmes actives	Femmes au foyer	Ensemble
Agriculteurs	12,0	5,8	5,4	5,9	5,6
Patrons	13,4	5,7	5,1	6,1	5,7
Cadres supérieurs	9,1	4,9	4,1	4,3	4,2
Cadres moyens	11,7	5,0	4,0	6,0	5,1
Employés	15,6	4,5	5,0	8,6	6,9
Ouvriers qualifiés	17,0	5,5	5,1	8,3	7,0
OS, manoeuvres	20,7	5,8	5,1	9,8	8,6
Personnels de service	19,4	6,7	n.s.	n.s.	n.s.
Ensemble des actifs	14,9	5,4			
Inactifs	47,0	8,8	n.s.	n.s.	n.s.
TOTAL	17,4	7,3	4,9	8,0	6,7

Source : INSEE, enquête Mortalité, période d'observation 1975-1980.
Référence : G. DESPLANQUES, 1985, pp. 48, 55, 56.

9.8 Probalités de décès entre 35 et 60 ans selon la situation socioprofessionnelle et le sexe

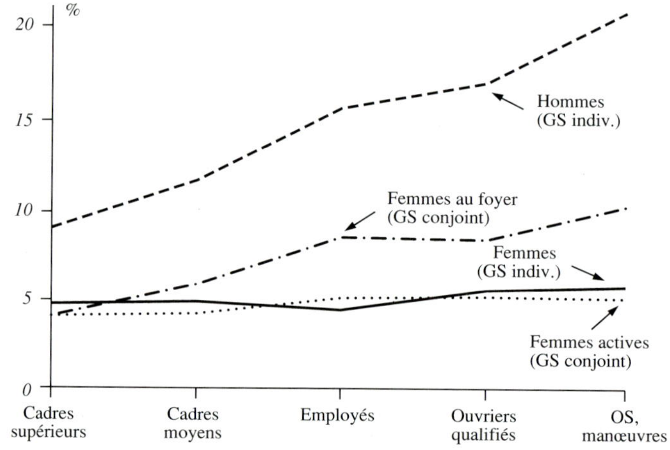

Source : Enquête mortalité. Référence G. Desplanques, 1985, pp 134 à 141.

ouvriers spécialisés, 19,4 % chez les personnels de service et 20 % chez les salariés agricoles. Les employés occupent donc à cet égard une position intermédiaire entre celle des cadres moyens et celle des ouvriers, et un peu inférieure, en termes de risques de décès avant 60 ans, à la moyenne masculine (17,4%) ; les personnels de service ont, eux, une mortalité légèrement supérieure à la moyenne des ouvriers (tableau 9.3, figure 9.8). Les employés du secteur public bénéficient d'un très léger avantage sur ceux du privé : la probabilité pour qu'ils décèdent entre 35 et 75 ans est de 54,4 %, celle des employés du privé de 55,2 % [3, p. 93].

La longévité des employées est exceptionnelle

Parmi les femmes actives en 1975, classées selon leur appartenance socioprofessionnelle individuelle, les positions extrêmes sont occupées par les employées d'une part, dont 4,5 % « seulement » meurent entre 35 et 60 ans, et les personnels de service (6,7 %). La mortalité féminine est plus forte chez les cadres supérieurs (4,9 %) ou moyens (5,0 %) que chez les employées. « Les femmes qui sont cadres supérieurs ne paraissent pas jouir d'un avantage décisif par rapport aux ouvrières » [3, p. 41]. Parmi les femmes, l'inégalité devant la mort oppose avant tout les inactives aux actives qui sont, toutes catégories confondues, relativement favorisées. Pour les premières, la probabilité de mourir entre 35 et 60 ans est de 8,8 %, pour les secondes elle n'est que de 5,4 %. Il est difficile toutefois de déterminer dans quelle mesure cet écart résulte d'une protection que conférerait l'exercice d'une activité professionnelle et dans quelle mesure il reflète une sélection qu'opérerait le marché du travail par exclusion des femmes de santé précaire (voir l'*encadré* 9.1).

Le secret de la longévité des employées réside-t-il dans leur mode de vie ? Les employées exercent généralement des professions à risque sanitaire faible. Elles consomment moins d'alcool et de tabac que les cadres supérieurs (*figure* 9.9). Les femmes cadres, pour faire face aux exigences de leur vie professionnelle, ont recours à des produits euphorisants ou stimulants qui sont susceptibles d'avoir

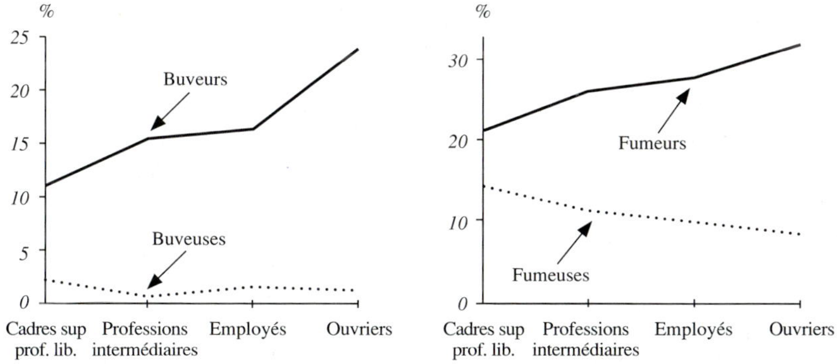

9.9 Proportions de consommateurs d'alcool et de tabac selon le groupe socio-professionnel et le sexe (1986)

Profession en 1986 ou exercée en dernier lieu.

Source : Insee, enquête Conditions de vie.

des effets toxiques venant contrebalancer les bénéfices que confèrent, en termes de longévité, un niveau culturel élevé et une certaine aisance financière [2, p. 310]. Elles sont aussi plus souvent célibataires que les autres femmes, et les célibataires meurent plus jeunes que les femmes mariées [3, p. 44] ; la pénalisation des célibataires est toutefois moins forte chez les femmes que chez les hommes.

Il semble que la formule de J. Huppert-Laufer [12] selon laquelle les femmes cadres voient leur « féminité neutralisée » s'applique bien au domaine de la mortalité. Par leur style de vie, les cadres seraient en quelque sorte les plus masculines des femmes actives - tout en bénéficiant d'une longévité nettement supérieure à celle de leurs homologues masculins. Plus diplômées et moins pauvres que les ouvrières, les employées semblent être moins « stressées » que les cadres

9.4 Mortalité liée à des comportements volontaires, selon le sexe et le groupe socio-professionnel

GS individuel	Hommes Suicide	Hommes Alcoolisme, cirrhose	Hommes Tumeur voies respiratoires	Hommes Toutes causes	Femmes Suicide	Femmes Alcoolisme, cirrhose	Femmes Tumeur voies respiratoires	Femmes Toutes causes
Cadres supérieurs	19	16	37	405	9	5	8	217
Cadres moyens	21	36	55	566	9	8	6	221
Employés	26	81	60	675	8	12	5	197
Ouvriers qual.	34	96	70	790	7	22	8	245
Ouvriers non qual.	49	144	73	981	12	31	5	263
Actifs	33	80	54	689	11	19	6	240
Inactifs	112	636	132	3287	14	62	5	397
TOTAL	37	105	59	811	12	41	5	322

Quotients annuels moyens de mortalité entre 45 et 54 ans, période d'observation 1975-1980, pour 100 000.

Source : Enquête Mortalité. *Référence :* G. DESPLANQUES, 1985, pp. 134 à 141.

9.1 LES DIFFICULTÉS DE L'ANALYSE DE LA DIFFÉRENTIATION SOCIOPROFESSIONNELLE DE LA MORTALITÉ FÉMININE

La proposition selon laquelle les employées se singularisent par leur longévité exceptionnelle doit être nuancée en fonction des deux observations suivantes.

En premier lieu, l'examen des causes de décès fait apparaître, chez les employées, une mortalité par alcoolisme ou cirrhose du foie qui est nettement supérieure à celle des cadres supérieurs ou des cadres moyens. Les employées se suicident très peu, meurent très peu des tumeurs des voies respiratoires qui sont le plus souvent le résultat d'une forte consommation de tabac, mais au regard de la mortalité liée à l'alcoolisme elles se situent en position intermédiaire entre les cadres

9.1 (Fin) LES DIFFICULTÉS DE L'ANALYSE DE LA DIFFÉRENTIATION SOCIOPROFESSIONNELLE DE LA MORTALITÉ FÉMININE

*et les ouvrières. Pour ces trois causes de décès réunies (qui ont en commun de renvoyer à des comportements auto-destructeurs), leur mortalité est supérieure à celle des cadres (*tableau 9.4*). Il n'y a pas pour autant contradiction entre les observations sur la mortalité par causes et celles sur les comportements à risque (*figure 9.9 *) : les statistiques de mortalité des années 1975-1980 expriment les conséquences de pratiques antérieures, la* figure 9.9 *concerne les pratiques de 1986 dont les effets sur la mortalité ne pourront n'apparaîtront que dans les décennies à venir.*

En second lieu, les statistiques de mortalité présentent une difficulté d'interprétation liée aux discontinuités des vies professionnelles féminines. "Tandis qu'un homme ne cessera son activité qu'en de rares cas (invalidité, maladie grave), une femme est fréquemment amenée à cesser son activité, en cas de naissance d'enfant, de déménagement, etc. Il est possible qu'elle abandonne son activité si une maladie vient l'affaiblir, rendant plus pénible la double journée de travail ; et cela dépend très certainement de la profession exercée" [3, p. 41]. Cet effet de sélection du marché du travail, qui conduit des personnes en mauvaise santé à quitter leur emploi, est certainement à l'origine d'une partie au moins de la surmortalité des femmes au foyer. La probabilité pour qu'une femme inactive en 1975 meurt avant 60 ans est de 8,8 %, elle est de 63 % supérieure à la probabilité correspondante pour une femme active (5,4 %). On a vu au chapitre 6 que les abandons d'activité sont nettement plus fréquents chez les employées que chez les cadres ou les membres des professions intermédiaires. Une femme cadre en mauvaise santé a probablement plus de chances qu'une employée de continuer de faire partie de la population active ; par la suite son éventuel décès sera porté à la rubrique des femmes cadres supérieurs, alors que celui d'une employée devenue inactive au moment du recensement servant de base à l'enquête de mortalité viendra gonfler la mortalité des femmes au foyer. La mortalité des femmes en fonction de la situation socioprofessionnelle de leur conjoint va en croissant des cadres supérieurs aux ouvriers non qualifiés, les femmes d'employés figurant en position intermédiaire (tableau 9.3, quatrième colonne). La surmortalité des femmes au foyer croît depuis les milieux où l'homme est cadre supérieur jusqu'à ceux où il est ouvrier non qualifié. Elle est donc corrélée à la fréquence chez les femmes des passages au foyer dans ces différents milieux.

Faute de pouvoir disposer d'observations longitudinales permettant d'étudier la mortalité des femmes en fonction de leurs profils d'activité, on doit se contenter d'hypothèses quant à l'ampleur de la différenciation des effets de sélection par le marché du travail selon le milieu social. Il est probable que les employées qui cessent d'être actives le font beaucoup plus souvent pour s'occuper de leurs enfants que pour des raisons de santé. Dans ces conditions, la grande longévité des employées semble bien constituer une des spécificités majeures de cette catégorie.

et jouir longuement d'une vie relativement tranquille. « Davantage portées à la tempérance, exerçant des activités moins risquées sur un mode probablement plus respectueux de leur santé, les femmes ont su tirer meilleur profit [que les hommes] des possibilités offertes par le progrès sanitaire » [16, p. 3]. Cette proposition de Jacques Vallin vaut pour l'ensemble des femmes, mais s'applique particulièrement bien aux employées, qui apparaissent, si la féminité se définit par le refus des comportements « à risque » et le souci de la prévention sanitaire, comme « féminines » par excellence.

CONCLUSION

Le survol des pratiques culturelles et des modes de vie des employés qui vient d'être effectué met en relief l'importance primordiale du rôle du revenu dans la détermination de ces pratiques. Disposant en moyenne de revenus par unité de consommation intermédiaires entre ceux des cadres et ceux des ouvriers, les employés se situent également en position intermédiaire entre ces deux groupes au regard de la plupart des indicateurs qui ont été retenus ici.

Le revenu, cependant, n'explique pas tout. Les employés diffèrent plus des ouvriers par leurs diplômes que par leurs revenus, et leurs pratiques sociales, en matière d'arbitrage entre consommation alimentaire et dépenses culturelles notamment, les situent plus près des couches moyennes que des ouvriers - surtout si l'on comprend « employés » au sens restreint de l'ancienne nomenclature socioprofessionnelle, c'est-à-dire en excluant de ce groupe les très prolétaires personnels de service.

Revenus et diplômes n'expliquent pas tout non plus. Seul groupe socioprofessionnel très majoritairement féminin, les employés ont, en matière de sociabilité, de participation à la vie associative, de prévention sanitaire, des pratiques qui résultent dans une large mesure de leur répartition par sexe et dont on ne saurait rendre compte sur la seule base de leur pouvoir d'achat et de leur formation. La description des employés s'inscrit à cet égard dans une analyse des formes sociales de construction du masculin et du féminin : si les employées militent peu dans les associations, si elles sont tempérantes et soucieuses de leur santé, c'est avant tout parce que s'est reproduite au fil d'une longue histoire une différenciation sexuelle des rôles sociaux et des rapports des individus à leur corps.

RÉFÉRENCES BIBLIOGRAPHIQUES

[1] CANCEILL Geneviève. **Les revenus des Français.** Paris, Insee, 1989 (« Insee Résultats »).

[2] CHENU Alain. « Sexe et mortalité en France, 1906-1980 ». **Revue française de sociologie**, n° 29-2, 1988.

[3] DESPLANQUES Guy. **La mortalité des adultes, résultats de deux études longitudinales (période 1955-1980)**. Paris, Insee, 1985 (« Coll. de l'Insee », D 102).

[4] GLAUDE Michel, MOUTARDIER Mireille. « L'évolution des niveaux de vie de 1966 à 1979 ». **Economie et statistique**, n° 142, mars 1982.

[5] GRIGNON Claude, GRIGNON Christiane. « Styles d'alimentation et goûts populaires ». **Revue française de sociologie**, n° XXI-4, 1980.

[6] GRIGNON Claude, GRIGNON Christiane. « Alimentation et stratification sociale ». **Culture technique**, n° 16, juil. 1986.

[7] HALBWACHS Maurice. **L'évolution des besoins des classes ouvrières.** Paris, Alcan, 1933.

[8] HERAN François. « Comment les Français voisinent ». **Economie et statistique**, n° 195, janv.1987.

[9] HERAN François. « Un monde sélectif : les associations ». **Economie et statistique**, n° 208, mars.

[10] HERAN François. « Au cœur du réseau associatif : les multi-adhérents ». **Economie et statistique**, n° 208, mars 1988.

[11] HERPIN Nicolas. « L'habillement : une dépense sur le déclin ». **Economie et statistique**, n° 192, oct. 1986.

[12] HUPPERT-LAUFER J. **La féminité neutralisée.** Paris, Flammarion, 1982.

[13] Insee. **Les pratiques de loisir. Enquête 1987-1988**. Paris, Insee, 1989 (« Insee résultats », n° 3).

[14] MOUTARDIER Mireille. « L'évolution du budget des ménages : le poids des dépenses d'habitation et de transport ». **Economie et statistique**, n° 207, février 1988.

[15] MOUTARDIER Mireille. **Les budgets des ménages en 1984-1985**. Paris, Insee, 1988 (« Documents rectangle »).

[16] VALLIN Jacques. « Durée de vie : les femmes creusent l'écart ». **Population et sociétés**, n° 229, nov. 1988.

CONCLUSION

Quel avenir les employés ont-ils devant eux ? On peut se risquer, pour répondre à cette question, à quelques pronostics.

Les plus prolétaires des employés, ceux qui sont agents de service, femmes de ménage, serveurs, appartiennent à un monde technologiquement assez stable, et dans lequel l'offre d'emploi, après le long recul du nombre des domestiques, est aujourd'hui elle aussi relativement stable. Il est probable que des immigrés et des femmes très peu diplômés, des jeunes éventuellement plus qualifiés continueront de constituer l'essentiel de la main-d'œuvre qui occupe, durablement ou provisoirement, des emplois de ce type.

Les emplois peu qualifiés du traitement de l'information - dactylos, guichetiers, standardistes, agents de bureau... - voient leurs effectifs décliner, en dépit de l'accroissement des flux de communication, sous l'effet des processus d'informatisation. Des dispositifs automatiques de plus en plus nombreux permettent à des clients ou à des administrés d'obtenir en "self-service" des prestations auparavant fournies dans des échanges interpersonnels à des guichets, au téléphone, dans des bureaux. Le niveau de qualification requis pour les emplois restants tend en moyenne à s'élever, même si la saisie de textes ou de chiffres « au kilomètre » occupe un nombre significatif de salariés. Le taux de chômage des employés d'administration les moins dotés en titres scolaires s'accroît. On peut s'attendre à ce que la réduction de l'offre d'emplois de ce genre se poursuive ou s'accentue, à l'image du recul, au long des années soixante-dix et quatre-vingt dans l'industrie, du nombre des postes d'ouvriers spécialisés.

Le devenir probable des employés de commerce, qui exercent à la fois des fonctions de traitement de l'information (dont la mécanisation et l'automatisation se poursuivront) et de service aux personnes (à productivité stable), peut être défini comme intermédiaire entre ceux des deux catégories précédentes. La croissance du nombre des salariés de la distribution se nourrissait du recul de l'effectif des petits commerçants non salariés ; il est peu probable qu'elle se prolonge, puisque le monde de la boutique ne constitue pas, face aux mouvements de concentration, une réserve inépuisable.

Les emplois qualifiés du traitement de l'information formaient le noyau du groupe des employés avec les professions de secrétaire, d'aide-comptable, de commis. Le temps consacré par les détenteurs de ces emplois à des opérations routinières de facturation, de frappe de correspondance, d'établissement de bilans, de gestion de fichiers diminue avec l'informatisation. Un bon niveau de formation générale apparaît souvent comme la meilleure garantie d'efficacité dans la mise en œuvre des logiciels et des matériels divers qui prolifèrent et évoluent à un rythme accéléré dans le domaine de l'informatique de bureau. La polyvalence se développe, la sollicitation de compétences ayant trait au contenu et non seulement à la forme des informations traitées paraît de plus en plus fréquente, l'initiative des salariés dans la gestion des communications internes ou externes de leur entreprise ou de leur administration tend à prendre le pas sur la capacité à exécuter des consignes formelles.

Cette évolution de l'offre d'emploi rencontre une évolution de même sens du côté de la demande, où s'accroît, notamment parmi les femmes (et donc parmi les individus les plus prédestinés au statut d'employé), le flux des titulaires de diplômes supérieurs aux CAP, BEP et BEPC. D'où le développement d'un continuum de qualifications tendant à brouiller les distinctions entre employés administratifs (traditionnellement détenteurs des CAP et BEP tertiaires ou du BEPC) et professions administratives du niveau « cadre moyen » ou intermédiaire (traditionnellement plus diplômées).

C'est ainsi l'indentité du noyau même du groupe des employés qui se trouve mise en question. Le peloton des composantes du monde des employés tend à s'étirer. De par leurs diplômes et le contenu de leur travail, de plus en plus d'employés d'administration voient le statut de leur emploi glisser vers le haut. Ce glissement est plus ou moins pris en compte dans les classifications salariales. Les cas de la banque ou des grandes et moyennes entreprises privées, où la part des « gradés » ou des professions intermédiaires s'accroît sensiblement tandis que celle des « employés » diminue, diffèrent à cet égard de celui de la fonction publique, où la porte demeure très étroite entre la catégorie C et la catégorie B. Mais dans tous les cas le clivage entre emplois administratifs d'exécution et emplois plus qualifiés devient moins lisible et moins légitime. Une frontière qui jouait un rôle majeur dans la délimitation du « monde des employés de bureau », et par là dans la définition même du monde des employés (plus vaste par assimilation des professions voisines du commerce et des services personnels), est en train de tomber.

Imprimerie Nationale — 0 172072 T 87

Réalisation — Horizon Graphique
2, rue des Camélias,
PARIS (14e) - 45.43.61.44